外语教学与研究

宁一中 / 主编

NING YI ZHONG / ZHU BIAN

WAIYU JIAOXUE YU YANJIU

中国社会科学出版社

图书在版编目（CIP）数据

外语教学与研究／宁一中主编 . —北京：中国社会科学出版社，
2015.7

ISBN 978 - 7 - 5161 - 6226 - 2

Ⅰ . ①外…　Ⅱ . ①宁…　Ⅲ . ①外语教学—教学研究—文集
Ⅳ . ①H09 - 53

中国版本图书馆 CIP 数据核字（2015）第 123584 号

出 版 人	赵剑英
责任编辑	王　茵
特约编辑	马　明
责任校对	张依婧
责任印制	王　超

出　　　版	中国社会科学出版社
社　　　址	北京鼓楼西大街甲 158 号
邮　　　编	100720
网　　　址	http://www.csspw.cn
发 行 部	010 - 84083685
门 市 部	010 - 84029450
经　　　销	新华书店及其他书店

印刷装订	三河市君旺印务有限公司
版　　　次	2015 年 7 月第 1 版
印　　　次	2015 年 7 月第 1 次印刷

开　　　本	710 × 1000　1/16
印　　　张	16.5
插　　　页	2
字　　　数	275 千字
定　　　价	59.00 元

目　录

科研论文

教学论文

科研论文

跨越族裔的边界：
"我们的康拉德"

宁一中

一 界内：波兰与康拉德

约瑟夫·康拉德，原名约瑟夫·特奥多·康拉德·科尔泽尼奥夫斯基（Józef Teodor Konrad Na cz Korzeniowski，1857—1924）出身波兰贵族，却有着痛苦的童年经历。这种经历是与波兰这个不幸的国家所遭受的命运联系在一起的。19 世纪以前，波兰原是一个幅员辽阔的独立国家。在 1772 年、1793 年和 1795 年，沙俄、普鲁士和奥地利连续三次瓜分波兰，将波兰的国土划分为它们各自所属的占领区，对波兰进行残酷的民族压迫。3 个占领区的波兰人民为了恢复自己民族的独立，曾长时期地和占领者进行不屈不挠的斗争。在这些斗争中最著名的是 1830 年 11 月和 1863 年 1 月在沙俄占领区爆发的抗俄民族起义和 1846 年在奥地利占领区的克拉科夫爆发的抗奥民族起义。1857 年，康拉德就出生于沙皇俄国统治下的波兰。他的家族有着强烈的爱国热情，为反对外族侵略和波兰的独立自由英勇奋斗，当然，由此也就带来了迫害与痛苦。他的父亲科尔泽尼奥夫斯基是个学问渊博的人，曾把雨果的作品译成波兰文，他父亲本人也是一位作家，因反抗沙皇而长期被流放。他母亲随父亲流放，由于受不了流放和气候变化的痛苦死于肺病。康拉德跟着父亲过着颠沛流离的生活，读书是这些失去法律保护的受害者唯一可能逃避流放之苦的办法；童年的康拉德靠读他父亲翻译的雨果的小说，还有瓦尔特·斯各特、费尼摩尔·库珀，尤其是狄更斯等他喜爱的作家的作品度过艰难的岁月。父亲死后，少年康拉德唯一可以投靠的就剩下他的舅父塔杜斯·波布罗夫斯基。舅父生活经验丰富，内心仁慈，但脾气有些古怪。他照顾着孤苦的康拉德，等康拉德稍大些后，他甚至劝康拉德离开受压迫的祖国，因为在波兰一名爱国者的儿子是没有前途的。

1874 年，17 岁的康拉德开始了他的跨界——离开了自己的祖国波兰前往法国，只身探求一种更为自由的生活。1878 年，他成了 British Merchant Service 的一员，尽管官方上说起来他还是俄罗斯统治下的子民，而且他也还不会说英语。就因这种与生俱来的血缘和国籍的烙印，尽管康拉德以后的日子都在波兰民族的界外生活，却永远是一个波兰人。波兰这个国家依然拥抱他。波兰文学史里有他的一章，波兰使馆在康拉德去世 150 周年之际（2007）举行了隆重的纪念会。

从波兰走出，这是康拉德人生第一次真正的跨界，他由一个本土波兰人转变成了其他民族中的波兰人。

二　跨界：作为英国人的康拉德

康拉德从离开波兰到成为英国公民的跨界显得比较自然。

他十七岁时抵达马赛，经人介绍得以接触水手，开始了他自己的船员生涯。4 年后，也就是二十一岁时，他才踏上英格兰的土地。他说波兰语像一个地道的波兰人，说法语像一个从童年时代起就开始学这种语言，并且青年时代是在马赛度过的人。但英语他却不会说。凭着超人的天赋，他很快掌握了这门语言。他说他觉得英语既不是自己的选择，也不是后天收养过来的儿子。然而凭着他受到的英语天才作家的收养，马上走出了结结巴巴的阶段，完全成为英语的亲子。评论家们认为他的英语写作，不仅为这一他的移居地语言"增添异彩"，甚或比别的文人把某种盎格鲁—撒克逊理想表现得更好。人们惊喜地发现，这个异邦人证明他自己甚至是英吉利民族魂中最精粹的东西的最佳阐释者，甚至胜过吉卜林。在康拉德的作品中，人是孤独地面对宇宙的。他的最优秀的小说描写的是人跟海洋的搏斗，也就是说，描写的是形成最鲜明的英国民族特色的那种长期以来的斗争。

1880 年他通过二副考试，1884 年通过大副考试。此后二十年他的生活是在海上度过的，并成为航海界公认的优秀水手。1886 年他加入英国国籍，1894 年结束航海生活。从 1889 年开始创作到 1924 年去世，康拉德一生写了 13 部长篇小说，28 部中篇小说。在英国，康拉德的名字不再是以水手，而是以著名小说家，英国伟大文学传统的继承者、现代主义的创始人而为人们铭记。

康拉德对英国的跨越，意味着国籍的转变、身体的迁移，更意味着精神的跨入与参与。对英国人而言，康拉德虽然不是盎格鲁—撒克逊人，但是他已经融入这个民族的文化和文明，并且为这个民族的文化做出了贡献，因此，欣然接受他，并视其为同类。而对于康拉德来说，他的英语尽管还带着波兰口音，却没有族裔融合时常常发生的那种身份危机感。他有着一大群小说创作界和出版界的朋友，嘉尔奈特、福德、高尔斯华绥、戴斯蒙德·麦卡锡等都是康拉德家的常客。

还有一点值得我们注意。与很多族裔作家不同，康拉德尽管籍贯是英国，但他的眼光却远远超出了英国。20多年间，从水手到船长，他的生活都是在与风涛的搏斗中度过的，他的航迹遍经大西洋、印度洋、太平洋、地中海、加勒比海、欧洲、亚洲、非洲、大洋洲、美洲，这种无与伦比的丰富的生活经验为他以后的写作积累下取之不尽的素材。他所熟悉的水手、经纪人、商人、冒险家、土邦的王公贵族、荷兰人、中国人、马来人，以及他们令人骇异的世界，都是他去描写的世界。这种海阔天空的眼光、踏遍天涯海角的经历，正契合不列颠民族冒险、开拓的气质与精神；因此，正如《吉姆爷》中的吉姆被船员们亲切地称为"我们中的一员"一样，康拉德也会容易地被接纳为英国人中的一员。我们试将他与美籍华裔作家比较，也许可以看出他们之间的巨大差异。华裔作家，哪怕是好几代后的华裔，他们的写作大多数还是带着母国文化的深深痕迹，尽管他们认为自己首先是美国人。伍慧明、谭恩美、哈金、汤亭亭、赵健秀、林露德等概莫能外。吴冰先生在说到华裔美国文学时，有一段话很中肯。她说：

　　作为美国多元文化独特产物的华裔美国文学，有不同于中国文学的独特性，但它又割不断与中国文化千丝万缕的联系。提倡华裔美国作家的绝对独立或绝对继承既不可取也不可能。华裔美国作家对中国文化的理解和继承是独特的。这些在美国土生土长的华人后裔，与中国文化的联系基本都是通过父辈甚至祖辈对往事的追忆和其他间接的渠道建立起来的。他们与生俱来的中国血统和父母潜移默化中传授给他们的中国文化使他们不可能像普通的美国人那样来看待东方和中国；同样，由于在美国土生土长，他们也不可能像中国人或他们父辈那样去看待东方、中国乃至中国文化。至于"完全以认同居住国的主流话语的方式写作",我认为不大可能,因为有所谓的"肤色制服"(color uniform),尽管白人或华人同样认为自己是美国人,华人注定不可能把自己当作、也不大可能被其他人看作是白人的同类人,黄皮肤的亚裔/华裔美国人对许多事物的感受肯定与白皮肤的英/欧裔美国人不同、甚至截然不同;种族歧视在美国不是短时间内就会消亡的①。

吴冰先生在这里既讨论了华裔美国文学与中国文学既亲近又疏远的关系,也论及了华裔作家与美国主流社会的既同又异的关系。而这种题材与母国文化的藕断丝连的关系在康拉德作品中并未出现;康拉德在英国的境况,从有关资料看来,也并没有因族裔关系产生的非融洽性(incompatibility)。

至于英国人对他的作品的接受,F. R. 利维斯在《伟大的传统》中将康拉德列入其中,而整本书是"从英国小说史上'几位真正的大家'着手,梳理和阐明了英国小说传统之伟大所在,以'唤醒一种正确得当的差别意识'。所谓小说大家,'乃是指那些堪与大诗人相比的重要小说家——他们不仅为同行和读者改变了艺术的潜能,而且就其所促发的人性意识——对于生活潜能的意识而言,也具有重要的意义'。亦即他们不仅是形式、手法和技巧上的创造性天才,更对道德关系和人性意识有着严肃关怀"。利维斯所包括的大家有简·奥斯丁、乔治·艾略特、亨利·詹姆斯、约瑟夫·康拉德和 D. H. 劳伦斯;而梅瑞狄斯、哈代等著名人物则被认为"盛名之下,其实难副";至于对狄更斯,"作者一方面承认其伟大,另一方面又说在他那里,找不到一种能使人保持长久的非同寻常之严肃性的东西",因此只在末章分析了他的《艰难时世》。

的确,康拉德的一些优秀作品无论从艺术性还是从思想性上都堪称文学经典。人们习惯按题材把他的小说分为航海小说、丛林小说和社会政治小说。其实无论何种小说,体现的都是人的活动,能深刻反映人性的、文化的、人与自然的冲突的,就是佳作。他的航海小说出色地传达了自然地力量,以及水手们面对自然的心理活动。代表作有《水仙号上

---

① 吴冰:《关于华裔美国文学的一些思考》(http://www.chinawriter.com.cn)。

的黑家伙》(*The Nigger of the "Narcissus"*, 1897)、《台风》(*Typhoon*, 1899—1902)、《青春》、《阴影线》(*The Shadow Line*, 1917) 等。其丛林小说以《黑暗的心》(*Heart of Darkness*, 1899)、《吉姆老爷》(*Lord Jim*, 1900) 为代表,探讨了人性的本质及道德与人的灵魂问题。其社会政治小说《诺斯特罗莫》(*Nostromo*, 1904)、《间谍》(*The Secret Agent*, 1907) 及《在西方的眼睛下》(*Under Western Eyes*, 1911) 等,表现了深刻的殖民问题、社会问题、人与人之间的关系问题。在创作技巧上,他多有创新,走在时代的前面,成为现代派的代表人物之一。作为一个外来者,康拉德对英国的文学做出了令英国感到骄傲的贡献,而里维斯的肯定,康拉德是当之无愧的。

三　跨界:作为"我们的康拉德"的康拉德

由于其小说的成功,康拉德自然对英国作家产生了很大的影响。他的合作者、秘书、编辑福特 (Ford Madox Ford) 对康拉德充满了敬佩之情,说他自己的有关文学的一切知识都是从康拉德那里学来的;道格拉斯 (Norman Douglas)、雷诺兹 (Stephen Reynolds)、汤林森 (H. M. Tomlinson)、格雷姆 (R. B. Cunninghame Graham)、沃波耳 (Hugh Walpole) 等年轻作家都曾是康拉德的座上常客。康拉德经常在午餐时与这些年轻人谈论文学,并给以鼓励和帮助。关于对英国年轻作家的影响,克莱门特 (Clement Shorter) 的说法很有概括性和代表性:

> 康拉德先生的每一本新书的出版,对我们来说都是文坛的一件大事。近 1/4 个世纪以来都是如此。自从梅里狄斯先生去世,哈代先生停止写作以来,文坛无人可出康拉德先生之右。他总能给我们以特别的惊奇。

康拉德对后来成为英国文坛翘楚的 T. S. 艾略特、格林 (Graham Greene)、H. G. 维尔斯 (H. G. Wells)、弗吉尼亚·伍尔夫 (Virginia Woolf)、威廉·戈尔丁 (William Golding) 等同样产生了很大影响。

当然,康拉德的影响远远超出了英国本土的范围,在欧洲大陆、南北美洲、非洲以及亚洲都有众多的康拉德崇拜者以及效仿者,在波兰、德国、法国、瑞典、荷兰、美国、古巴、圭亚那、哥伦比亚、秘鲁、巴拉圭、日本、中国等众多国家的作家作品当中，都能不同程度地找到康拉德的影响。在德国，受康拉德影响最大的是 1929 年的诺贝尔文学奖得主托马斯·曼（Thomas Mann）；在美国，20 世纪的三位大作家海明威（Ernest Hemingway）、费茨杰拉德（Scott Fitzgerald）和福克纳（William Faulkner）都对康拉德钦敬不已并深受其影响。海明威曾说，他所读过的书中没有哪一本能与康拉德的书相比，康拉德的每一本书都给他以启迪。生于布宜诺斯艾利斯的阿根廷作家博尔赫斯（Jorge Luis Borges）认为，康拉德比亨利·詹姆斯或陀思妥耶夫斯基还要伟大，因为在康拉德的作品里，读者感觉一切都非常真实，同时又非常富有诗意。印度裔英国作家、2001 年诺贝尔文学奖得主奈保尔（V. S. Naipaul）深受康拉德影响，瑞典文学院在给他颁奖时赞扬他是康拉德的文学继承人。南美魔幻现实主义文学的代表人物、1982 年诺贝尔文学奖得主加西亚·马尔克斯（Gabriel García Márquez）说自己的创作深受康拉德影响。非洲尼日利亚作家阿契贝（Chinua Achebe）在 1975 年的一次题为《非洲形象：康拉德〈黑暗的心〉中的种族主义》演讲中称康拉德是"该死的种族主义者"，不过这位"该死的种族主义者"却总在他的批评中出现，因为他的影响太大了。概言之，康拉德实际上早已超出波兰，超出英国，成了世界的康拉德。

　　对康拉德感兴趣的不止作家，理论家、批评家们同样对康拉德情有独钟。美国著名的文学批评家和理论家、《东方主义》的作者萨义德（Edward Said）声称自己一辈子研读康拉德，深受康拉德的影响。这种影响甚至贯穿到他的写作与行为之中。从批评家马里奥斯（Peter Mallios）2003 年 2 月 28 日对他的采访中①我们得知，他在小学时就读了康拉德的小说《青春》，在普林斯顿大学一年级时老师用的教材就是《黑暗的中心》，研究生时既读作品又读评论，以后他把康拉德的所有作品都认真读了，就开始写有关康拉德的评论。其博士论文《约瑟夫·康拉德与自传体小说》把康拉德的小说和信件联系在一起，将康氏的自身发展与其小说写作并置起来，从而揭示康拉德的生活空间同其小说空间的投射与移

---

①　Carola M. Kaplan, Peter Malios, Andrea White (eds.), *Conrad in the Twenty-First Century*, NY：Routledge, 2005, pp. 283 - 304.

位关系。采访中他透露,他后来的名著《东方主义》和《文化与帝国主义》都受到康拉德作品的启示。他谈到了《黑暗的心》《青春》《间谍》《胜利》《诺斯特罗莫》《吉姆老爷》《阿尔梅尔的愚蠢》《在西方的眼睛下》《水仙号上的黑家伙》《台风》等作品,强调了这些作品的审美价值及重要的历史和现实意义。比如,《黑暗的心》仍然是人类借以认识自己的明镜;《间谍》中策划对英国天文台的爆炸就像9·11对世贸大厦进行袭击的预示;《诺斯特罗莫》更是对当下美洲政治生态和贸易现状的生动写照,足以警示世人。萨义德自己也通过对埃里希·奥尔巴赫(Erich Auerbach,《模仿》一书的作者)及其作品的参照,表明了自己与康拉德的特殊关系——一个外国人,进入一个完全陌生的异样的文化、社会领域,并试图用审美的方式去理解它。因此,赛义德对康拉德有着比常人更深的理解、同情与身份认同。

如果说赛义德试图理解康拉德,美国批评家马里奥斯(Peter Mallios)则直截了当地在其著作中称康拉德为"我们的康拉德"——Our Conrad。① 在此书的绪论中,他称这是一部文学和文化史,讲述当代美国人是如何把康拉德塑造成一个"文学大师"。这是一本关于阅读的书:阅读战争与和平;阅读美国危机和世界历史;阅读文化、民主、殖民性、民族等各方面的冲突;质问我们因何阅读、怎样阅读、阅读谁;阅读那些曾经阅读过康拉德的美国人,问问他们阅读康拉德对于当代世界性的美国研究、当代性研究和康拉德研究有着怎样的贡献。这也是一本关于对话的书,是关于第一次世界大战期间及以后美国人是如何将康拉德塑造成文学大师的文化对话,也有美国研究与康拉德研究的潜在对话。

美国人没有历史的沉重包袱,这个移民的国度也少有种族的边界,对世界上的重要人物、重要思想采取接纳的态度。用马里奥斯的话来说,美国是"世界中的一个国家,世界在一个国家之中"(the nation in the world, the world in the nation)。"世界在一个国家之中",说明了这个国家海纳百川的胸怀,它企图把世界的精英和先进思想尽揽入怀,成为拥有整个世界的国家。对待康拉德,美国人乐于接纳这个界外人,并把他的思想视为构成美国现代性的重要思想资源。

---

① Peter Mallios, *Our Conrad: Constituting American Modernity*, Stanford UP, Stanford, California.

　　康拉德对于美国边界的跨越，既不是国籍的改变，也不是身体的物理移位——尽管他1923年访问过美国，而是意识形态的跨越与接纳。康拉德天才式的作品为当代人讨论全球化、人性、身份、主体性、种族、殖民主义、民族、性别、伦理、审美等诸多问题提供了生动的材料和深邃的洞见。有趣的是，康拉德不是以其与美国的契合而让美国人着迷，相反，正是他的"地道的异国情调"（sheer exoticism），是福柯在"异托邦"（heterotopia）里所说的那种"镜子"的作用，让美国人对他青睐相加。"康拉德唤醒了美国人的冒险意识"，康拉德也让人们不禁疑问："这难道就是美国？"美国需要这样一面镜子，因此康拉德也就成了美国人眼中的"我们的康拉德"。

四　跨界与接受：路德与康拉德

　　《圣经·路得记》中讲了一个摩押（Moabite）女子路得（Luth）的故事：士师时代，犹大伯利恒大饥荒，伯利恒男子以利米勒带领其妻拿俄米和两个儿子玛伦和基连到摩押地寄居。以利米勒和他的两个儿子都死了，只剩下拿俄米和两个摩押媳妇。饥荒过后，媳妇之一的摩押女子决意跟随婆婆回到伯利恒的家中。她发誓放弃摩押公民资格而成为一位以色列公民：

> 　　你到哪里，我也到哪里；你住哪里，我也住哪里；你的同胞就是我的同胞；你的上帝就是我的上帝。你死在哪里，我也要死在哪里，葬在哪里。①

这可以看成是一个异族人跨越边界，并被接纳、被同化的故事。上面的话表明路德已将自己置于新的信仰之下，并已愿意委身于一个新国家的法律与习俗，决心在一种新的文化之中变为一个新人。她最终按照习俗的规定，嫁给了以利米勒的侄子，即她的亡夫的堂兄弟波阿斯，从仪式上正式成了以色列人。不仅如此，波阿斯还依照以色列人的买卖惯例，买下了属于以利米勒和基连、玛伦的土地，"好在死人的土地上存留他的

---

① 《圣经·路得记》1，现代中文译本，第16—17页。

名"①，免得他的名在家族上灭没。这样，以利米勒的家系因路得嫁给了波阿斯而得以维系。后来路得与波阿斯生了俄备得。这不仅说明摩押女子路得归化以色列社会对于延续以利米勒的血脉之必要，更重要的是，这对于未来世代的延续是必要的。须知没有路得就没有耶西，就没有大卫王，就没有所罗门、约瑟，直至耶稣基督！这个家谱不仅印证了以色列文化的绵延连续，而且还显示同族通婚与异族通婚的平衡。同族通婚或近亲结婚太多将导致血脉的衰弱，异族通婚太多则导致以色列血统的纯洁性遭到破坏乃至消失。在以色列人看来，摩押女子路得当然是异族人，而波阿斯与这个异族女子的婚姻却使得以利米勒的家族得以延续并对后世的发展产生深远影响。摩押女子路得的跨界，带来了以色列文化的传承与活力。而以色列同化了异族人路德，使其异质转换以趋同。在这个同化过程中，以色列自己也有了改变，他们的血管中流着摩押人的血。而路德作为异族人，同样会产生了异化，它既被新的文化变形，为新的本土文化服务，又以其异质丰富了本土文化。

康拉德如同路德，作为一个波兰人跨界到英国，并以其自身中意识形态的力量，跨越到美国，并被美国所接收，被慢慢同化、本土化，在这块异质文化土壤上扎根、开花、结果，最后成了美国人的"我们的"康拉德。在全球化的今天，信息流、文化流势不可当，我们应该以更为开放的心胸，接纳一切好的东西，为我所用。果如斯，也许我们也可以把康拉德称为"我们的"康拉德。那时候，我们恐怕会更有活力，更有自信。

---

①　《圣经·路得记》4，现代中文译本，第10页。

国子监街的"第三空间"

——全球化浪潮下的北京传统文化

穆 杨

一 引言

国子监街位于北京老城的东北角，东起雍和宫大街，西至安定门大街，形成于元初，距今已有 700 多年的历史。这条长街北侧按"左庙右学"的建制建有孔庙①和国子监②。此外，这里还保留有 4 座牌坊和下马石碑。作为京城国学文化圣地，国子监街槐树成荫，书香与佛香弥漫，处处渲染着沉静、闲适、淡定、儒雅、持重的气息，营造出典型的中国"仕"文化与"礼"文化的氛围。然而，即使是这样一条承载着悠久历史和厚重文化的街道也并非纯粹的北京传统文化空间。相反，它处处充斥着矛盾、模糊，甚至对立的文化符号，也保留着历史演进过程中的纷繁叠加的记忆片段。空间和时间在此混杂、交切、穿插。全球化浪潮下，这里更成为不断产生新的文化意义和身份认同的后现代"第三空间"。

二 空间糅杂

从外部空间与这一地区的联系来看，雍和宫位于北京地铁环线上，作为进入国子监街的重要纽带，地铁把这个传统文化区域带入了历史与现代的轮回之中。从国子监街内部来看这里包含了多个特色鲜明的文化空间单元：其中有代表儒家文化的国子监和孔庙，有代表藏传佛教文化

---

① 孔庙是元、明、清三代皇帝祭祀孔子、举行国家祭典的主要场所，也是太学的礼法之地。院内有 198 座元、明、清三代进士题名碑，14 座元、清两代碑亭，还有十三经石碑林。

② 国子监是我国元、明、清三代国家管理教育的最高行政机构和国家设立的最高学府。

的雍和宫，有代表民间文化的手工艺品店铺，还有代表西方文化的咖啡馆酒吧。再细细品味，每个单元空间又吸纳了其他文化的元素。国子监街从整体到局部都呈现出多元文化糅杂的状态。

（一）杂货店/咖啡馆

街北的"秀冠"是一家咖啡馆，它和与之比邻的杂货店相映成趣。立在"秀冠"橱窗中的英文餐单从某种意义上昭示了国子监街逐渐国际化以及时尚化的趋势。旁边杂货店低调的青砖灰瓦映衬着热烈的"可口可乐"广告牌式屋檐。传统和时尚奇特地陈列在一起。这种杂交文化空间让人产生一种全新的体验和感受，也以其新奇的姿态吸引着旅游消费者。

（二）关公/ET

"秀冠"咖啡馆本身也是奇特的文化杂交体。"Take a break：Time for a cup of the best coffee in China in a traditional setting"（"停下你的脚步：在传统氛围中享受一杯中国最好的咖啡"），橱窗里的广告词中"传统氛围"和"咖啡"的奇异结合明确主打的就是中西合璧之牌。飞檐拱顶、雕梁画栋的中式建筑主体悬挂着日式风格的门灯。旁边立着日式的箱式牌匾，上面用毛笔书写着两个飘逸隽秀的汉字"秀冠"，边缘则是英文印刷体"Arts haven"的字样。橱窗里一字排开的是彰显其兼收并蓄文化特色的玩偶组合——其中有外星人 ET 和京剧扮相的关公、身着旗袍的满族女性。这些玩偶风格迥异但又和谐统一。

（三）玩具铺/动漫屋

"盛唐轩"是经营民间传统玩具的店铺，出售京城老艺人制作的绒布、纸、泥、竹、木玩具。立在门外的兔爷儿笑脸上仿佛凝集了老北京几百年关于童年的回忆。但顺街而下，在国子监古色古香的牌坊底下，"龙裔元创"展现的却是另一番"玩"的风景。这家店经营卡通、漫画相关产品。漫画书刊、画册、动漫 CD、VCD、漫画画材、海报、明信片、模型、漫画 T 恤衫吸引了很多衣着前卫的年轻人。盛行于欧美和日本的动漫文化就这样悄悄潜入了老北京这条依然响着拨浪鼓声音的老街。

（四）牌楼/灯箱

国子监街还有个名字叫成贤街。明代这里称"国子监孔庙"，清代称"成贤街"，民国称"国子监"，1965 年后称"国子监街"。"文革"时称

"红日北路九条"。① 名称的变化不难看出这一空间的意义是由社会关系书写的。现在"成贤街"与"国子监街"两个名字混用。本是同根生,不过题着"成贤街"的牌楼和写着"国子监街"的灯箱式街牌却尴尬地对峙着。灯箱上联通如意通卡和笔记本无线上网卡的广告仿佛在嘲弄士大夫文化遗留下的庄严的牌楼。国子监街一面在极力恢复并彰显它曾一度失去的传统,一方面也难以抵制无孔不入的资本的入侵。

传统文化与现代文化、东方文化与西方文化就是以一种混杂的方式表达着无可奈何的奇特和谐。因此,从整体到细部整条街形成了既矛盾又模糊的过渡空间。但正是这种"居间的"空间负载着文化的重担和意义。文化认同总是浮现于这一矛盾而又模糊的空间中。展现了"文化接触、侵略、融合和断裂的复杂过程的机制"②。

三 时间交叠

其实,在我们慨叹西方"文化殖民"打破了传统文化在时间上的延续性时,我们也要思考有没有固定的、本质的、不可入侵的民族文化类型。霍米·巴巴建议打破民族主义始源性神化。赛义德也认为被殖民国家并没有什么"原始纯真之感",那只不过是类似神化的抽象的说法,是谎言。"各个文化彼此之间混合,其内容和历史相互依赖、掺杂,无法像外科手术般分割东西方……"③

那么什么是国子监街上的中国传统文化呢?在西方文化殖民前它的血统纯粹吗?还是它本身就已经是各种文化的杂交体了呢?正如长城这个文化符号并不是自建成之日起就拥有一贯的阐释一样,把国子监街看成是纯粹的传统文化空间也只是一个"历史神话"④——国子监街的文化含义并非本质性的而是想象性的。它展现给我们的是过去和现在并置、

---

① 李束:《国子监街:散发国学文化魅力的地方》,《社区》2005 年 7 月上。

② Homi Bhabha, *The Location of Culture*, London and New York: Routlege, 1994, p. 225.

③ [美] 爱德华·赛义德:《知识分子论》,单德兴译,生活·读书·新知三联书店 2002 年版,第 3 页。

④ "历史神话"一词源自 Arthur Waldron, "The Great Wall Myth: Its Origins and Role in Modern China", *The Yale Journal of Criticism*, Vol. 2, No. 1, 1988, pp. 68 – 73. 文章指出"历史神话"一词并非暗示中国人没有修筑作为北方防御工事的长城,而是指我们对长城的理解和阐释是不断发生变化的。长城也只是在 19 世纪以后才逐渐由于多种原因成为中国的标志,其文化含义并非本质的而是想象性的。

时间片段叠加的场面。这同时也表明跨疆界文化演变的脚步从未停歇。

儒家文化被认为是中国传统文化的核心，国子监和孔庙当然就是国子监街的地标性建筑和中心。但元始建、清扩建的事实，使两个建筑本身就打上了"殖民者造"或文化融合的烙印。

如今提到民族文化的保护和发扬，当然不仅限于儒家文化了。比如，东端的雍和宫以及街中十几个香火铺子共同营造的是佛教文化的氛围。古色古香的素食馆"叙香斋"是现代人推崇传统文化的产物。据说这家目前北京最大也是最新素食餐馆旨在推崇我国的传统文化，他们通过与食客的交流来宣讲健康膳食理念，同时宣讲和推广佛学。显然，这里讲的传统文化主要是佛教文化。但众所周知，佛教文化原本也是来自印度的舶来品，雍和宫藏式风格的庙宇更是满族人带来的藏传佛教的见证。但几度混杂的佛教文化已经成了国子监地区传统文化中不可或缺的部分了。

此外，四合院这一传统文化空间也是国子监街文物保护的重头戏。但什么是传统的四合院，这已经很难说了。现在这里的四合院一部分是新中国成立以后被多户分割的"大杂院"，有的搭着煤棚，或"抗震棚"，记录着不同历史时期的回忆。另一部分四合院是一些移居北京的侨民、外国人和在改革开放中先富起来的人们，抱着怀旧心理和对传统文化的强烈追求，买下旧院，重新翻建新四合院。这种院落大多采用传统建筑的外形和色彩，室内则是现代化设施和装修。实际上，无论哪种四合院都不再是所谓的纯粹的传统文化空间了。

再如，街上还散落着"喜绣房"这种装饰布置很"民族化"的店铺，经营少数民族绣片。蜡染般的蓝色印花壁纸、古式案台和木箱，都在渲染一种浓重的民族气氛，更准确地说是有少数民族特色。但这个空间无疑也被认为是民族的、传统的。其实，这种少数民族风格的店铺和咖啡馆一样是近年来旅游业催生的"新移民"。

另外，安定门街道精神文明宣传橱窗等代表的是有中国特色的社会主义文化空间。虽然这空间已被挤占得微不足道，远不如新中国成立初期声势浩大，但还是提醒观者，这里是红色新中国旗帜下的北京传统空间。

可见，所谓民族文化空间早已被悄悄地"去中心化"了。现代性的本质就是意识到民族中心论的局限性，然后接纳被边缘化了的声音。① 国子监街弘扬的中国传统文化本身就包括了除儒家文化之外的佛教文化、民间文化、少数民族文化和社会主义文化。每个历史时期都在国子监街留下了它的历史信息和印记。不同历史时期的印记杂陈并置，不同的文化形态动态地汇集于此。国子监街并未演进成一元的传统文化空间形式。时间在这里并置、叠加，甚至多重叠加，让人不禁慨叹"今夕何夕"。

四　全球化下的"第三空间"

既然文化融合在国子监地区从未间断，为什么说国子监街现在进入了后现代的"第三空间"了呢？这是因为咖啡馆、ET 玩偶、动漫店、互联网和可口可乐广告带来的是对立更尖锐、渗透力更强、原因更复杂的文化杂交和随之而来的"居间性"（in-between）② 身份认同。

首先，新的文化形式来自于西方，这与以往的中华民族内部的文化融合不同。如果，蒙、满和其他少数民族文化在广义上都是北京传统文化的话，那么西方文化无疑是界限更分明的异邦文化。以往面对少数民族文化，汉文化总是以强势姿态出现；可面对西方文化，本土文化无疑处于弱势。这种情况使人产生"历史延迟感"（historical belateness）③，即感到自己的传统文化在人类文明进步之路上落后了。但同时"被边缘化了的、在历史上迟到的人们反而有一种优势可以占据后现代的空间，因为他们'目睹'了事件的空间距离和循环。他们距离既在外又在内、无法感知、犹豫不决等感觉更近"④。这就是"第三空间"带来的身份认同的后现代性。

更重要的是，这些外来文化元素是随着资本的全球化浪潮涌入国子监街的。而这一空间中以往的文化符号如下马碑、牌楼和社区宣传栏与资本无直接关系。全球化把世界变成了一个大市场。这种力量无疑已渗透到了中国最具标志性的民族文化空间。"资本正在重构积累的特殊空

---

① Homi Bhabha, *The Location of Calture*, London and New York：Routlege, 1994, p. 4.

② Ibid. .

③ Homi Bhabha, "Race, Time and the Revision of Modernity", Bart Moore-Gilbert, Gareth Stanton and Willy Maley（eds.）, *Postcolonial Criticism*, London and New York：Longman, 1997, p. 175.

④ Ibid. .

间，但由于文化是资本组织传播生产欲望的所在，所以资本必然渗透并充斥着文化生产的空间。也就是说文化将进入跨国化的过程，形成所谓全球文化。"① 前文提到的诸多西方文化符号如橱窗里的 ET 玩偶从本质上讲都是以广告的姿态出现的。在文化全球化过程中"广告变成了文化和经济之间的基本媒介"②，它们所推销的与其说是商品不如说是文化。空间不仅仅是文化的载体，还是文化本身，因而也是消费品。正如列夫菲尔（Lefebvre）所观察到的一样，"空间不仅仅是消费的场所，也是消费的对象。空间设计本身也被转化成了商品"③。也就是说，消费者购买商品不仅因为它们有实际价值和功能，而且因为它们的形象负载着某种文化理念，即"后现代性已经具有文化消融于经济和经济消融于文化的特征"④。当你走进"秀冠"时，你不仅仅在消费一杯咖啡，更是在消费 ET 和关公所代表的文化，但它已经不再是所谓的纯粹的民族文化，而是一种新潮、前卫、时尚的杂交文化。

　　讨论全球化无论带来利弊，其进程都无法避免。世界上是否会有某个部分能切断与它的联系呢？"在日常生活中人们越来越不可能逃离遍及世界的空间之网。吃泰国菜，穿中国制造的衣服，在古巴度假，开韩国车，唱卡拉 OK，喝澳大利亚的酒。"⑤ 就这样，"多样交织的仿造商品把不同的世界带到同一时空"⑥。资本主义正渗透到世界的每个角落，后现代主义成为晚期资本主义的逻辑。保持传统文化的纯粹性对于国子监街这个全球化背景下的旅游消费空间只能是一种想象。

　　当然，国子监街也不会因为西方文化的侵入而放弃传统文化。那么我们又怎么看待本土文化的抵抗呢？其结果又是怎样呢？近年来，安定门街道和国子监社区将国学文化作为地区精神文明建设的主要内容。新千年伊始，他们依托北京本社区的文化资源，开展了一系列宣传国学文

---

　　① 王逢振：《全球化》，《外国文学》2002 年第 5 期。

　　② 同上。

　　③ 转引自 Mark Gottdiener，*The Social Production of Urban Space*，Austin：University of Texas Press，1994，p. 125。

　　④ 王逢振：《全球化》，《外国文学》2002 年第 5 期。

　　⑤ Julian Murphet，"Postmodernism and Space"，Steve Connor（ed.），*The Cambridge Companion to Postmodernism*，Cambridge：Cambridge UP，2004，p. 130.

　　⑥ David Harvey，*The Condition of Postmodernity：An Inquiry into the Origins of Social Change*，Oxford：Blackwell，1989，p. 30.

化传统、普及国学文化知识的活动。他们联合中华孔子学会，开办了"国学启蒙馆""国学育德馆"。安定门街道还在社区青少年和学龄前儿童中普及中华传统文化，以传统文化明德育人。除此之外，街道还组建、扩建了一大批国学文化特色团队，举办了第一届国学文化艺术节、国学文化京味民俗表演、民间手工艺展览等活动，并在继续搞好国学馆、启蒙馆、育德馆的同时，新组建了国策馆和国粹馆。① 保护本土文化活动进行得如火如荼，但也并未阻挡住殖民文化的脚步。殖民文化是否会吞没本土文化？民族文化的本质性是否会丧失？本质的民族文化又是什么呢？从历史来看它本身难道不就是文化杂交的产物吗？国子监街全球化和本土化正处在激烈的对抗之中。

五　结语

纵观历史，我们看到不同时期的景观、流派、风格不断在国子监街这个空间叠加、杂交。审视现在，国子监街又在经历新一轮全球化浪潮的冲击。"空间这个多维的概念既是经济的，也是政治的，还是符号的。空间具有双重特性，它既是社会关系的产物，又是社会关系的生产者。"② 第三空间中殖民文化和本土文化不断混杂、交切、穿插所产生的新的文化意义。按巴巴的理论，第三空间是生成性的而非消灭性的。即殖民文化和本土文化相遇可以不断产生新的文化意义。在这种新生成的文化意义下，主体的文化身份认同在时间上具有"居间性"（in-between moment），在空间上具有"阈限性"（liminal space）③。走在国子监大街上，"我们发现自己身处在这样的一个历史时刻，在这里空间和时间交叉产生出复杂的矛盾体，它包含了差异和认同，过去和现在，内部和外部，吸纳和排斥"④。在这样的第三空间让我们产生了前所未有的复杂的文化思索和身份认同。

---

① 李束：《国子监街：散发国学文化魅力的地方》，《社区》2005 年 7 月上。

② Mark Gottdiener, *The Social Production of Urban Space*, Austin：University of Texas Press, 1994, p. xv.

③ Homi Bhabha, *The Location of Culture*, London and New York：Routlege, 1994, pp. 3 – 4.

④ Ibid., p. 1.

母语不同的人时间思维也因此不同吗？

——新沃尔夫主义者研究范式、实验方法新进展

陈光明

研究背景

萨丕尔—沃尔夫假说是一个有关语言与思维（文化、世界观）之间关系的命题。作为语言哲学史上的经典话题之一，它的地位在学界虽几经沉浮，但从来没有淡出过学者们的视野。无论是其支持者还是反对者，都试图寻找可行的方法以捍卫或驳斥这一假说，或曰对这一假说进行"检验"。但就如何"检验"假说，不同时期学者的"实证"方法有所不同。在沃尔夫及其前人那里（"经典时期"），这一假说主要是作为一种哲学命题而存在，相当于 Foley 所说的公理"a mathematical axiom"①或是Sampson 所说的哲学观"a philosophical account of alternative conceptual frameworks"②，其"检验"方法主要是在不同的语言中寻找合适的例子来支撑"假说"。但在沃尔夫之后（"新沃尔夫主义时期"），由 Lenerberg等人针对沃尔夫研究方法上的不足，提出了新的实证研究范式。Lenerberg 认为，语言在表述某个事件时的巨大差异，并不一定对应于那个事件的感知差异；"……必须分别观察和描写语言事件和非语言事件……否则语言相对论就会陷入循环的窘境，至少是主义重复。因为，世界观差异的唯一证据就是语言差异"。③这样的观点得到了很多学者的

---

① Foley, William A. , *Anthropological Linguistics*: *An Introduction*, Oxford: Blackwell Publishing.

② Sampson, Geoffrey, *Schools of Linguistics*: *Competition and Evolution*, London: Hutchinson and Co. (Publishers) Ltd. , 1980.

③ 高一虹等译：《论语言、思维和现实》，湖南教育出版社 2001 年版。

支持。自此，研究者开始尝试使用新的研究范式来检验假说。由于正是在这一时期，才有了萨丕尔—沃尔夫假说这个命名，也正是在这一时期，这一哲学命题才演变成了今天意义上的科学假说。

新沃尔夫主义者所推崇的研究范式可归纳总结如下①：

（1）选择研究领域（domain）；

（2）考察语言 A 和语言 B 在此领域的语言编码（linguistic coding），确认这两种语言的语言编码在此领域有显著差异；

（3）单独考察语言 A 和语言 B 的母语使用者在认知此领域时所使用的非语言编码（non-linguistic coding）；

（4）在语言变量（linguistic variable）与认知变量（cognitive variable）之间建立相关（correlational）关系或因果（casual）关系。

新沃尔夫主义时期实证研究的发展趋势

新沃尔夫主义时期（20 世纪 50、60 年代起至今），研究者在不同的领域对这一假说进行了检验：其中早期的研究主要集中在颜色、反事实思维、数字、量化词（包括动量和名量）等领域；近 20 年来虽然有不少学者仍继续对颜色、数字等领域进行研究，但我们能明显瞥见兴趣向时空领域的转向，这一转向与认知语言学（CL）的发展和兴盛是不无关系的。众所周知，CL 始于 20 世纪 60、70 年代，并在 21 世纪成为发展最快、最具影响力的理论语言学学派之一。由于 CL 的两个主要分支（认知语义学和认知语法）"rest upon an essentially visual-spatial conception of meaning and conceptualization"②，所以"空间"在 CL 里占据了至关重要的位置。随着"空间"一起热起来的领域还有"时间"：人们发

---

① Levinson, S. C., *Space in Language and Cognition*: *Explorations in Cognitive Diversity*, Cambridge: Cambridge University Press, 2003.

Lucy, J. A., *Language Diversity and Thought*: *A Reformulation of the Linguistic Relativity Hypothesis*, Cambridge: Cambridge University Press, 1992b.

Pederson, Eric, "Cognitive Linguistics and Linguistic Relativity", In Geeraerts & Cuyckens (Eds.), *The Oxford Handbook of Linguistics*, N. Y.: Oxford University Press, 2007, pp. 1012 – 1044.

② Sinha, Chris, "Introduction. Cognitive Linguistics' Special Issue: Spatial Language and Cognition 1", *Cognitive Linguistics*, 6, 1995, pp. 7 – 8.

现，"空间—时间"关系正是每种语言与文化中最常见、最有代表性的语言研究项目，世界上几乎所有语言与文化，都要借助空间概念（即采用时空隐喻）来理解和表达诸如时间这样的抽象概念。

在与萨丕尔—沃尔夫假说相关的实证研究中，我们也可以瞥见 CL 引领下的这股"时空"热。近 20 年来，大量相关研究都集中在"空间（包括移动）"和"时间"两个领域。在下文中，我们将通过呈现和梳理学者们在时间领域的主要相关实证研究，用以展示新沃尔夫主义者的研究范式、实验方法和该领域的最新发展趋势，以从中得到启发。

新沃尔夫主义时期时间领域的实证研究

很长一段时间内，共性论者对时空的看法在学界占统治地位：他们认为像空间和时间这样的概念是具有普遍性的，不因语言、文化的不同而具有太大差异，甚至连沃尔夫本人也持类似的时空观[1]。然而，近年来的研究对这种流行观点发出了挑战。研究者发现，不同文化中人们理解和认知时间的方式确有不同；不同语言也会运用不同形式的空间语汇来进行时空隐喻，表达时间概念[2]。那么，这种跨文化的语言差异和认知差异之间是否存在一定关联呢？学者们设计出不同的实验来考查这两个变

---

[1] Whorf, B. L., "The Relation of Habitual Thought and Behavior to Language", In John B. Carroll, (Ed.), *Language, Thought, and Reality*, Cambridge: The M. I. T Press, 1956, pp. 134 – 159.

[2] Boroditsky, L., "Does language shape thought?" *Cognitive Psychology*, 43, 2001, pp. 1 – 22.

Casasanto, D., et al., "How Deep are Effects of Language on Thought? Time Estimation in Speakers of English, Indonesian, Greek, and Spanish", In K. Forbus, D. Gentner, & T. Regier (Eds.), *Proceedings of the 26th Annual Conference Cognitive Science Society*, Hillsdale, NJ: Lawrence Erlbaum Associates, pp. 575 – 580.

Chen, J. – Y., "Do Chinese and English Speakers Think about Time Differently? Failure of Replicating Boroditsky", *Cognition*, 104, 2007, pp. 427 – 436.

January, D. & Kako, E., "Re-evaluating Evidence for Linguistic Relativity: Reply to Boroditsky", *Cognition*, 104, 2007, pp. 417 – 426.

Núñez, R. & Sweetser, E., "With the Future behind them: Convergent Evidence from Aymara Language and Gesture in the Crosslinguistic Comparison of Spatial Construals of Time", *Cognitive Science*, 30 (3), 2006, pp. 401 – 450.

Scott, Amanda, "The Vertical Dimension and Time in Mandarin", *Australian Journal of Linguistics*, 9, 1989, pp. 295 – 314.

量之间的关系，对假说进行检验。

一　启动任务（priming task）实验

较早在时间领域开展假说检验的当数 Lera Boroditsky。早在 2001 年，Boroditsky 就发表文章 *Does Language Shape Thought? Mandarin and English Speakers Conception of Time*，讨论了不同语言中时空隐喻对说该语言的母语使用者的时间思维可能产生的影响。如前所述，无论何种语言在表达时间这样抽象的概念时，通常都要借助像空间这样的具体概念。英语、汉语在这方面既有相同之处，也有不同之处：英语、汉语都常用水平维度的空间词汇（如："前/后"）来表达时间概念，这是相同点；但汉语还常用垂直维度的空间词汇（如："上/下"）来表达时间，这一方法在英语中则较为罕见，这是不同点。那么，这种语言表达上的差异是否会对人们时间认知产生影响呢？Boroditsky（2001）利用启动任务实验来检验假设。该实验设计如表 1 所示：

表1　　　　　　　　　　启动任务实验（Boroditsky，2001）

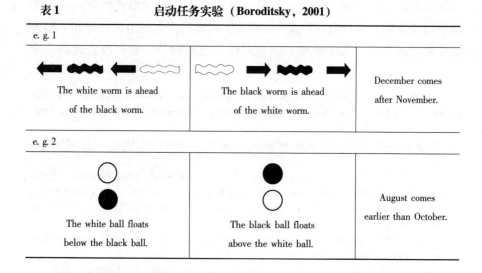

该实验的每一次测试（trial）里有三个项目：两张表达空间关系的图画（配有描述图中的空间关系的句子）和一个不带图的表达时间关系的句子。测试要求被试先对空间关系的图画（包括水平和垂直两种空间关系，但同组中只出现一种）进行正误判断。进行完空间刺激后，要求被试先对接下来出现的表达时间关系的句子（有的句子含时空隐喻，如 e.g.1；有的不含，如 e.g.2）进行正误判断，其反应时间被记录下来并进行比较。

该研究测试了三组不同的对象。实验一的被试者是 26 名英语母语使用者和 20 名汉语母语使用者。实验结果显示：英语、汉语被试者在接受了水平空间关系刺激后，判断含水平方向空间隐喻的问题（before/after）时比接受垂直空间关系刺激后都要快；但是在回答纯粹时间问题时（earlier/later），英语、汉语被试行为出现差异，英语被试者接受水平刺激后的反应速度比接受垂直刺激后的反应速度快，而汉语被试者则是接受垂直刺激后的反应速度更快。这一行为差异与两种语言里时间隐喻上所存在的差异是一致的：英语普遍采用水平方向，汉语里水平和垂直方向都很普遍。这说明一种语言中所惯用的时空隐喻对人们的短时思维和习惯性思维都会产生影响。实验二的被试者是 25 名在美英、汉双语者，实验目的在于了解双语者习得英语的时间表达是否会影响他们对垂直空间关系的时间隐喻表达的习惯。实验结果显示：这些双语者对时间的垂直思维受习得英语时间早晚的影响，越晚倾向就越强，而与接触英语的时间长短无关。实验三以 70 名英语母语使用者为对象。测试前，被试者先接受一段时间的培训，学习像汉语母语使用者一样通过垂直维度的空间方位词来表达时间的早晚。当研究者确认被试者已经学会这种隐喻方式后，再用同样的启动任务对其进行测试。实验结果表明：受训后的英语被试者呈现出与实验一中汉语被试者相似的反应模式。通过这些实验，Boroditsky 试图证明语言对思维形成的重要性：不仅母语在人们的习惯性思维中起着重要作用，习得新的语言表达甚至还可以影响和改变人们的短时思维。

该研究的重要意义在于开创了新的领域对萨丕尔—沃尔夫假说进行检验。但正如在其他领域检验该假说所常见的那样，Boroditsky 的研究也面临着一些异议和挑战。如 Chen[①]、January & Kako[②] 等研究者参照 Boroditsky 的实验过程对不同对象进行测试，却得出了不同甚至相反的结

---

① Chen, J. - Y., "Do Chinese and English Speakers Think about Time Differently? Failure of Replicating Boroditsky", *Cognition*, 104, 2007, pp. 427 - 436.

② January, D. & Kako, E., "Re-evaluating Evidence for Linguistic Relativity: Reply to Boroditsky", *Cognition*, 104, 2007, pp. 417 - 426.

论。他们根据自己的实验结果对 Boroditsky 的研究方法、对（汉语）空间隐喻的错误理解等进行了批判。然而该研究更致命的缺陷在于其实验设计上：被试者不管是在接受空间关系刺激时还是在做判断时，都有语言项目的出现。用涉及语言使用的任务而不是非语言任务来证明语言对思维的影响，无法摆脱循环论证之嫌疑。

二　刺激反应任务（stimulus-response task）实验

针对上文所提及的批评和不足，Boroditsky，Fuhrman & McCormick[①]设计出新的实验在同一领域来检验假说。该实验设计如下：

表2　　　　　　　　刺激反应任务（Boroditsky，et al.，2011）

	Picture 1		Picture 2	Button pressing
e. g. 1		→		Black button（earlier）
e. g. 2		→		White button（later）

如表2所示，该实验的每一次测试（trial）里有两个项目（两张图），两图显示的人物或事件相同，只是图二在时间上比图一更早或更晚。图一在电脑屏幕上短暂出现后消失，随即出现图二，此时要求被试尽快判断图二是早于还是晚于图一。判断通过按键完成（按键共有四种排列方法：（1）水平方向"左键：早/右键：晚"；（2）水平方向"右键：早/

①　Boroditsky，L.，Fuhrman，O. & McCormick，K.，"Do English and Mandarin Speakers Think Differently about Time?" *Cognition*，118（1），2011，pp. 123 – 129.

左键：晚"；（3）垂直方向"上键：早/下键：晚"；（4）垂直方向"下键：早/上键：晚"）。被试的反应时间被记录下来进行比较。这一设计其实在早先的一项研究中①已经使用过，但在该研究中，按键上还是使用了带有"earlier/later"字样的标签。为了避免这样微小但仍然存在的语言"干扰"，本项研究中按键上不出现任何文字：黑色键代表"早"，白色键代表"晚"。由于这一实验全部通过图画来完成，且实验过程中不出现任何相关的文字描述，可以说是最大限度地达到了"非语言任务"要求。

该研究测试了 118 名英语母语使用者和 63 名汉语母语使用者。实验结果显示：当按键是水平方向排列时，英语、汉语被试者都习惯用左键来代表早，右键来代表晚（"早"是左键的平均反应速度比"晚"是左键的平均反应速度要快）；当按键是垂直方向排列时，英语、汉语被试者的行为模式出现差异，英语被试者"早"在上和"早"在下的反应速度没有统计意义上的差别，而汉语被试者"早"在上的平均反应速度比"早"在下的情况要快。这一行为模式上的差异可以解读为，汉语被试者更习惯用上键来代表"早"，而英语被试者没有这样的习惯，这与英语、汉语在时间表达上的差异是一致的。该研究再次证明了时空隐喻对习惯性思维形成的重要性。

在后继的一项研究中，Fuhrman, O., et al.② 又进一步精细化了实验设计：研究者不仅将时间轴细分为三个维度（上/下，前/后，左/右），还扩大了实验对象，并对实验对象的背景以及汉语习得程度进一步细化，在此基础上进行反应速度差异的比较。由于这两项研究的核心和结论都没有太大差异，因此本文不再详细介绍。

三　手势语研究

从上面两节的介绍中我们可以看出，新沃尔夫时期，研究者所致力的方向之一在于采用非语言任务来检验假说，以避免循环论证。这一时期的另一种非语言任务实验设计是利用手势语来探索语言与认知之间的关系。

---

① Fuhrman, O. & Boroditsky, L., "Cross-cultural Differences in Mental Representations of Time: Evidence from an Implicit Nonlinguistic Task", *Cognitive Science*, 34（8）: 2010, pp. 1430 – 1451.

② Fuhrman, O., et al., "How Linguistic and Cultural Forces Shape Conceptions of Time: English and Mandarin Time in 3D", *Cognitive Science*, 35（7），2010, pp. 1305 – 1328.

在时间领域，我们所熟知的时间认知模式（如 moving-time model 和 moving-ego model）几乎是完全依赖语言数据所建立起来的。这些模式的确为我们了解人类在时间领域的认知活动提供了帮助，但单纯利用语言数据建立起来的模式可能是不完整、不可靠的。例如很多文化里都会把时间想象成是一条左右延伸的水平轴，时间从左（过去）流向右（未来）或从右（过去）流向左（未来）。但这一时间认知模式是无法从单纯的语言数据提取出来的，因为很少有语言用"左、右"这样的词汇来进行时间隐喻。通过手势语来研究人类的时间认知，不仅可以为已有的时间认知模式提供佐证，还能弥补其不足。正如手势语研究的权威 McNeill 所言，利用手势语研究人类的思维与认知的优势在于：

> …gestures are not the product of linear-segmented verbal plan, not translations of speech into visual-kinesic form, not like photographs, and not the tip of a linguistically structured iceberg. They are closely linked to speech, yet present meaning in a form fundamentally different from that of speech. [1]
>
> These gestures are like thoughts themselves. They belong, not to the outside world, but to the inside one of memory, thought and mental image. … Gestures open up a wholly new way of regarding thought processes, language, and the interactions of people. [2]

一般来说，采集手势语的方式有两种：一种是在类似于自然的语境中采集，如访谈、讲故事等。在这种语境下，被试者往往对研究者所关注的内容（手势语）并不知情，由此我们可以很好地考察其习惯性思维。另一种是在非自然语境下采集手势，如指向任务（pointing task），被试者需要按照研究者的提示或要求做出相应的手势。在这种语境下考察的是思维的另一个层面——非即时性思维（off-line thinking）。下面分别介绍这两种方法。

---

① McNeill, D., *Hand and Mind：What Gestures Reveal about Thought*, Chicago：University of Chicago Press, 1992.

② Ibid..

（一）自然手势语（spontaneous gestures）研究

使用自然手势语考察时间认知的代表性研究之一是 Núñez & Sweetser（2006）。该研究的被试者为 30 名 Aymara 语使用者，目标之一是 Aymara 母语使用者的时间认知模式。本研究中，被试者使用 Aymara 语的流利程度不等：其中有 15 人懂一定程度的 Aymara 语，并能流利使用西班牙语；另 15 人能流利使用 Aymara 语，懂一定程度或完全不懂西班牙语。研究者利用民族志访谈（ethnographic interviews）记录下了被试者的话语伴随手势（co-speech gesture）。分析结果显示：能流利使用 Aymara 语的被试者在时间认知方面普遍采用的是"未来在后，过去在前"这样的时间认知模式，这印证了研究者从该语言中所收集到的一些材料，但单凭那些语言数据，研究者无法得出明确结论；与此相对，能流利使用西班牙语的被试者普遍采用的是"未来在前，过去在后"这样的认知方式。这一通过手势语所显露出来的认知差异与两种语言在时间表达上的差异是一致的，由此揭示出语言与思维的密切关系。

（二）刻意手势语（deliberate gestures）研究

刻意手势语的代表性研究之一是 Fuhrman & Boroditsky①。该研究采用多个实验，旨在对比英语和希伯来语母语使用者在时间思维上的差异，其中的一个实验"三维指向任务（3 - D pointing task）"考察的就是被试者的刻意手势语。该研究的英语被试者为 24 名斯坦福大学的学生，希伯来语被试者为 24 名特拉维夫大学学生。实验过程中，被试者按要求先将手放在胸前方的位置以表示"现在"这个时间点，之后按实验者问题（如：If this is today, where would you put yesterday/tomorrow?）将手指向相应的方向来表达"过去"或"未来"这样的时间概念。实验结果显示，在"前/后"这个维度上，两组被试者的指向不存在显著差异。但在"左/右"这个维度上，两组被试者存在显著差异，英语被试倾向于用"左"表示未来，"右"表示过去，而希伯来语被试正好相反。这一认知上的差异与两种文化中文字书写的习惯方向是一致的，揭示了不同的书写方式对人类思维和认知所造成的影响。

---

① Fuhrman, O. & Boroditsky, L., "Cross-cultural Differences in Mental Representations of Time: Evidence from an Implicit Nonlinguistic Task", *Cognitive Science*, 34 (8): 2010, pp. 1430 - 1451.

（三）　小结

采用自然手势语进行研究的优势在于：它体现的是人们的无意识行为，能揭示人们的即时思维（on-line thinking）和习惯性思维。但这种方法也有其缺点，如：被试常会在面对镜头时刻意克制使用手势，当采集不到所预期的手势时，研究者往往很难判断该语言使用者仅仅是在当前语境下没有使用还是从不使用该手势。采用刻意手势语进行研究的优点在于：每个语言使用者所面临的"语境"相同，这更有利于研究者对不同的组别进行均衡比较，同时也很少存在手势"缺失"的情况。但其缺点在于这样的手势所体现的是人们的有意识行为，所揭示的是人们的非即时思维，与该语言使用者的习惯性思维可能存在一定差异。由于两种方法各有长短，可以考虑采用多任务实验进行假说检验，将两者结合或与其他方法结合使用，综合不同来源的数据以做出更贴近事实的分析。

四　多任务实验检验

在高度实验化的环境下来研究人类的认知和思维，得出的结论难免有局限，我们不容易将结论推广运用，以预测和解释人们在其他情况和语境下的行为。这不仅是新沃尔夫主义者们所面临的一个问题，也是所有试图将自然科学的方法用于人文领域研究的学者常面临的窘境。但此窘境也并非绝对，如果能采用多任务实验（而不是单一实验）在不同的条件下对假说进行检验，则能提高研究效度，使结论更有推广价值。在新沃尔夫主义者中，较早在这方面做出成功尝试的是 Lucy①。他在对英语和 Yucatec Maya 母语使用者在语言和认知方面的差异进行假设检验时，采用了 5 个不同的任务，在思维的不同层面验证了假说，有效提高了结论的信度。

在时间领域，也有这样的成功尝试。如前文所提及的 Fuhrman & Boroditsky②，该研究除采用了三维指向任务，还有卡片排序任务（card-arrangement task）和刺激反应任务。该领域中最新的一项的相关研究是陈

---

① Lucy, J. A., *Grammatical Categories and Cognition: A Case Study of the Linguistic Relativity Hypothesis*, Cambridge: Cambridge University Press, 1992a.

② Fuhrman, O. & Boroditsky, L., " Cross-cultural Differences in Mental Representations of Time: Evidence from an Implicit Nonlinguistic Task", *Cognitive Science*, 34 (8): 2010, pp. 1430 – 1451.

光明①。该研究所要检验的内容与 Boroditsky②、Boroditsky, et al. ③ 相同，是在时间领域对中、英母语使用者语言与认知差异和关系的检验。被试为 28 名在北京语言大学学习汉语的英语母语使用者和 40 名中文为母语的福建漳州师范学院学生。该研究使用了三个实验对假说进行检验：实验一利用访谈采集自然手势语；实验二利用问答形式采集刻意手势语；实验三类似于刺激反应任务。该研究得出了与 Boroditsky④、Boroditsky, et al. ⑤ 相近的结论：中、英母语使用者语言的时间认知上确实存在差异，且这种差异与中、英两种语言在时间隐喻上所体现出来的差异是一致的。更重要的是，该实验设计通过"操纵"语言变量（英语被试在汉语语境下完成任务时，行为模式出现明显变化），有力地证明了语言和认知变量间所存在的"因果"关系。与 Boroditsky⑥ 实验中的语言训练任务相比，该实验设计更贴近自然语境下语言使用的情况，更好地反映了人们的习惯思维模式。总的来说，该研究通过结合不同类型的任务，更客观、翔实地展现了以中文、英文为母语者的时间认知模式，也为语言对思维造成的影响提供了更有说服力的证据。

结　语

　　通过梳理近 20 年在时间领域检验萨丕尔—沃尔夫假说的主要相关研究我们发现，该领域的实证研究总的来说呈现出近代科学研究所盛行的"原子化"倾向：研究大都采用分析式而不是整体（综合）式的思维方法，"语言"和"思维"这两个核心变量被切割为一个个组成部分，研究者往往只选取其中一个组成部分进行考察，这与前人（如沃尔夫）强调

---

① 陈光明：《中英文母语使用者时间认知与语言差异的研究》，北京语言大学，2000 年。

② Boroditsky, L., "Does language shape thought?" *Cognitive Psychology*, 43, 2001, pp. 1 - 22.

③ Boroditsky, L., Fuhrman, O. & McCormick, K., "Do English and Mandarin Speakers Think Differently about Time?" *Cognition*, 118 (1), 2011, pp. 123 - 129.

④ Boroditsky, L., "Does language shape thought?" *Cognitive Psychology*, 43, 2001, pp. 1 - 22.

⑤ Boroditsky, L., Fuhrman, O. & McCormick, K., "Do English and Mandarin Speakers Think Differently about Time?" *Cognition*, 118 (1), 2011, pp. 123 - 129.

⑥ Boroditsky, L., "Does language shape thought?" *Cognitive Psychology*, 43, 2001, pp. 1 - 22.

把语言当成一个整体系统来分析的方法是不同的。新沃尔夫主义者的研究无疑在精度上取得了前人所不及的高度，但对于"语言"和"思维"这样的复杂现象，这样的研究方法下所得出的结论，其解释力难免有限。

尽管有这样的遗憾，新沃尔夫主义者的努力也并非徒劳无益：首先在实验设计上，实验者越来越注重采用非语言任务对认知变量进行独立考察，以避免循环论证，这在很大程度上回应了反对者对沃尔夫主义者的诟病。其次，采用多任务实验有效拓展了研究结论的效度，使其更贴近自然语境下人类的语言和思维活动。虽然研究者最终并未取得无争议的结果，但通过他们的不断努力，让我们对人类语言和认知差异及其关系有了更深入的了解。即便他们还未或甚至是无法到达真理的顶峰，向其不断靠近也正是科学研究精神的体现。

经典的旅行

——《道德经》英译史的描写性研究①

董 娜

一 引言

（一）《道德经》在西方世界的流传和接受

《道德经》问世以来，引起中国历代学者对其研究，相关书籍种类繁多，确切数目实难计算。与《论语》相比较，《道德经》在英语世界的传播较晚，但是其译本之多远远超过任何其他中文著作，不仅如此，"题名为《道德经》的这 81 个简短篇章，其译本的频繁出现，超过世界上任何一本书，唯一的例外是圣经"②，在世界上的销量仅次于莎士比亚的诗集。

早在 1350 多年前的唐玄宗时代，《道德经》就被译为外国文字，高僧玄奘与道士成玄英等将其译为梵文。明朝末年，欧洲与中国才开始了真正意义上的文化、学术的接触与交流，其中一个极为重要的内容就是文化典籍的传播。16 世纪，大批西方传教士来中国传教，《道德经》开始了它的西方之旅，被广泛翻译与研究，目前，翻译文字已达到 28 种语言之多，版本达 1100 余部，居外译汉籍之首③。

老子的思想不仅对中国人的思维产生过重大影响，而且对日、法、德、俄等国也产生过重大影响。在隋代，《道德经》一书就传到了日本，

① 本研究系教育部人文社会科学研究青年基金项目——"典籍翻译与经典重构——《道德经》英译研究"（项目编号：10YJC740026）的子课题研究报告。

② Gia-fu Feng & English, Jane, *The Tao Te Ching by Lao Tzu*, N. Y.：Vintage Books（Random House），1989, p. v.

③ 辛红娟：《〈道德经〉在英语世界：文本行旅与世界想像》，上海译文出版社 2008 年版，第 9 页。

20 世纪的日本学者对老子也表现出很大的热情，出版了近百部专著。列夫·托尔斯泰认为老子学说"玄学极妙"，是人类重要的思想体系，并给予高度评价，"如果没有孔子和老子，《福音书》是不完整的"①。《道德经》俄译本虽然种类有限，但是其在东欧国家的影响却极其深远，带动了匈牙利、罗马尼亚和波兰等国的《道德经》翻译研究事业。20 世纪 50 年代后，荷兰、匈牙利、罗马尼亚、波兰、西班牙、捷克、希腊等国相继有《道德经》译本问世。

（二）对《道德经》英译事业进行描写性研究的必要性

从 1868 年至今近 150 年间，出现了 180 余种《道德经》英译本，成为中国文学英译史上一道独特而灿烂的风景②。这些译本产生于不同历史时期，打上了鲜明的时代烙印。译本之间差异很大，有些缘于译者对原文的不同理解，有些缘于特定历史因素对译者意图和倾向造成的不同影响。今天，如果要对这些译本进行评论，不能只用某一翻译标准对其进行规定性的褒贬，否则绝大多数译本的历史价值都会被一笔抹杀。我们应该对每种译本的特征及其产生的原因进行全面历时性描述，以真正了解《道德经》英译事业的伟大意义。

二 《道德经》英译事业的描写性研究

《道德经》英译事业的描写性研究分为两个部分。第一部分简要介绍《道德经》180 余种英译版本的基本情况。第二部分是对《道德经》英译本的全面历时性描述，将《道德经》的英译历程分为三个历史时期，根据不同时期译本的特征，力图考证特定历史背景中译者的意图，不同历史时期《道德经》英译本在英美文化多元系统中不同的地位及功能，以及特定历史条件下中国典籍英译的规范与倾向。

（一）《道德经》英译本的总体情况概述

在过去两个多世纪的时间里，《道德经》成为被译介最多的中国典籍，至今走过了百余年的风雨历程，世界上出现了 180 余种英译本。对《道德经》在英语世界的传播与接受而言，20 世纪无疑是空前辉煌的世

---

① ［俄］列夫·托尔斯泰：《列夫·托尔斯泰文集》第 17 卷，陈馥等译，人民文学出版社 2000 年版，第 127 页。

② 存世的英译本有的是以书籍形式刊印，有的又见诸报刊，这对统计工作造成了一定困难。据辛红娟（2008）统计，目前已有英文《道德经》182 种。

纪。赵毅衡统计，"自 1886 年至 1924 年，仅《道德经》的英译本就有 16 种之多，而从 20 年代至 60 年代，有 40 多种英译本"①。美籍华人、哲学史家陈荣捷（Wing-Tsit Chan）在其英译文本《老子之道》（*The Way of Lao Tzu*）的序言中说："《道德经》已 44 次被译成英文，特别是过去 20 年里（1943—1963）几乎每隔一年都有一种新译本出现，其中这些译本的半数是在美国出版社。"1977 年，美国密执安大学出版的美籍华人哲学家林振述（Paul J. Lin）的《老子〈道德经〉及王弼注英译本》（*A Translation of Lao-tzu's Tao Te Ching and Wang Pi's Commentary*）中说，"《道德经》各种外文译本已有 70 种至 80 多种之多，而且至少是世界上每一种语言就有一种译本"。国内最近 40 年更是掀起了典籍复译的热潮，在"道家热"的推动下，陆续又出现了多个修订本，有的译者甚至出版了不止一个译本，如 Henricks 等②，还有的译本不断被重印、被校注。

（二）《道德经》英译本的全面历时性描述

在各国争相翻译《道德经》的活动中，英语国家起步较晚。英语世界关于中国的形象及中国古代典籍知识，最初是经由法、德、意、俄等国译介获取的，但英译本种类却后来居上。《道德经》英译中最难把握的是其哲学思想，对中国思想文化的不同理解会产生不同的译文。而且，考古学上的每一次新发现都会导致一个新的译介高潮，这就使得研究《道德经》的英译必须走进当时的历史场景，到《道德经》的译介史当中去考察译者的翻译策略和文化取向。因此，本研究在对《道德经》英译本进行分析时，主要按照其出版年代进行划分，在当时的历史和社会背景下对《道德经》英译进行解读。《道德经》在英语世界的传播过程中出现过三次翻译高潮：第一次翻译高潮（1868—1905），在这 37 年间，有 14 种英译本面世，可以说是《道德经》英译的第一个黄金时期③。第二次翻译高潮（1934—1972），从 1943 年至 1963 年的 20 年里，每隔一年都

---

① 赵毅衡：《诗神远游：中国如何改变了美国现代诗》，上海译文出版社 2003 年版，第 314 页。

② Henricks, R. G. , *Lao-Tzu Te-Tao Ching*: *A New Translation Based on the Recently Discovered Ma-wang-tui Texts*, New York: Ballantine Books, 1989.

Henricks, R. G. , *Lao-Tzu's Tao Te Ching*: *A Translation of the Startling New Documents Found at Guodian*, New York: Columbia University Press, 2000.

③ 王剑凡：《中心与边缘——初探〈道德经〉早期英译概况》，《中外文学》2001 年第 3 期。

有一种新译本出现。第三次翻译高潮（1973 年至今），1973 年长沙马王堆汉墓出土帛书《道德经》后，海外掀起老子研究热、东方文化研究热，相应随之也迎来了第三次翻译高潮。

第一次翻译高潮（1868—1905）

《道德经》英译始于清末来华的新教传教士。然而，来华伊始，马礼逊及其他传教人员并未马上关注道家的学说，而是积极投身《圣经》的汉译工作。为辅助《圣经》文本在华的普遍传播，马氏才开始将目光转向儒、道经典。1868 年，伦敦图伯纳出版社出版了湛约翰翻译的《老子玄学、政治与道德律之思辨》（*The Speculations on Metaphysics*, *Polity and Morality of "The Old Philosopher" Lau-tszu*）一书，是为《道德经》英译之伊始。

早期译本包括湛约翰（John Chalmers）翻译的《老子玄学、政治与道德律之思辨》（1868）[①]、亚历山大（G. G. Alexander）的《道德经》英译本（1895）[②]、华特斯（T. Watters）的《老子：中国哲学研究》（1868）[③]、保罗·卡鲁斯（Paul Carus）的《道与德的经典：中英对照本老子〈道德经〉》（1898）[④] 以及 20 世纪初的海星格（L. W. Heysinger）的《中国之光：〈道德经〉》（1903）[⑤]、老沃尔特·高尔恩（Walter Gorn Old）的《老童纯道》（1904）[⑥]、沙畹（徐放？ douard Chavannes）的《重大的基石：〈道德经〉》（1905）、麦独斯特（C. Spurgeon Medhurst）的

---

① Chalmers, John, *The Speculations on Metaphysics*, *Polity and Morality of "The Old Philosopher" Lau-tszu*, Trübner & Co., 60. Paternoster Row, 1868.

② Alexander, George Gardiner, *Lao-Tsze*, *The Great Thinker with a Translation of His Thoughts on the Nature and Manifestation of God*, London: K. Paul, Trench, Trübner, 1895.

③ Watters, T., "Lao-tzu: A Study in Chinese Philosophy", *The Chinese Recorder and Missionary Journal*, 1868, (3), pp. 31 – 32; 1868, (4), pp. 57 – 60; 1868, (5), pp. 82 – 86; 1868, (6), pp. 107 – 109; 1868, (7), pp. 128 – 132; 1868, (8), pp. 154 – 160.

④ Carus, Paul, *The Canon of Reason and Virtue*: *Being Lao-tze's Tao Teh King*, Chicago, London: The Open Court Publishing Co. 1898. 该译本又于 1913 年、1927 年、1945 年和 1974 年再版。

⑤ Heysinger, Isaac Winter, *The Light of China*: *The Tâo Teh King of Lâo Tsze*, 604 – 504 B. C.: *An Accurate Metrical Rendering Translated Directly from the Chinese Text*, *and Critically Compared with the Standard Translations*, *the Ancient and Modern Chinese Commentaries*, *and All Accessible Authorities*, Philadelphia, Research Publishing Co., 1903. 该译本又于 1913 年、1922 年和 1939 年再版。

⑥ Gorn Old, Walter, *The Simple Way*, Laotze, *The "Old Boy"*: *A New Translation of the Tao-Teh-King*, London: W. Rider, 1904. 该译本于 1905 年发行通行本，1913 年第 3 版，1922 年重印。此前有 Gorn, Walter, *The Book of the Path of Virtue*, *or a Version of the Too Teh King of Lao-tsze*, Madras: Theosophical Publishing Society, 1894。

《道德经：比较宗教浅析》（1905）[①]、翟林奈的《老子语录》（1905）[②]等译本。

这 14 种《道德经》英译本，其中 6 本在伦敦出版，3 本在上海出版，1 本在香港出版，1 本在印度的马德拉斯出版，大都是在当时的英帝国殖民势力范围内刊行。这 14 个译者除保罗·卡鲁斯是美国哲学家外，其余均是英国人。这些译本中，有 8 个从基督教立场去诠释《道德经》，运用了大量基督教的概念与术语来翻译。至于其余 6 个译本，虽然基督教意识形态倾向不太明显，但有些章节依然会看到基督教思想的影子。

在《道德经》英译的第一个历史时期，由于外国读者对《道德经》和中华文化的隔膜，书名翻译以解释性为主，目的是使译语读者能够从书名了解到书中的主要内容，是一种本土化的策略，如将《道德经》书名译为：

The Speculations on Metaphysics，Polity and Moriality of "The Old Philospher" Lau-tsze；

The Book of the Path of Virtue；

Lao-tsze，The Great Thinker，with a Translation of His Thoughts on Nature and Manifestations of God 等。

据王剑凡考证，当时的译文极度贴近原文，几乎是采用逐字逐词的译法，不单紧贴原文的结构、句式，更往往以音译的方法来处理关键字。[③]

作为英语世界的首个《道德经》译本，湛约翰的《道德经》英文译本《老子玄学、政治与道德律之思辨》于 1868 年在英国伦敦出版。湛约翰在翻译时参考了儒莲的法文译本。该译本中的评注远比儒莲译本要少，他将老子与德国哲学家谢林（Schelling）进行了对比。湛约翰认为，比起

①　Medhurst, C. Spurgeon, *The Tao Teh King: A Short Study in Comparative Religion*, Chicago: Theosophical Society Chicago, 1905.

②　Giles, Lionel, *The Sayings of Lao Tzu*, London: John Murray, 1905. 该译本于 1906 年、1908 年、1909 年、1911 年、1917 年、1922 年、1926 年、1950 年和 1959 年再版。该译本将老子之言分为十类，对一般读者了解老子思想十分有益。

③　王剑凡：《中心与边缘——初探〈道德经〉早期英译概况》，《中外文学》2001 年第 3 期。

"reason"（理性）和"the way"，用"the word"（言说）来翻译《道德经》之"道"更佳。

1868 年 6 月至 1869 年 1 月，《教务杂志》（*The Chinese Recorder*）连载了华特斯（T. Watters）的《老子：中国哲学研究》（*Lao-tze：A Study in Chinese Philosophy*）。该文首先回顾了《道德经》在中国的地位及其在西方的认知、翻译与传播情况，第二部分是老子的生平介绍，第三部分介绍了《道德经》的传承及结构、字数、文体风格、中文注疏等，第四部分阐释了"道"的含义，第五、第六、第七部分分别从物理的、政治的、伦理道德的三个层面对《道德经》的思想进行了阐释。

1877 年，塞缪尔·约翰逊（Samuel Johnson）在《东方宗教及其与世界宗教之关系》（*Oriental Religions and their Relation to Universal Religion*）一书中翻译了《道德经》大约 1/3 的内容。该书中的《道德经》章节顺序完全是按照作者自己的理解来安排，其翻译也不是依据中文原文为底本的，从该书的脚注中可以看出，约翰逊的译本应是根据儒莲、史陶斯（Victor von Strauss）和湛约翰等的译本编译而成。①

1876 年，牛津大学设立汉学讲座，聘请理雅各（James Legge）担任首任汉学教授，开创了牛津大学的汉学研究传统。理雅各在牛津大学担任汉学教授期间所翻译的《道德经》，后收入英国比较宗教学家马克斯·穆勒（F. Max Müller）主编的《东方圣书》（*The Sacred Books of the East*）② 第 39、40 卷，于 1891 年出版。理雅各是英国汉学的三大星座之一、汉籍欧译三大家之一、1875 年"儒莲汉学奖"获得者。此外，他还是伦敦会传教士、英国著名翻译家、香港双语教育体制的创始人。1839 年，受伦敦教会派遣到马六甲传教、从 1841 年开始，他着手翻译中国典籍。理雅各选择了最能代表中国思想的道家、儒家的重要文献，作为他了解中国的阶梯。理雅各向西方输出的不只是中国的经书，还有中国的宗教以及其他文化现象。与早期傲慢的新教传教士相比，理雅各对待中国宗教的态度是客观的，是认真而尊重的，像他那样重学术理性的宗教专著在早期新教传教士中甚为罕见。他是第一个系统研究和翻译中国典

---

① Johnson, Samuel, *Oriental Religions and their Relation to Universal Religion*, Boston：J. Osgood, 1877, pp. 872 – 873.

② Müller, F. Max, *The Sacred Books of the East*, Oxford：The Clarendon Press, 1891.

籍的英国人，英译了大量具有代表性的中国典籍作品。理雅各的译本除译文正文之外，还写有长篇序言和详尽的注释。理雅各的翻译体例严谨，附有大量注释，在翻译过程中尊重中国的学术传统，从而保证了翻译的质量。他的《道德经》英译本成为19世纪英语世界最杰出的汉学成果之一，至今仍然没有过时。他翻译中国经典的目的不仅仅是研究中国文化，他曾经说过："让世界上其他地区的人们真正了解这个伟大的帝国，尤其是，我们的传教事业应当得到丰富的文化资源的引导，以便确保其长远的效果。"①

在导论中理雅各指出，基督教理论在很多关键问题上都是正确的，而《道德经》的思想则是错误的。②而且理雅各认为，正因为《道德经》在关键问题上是错误的，任何基于《道德经》的思想派别无疑都会走向衰亡——正如后来各个道教流派的最终结局③。1883年，理雅各在《英国评论季刊》（*British Quarterly Review*）发表了一篇关于道教的文章，开启了英语世界关于老子其人和《道德经》其书之真伪的论战。用庄延龄的话说，理雅各这位令人敬畏的资深武士在战场上的出现标志着为一场道教大战而擦亮攻防武器之开始。④

在《道德经》第一次翻译高潮，运用基督教教义对《道德经》进行阐释和解读最为典型的英译本莫过于亚历山大（George Gardiner Alexander）于1895年出版的《道德经》英译本，书名为 *Lao-Tsze, The Great Thinker with a Translation of His Thoughts on the Nature and Manifestation of God*。从书名便可看出，作为传教士的亚历山大，出于信仰和民族优越感，毫不掩饰前见在文本阐释中的建构作用，毫不犹豫地将"道"译为God，这样一来，蓄藏着精炼的智慧精髓、洋溢着对生命及宇宙关怀的道家哲学就被换成了关于上帝的宗教哲学了。在亚历山大的译文中，他用God或Creator代替了"道"并以He这个有位格的人称代词来进行语义指涉。老子寓意于万有之中的天生道德的"道"体现了中国人天道观中

---

① 程钢：《理雅各与韦利〈论语〉译文体现的义理系统的比较分析》，《孔子研究》2002年第2期。

② Legge, James, *The Texts of Taoism*, New York: Dover Publications, 1962, p. 21, p. 29.

③ Ibid., pp. 29 - 30.

④ Parker, Edward Harper, *Studies in Chinese Religions*, London: Chapman and Hall, Ltd., 1910, p. 81.

的非位格性的拟人神，而非旧约选民眼中那位君临万有之上的天地造物主。[①]

由于作为传教士的前见介入，亚历山大的译本将老子玄妙的箴言变成了基督教世界普罗大众所熟悉的主的训诫，加之他用语平直，一改《道德经》原文古奥的韵味，因而深受一般读者欢迎，成为当时英语世界最受推崇的译本。亚历山大英译文本的普及势必影响了当时西方世界不懂原文的读者对《道德经》的接受，造成对中国经典文本的误导性的传播。

《道德经》西行的历史中，欧美各国的传教士有开创之功。从 16 世纪起，传教士纷纷东来，肩负着传教与外交的双重使命。传教士翻译中国古典文献的目的就只是为了帮助他们在中国传教。当时的传教士逐渐意识到，中国的民众大多是儒、道、佛三教的信徒，要使他们接受《圣经》福音书，就不能忽略对道家典籍的研究。法国耶稣会士傅圣泽率先指出，"道学系指基督教的最高神——造物主上帝"[②]。他认为，汉字"道"是最能表达上帝这一概念的。但是由于当时中国的腐败和落后，传教士骨子里大都有身为西方人的优越感，这种源于信仰和种族的优越感使他们在翻译《道德经》的时候毫不隐讳地彰显自己的前见，他们的译本也就不可避免地带着本位主体的色彩。

自此，基督教传教士向西方介绍道学并在基督教框架下阐释道家思想。到了 19 世纪和 20 世纪，不少新教传教士为博大精深的中国思想所征服，以致他们会改变立场，回到西方后成为了中国传教士。早期传教士的《道德经》翻译不仅仅传播了道家思想，而且还推动了早期中西文化的交流与融合。

这一时期，《道德经》翻译的显著特色就是与《圣经》的汉译事业互相呼应、互相阐释，具有极强的社会政治功能。译者多是在自己理解的

---

① 辛红娟指出（2008），在迄今为止的人类历史中，出现过各种各样的神。按其有无位格而言，则可以分为两种极端的类型：犹太—基督教的唯一位格神与中华文化的非位格神。有位格的神首先是具有实体性的神，即以实体性来表现其终极性的神。由于这种神具有人格的实体性，他就既是有自性的，又有具体的座位和个性，并因而从根本上区别于其他的神。有位格的神从本质上就可以是复数的。而中国的"道"介于有形与无形、远与近、有与无之间；瞻之在前，忽焉在后，惚兮恍兮，恍兮惚兮；却其中有信、有物、有象而甚真。它就是中国古人力求去理解的终极，是非人格实体化之"道"。

② 楼宇烈、张西平：《中外哲学交流史》，湖南教育出版社 1998 年版，第 267 页。

基础上，选取对于帮助基督教的中国传播极为有利的章节以迎合当时的主流意识形态。较少有译者注意到《道德经》的文学色彩或是其中蕴含的百科全书式的知识宝藏。作为在华传教的辅助工具的《道德经》，有半数以上刊行在期刊或作为丛书之一部分存在，并未在英语世界拥有独立的文学身份；应当说，这一时期的《道德经》是作为英语世界了解中国文化和中国宗教的工具而依附性地存在着。

19 世纪是一个"西力东渐"的时代，是一个西方向东方展示经济实力、军事威力的时代，也是一个向东方传播基督教文明的时代。在这样的时代里，证明基督教的优越性、真理性便是顺理成章之事，以《道德经》证明耶和华的存在、以《道德经》证明基督教教义的真理性便也成为合理之事。总之，《道德经》在西方的命运受制于其研究者的实际需要。

第一阶段《道德经》翻译虽然出发点是宗教而非学术，但随着传教事业的不断发展，《道德经》受到的关注也逐渐增多。利玛窦时代，传教士只是向西方人肤浅的介绍了老子；"礼仪之争"后的传教士以《道德经》附会天主教教义。19 世纪时，学者型或者学者兼传教士型的《道德经》研究者为了证实西方文化的优越，为了更好地传播西方文化，开始认真对待《道德经》的内容并对其进行分析讨论。

第二次翻译高潮（1934—1972）

对《道德经》在英语世界的传播与接受而言，20 世纪无疑是空前辉煌的世纪。《道德经》在西方的命运有了转折性的改变，它不仅成为在西方最受欢迎的中国经典，而且对《道德经》研究也趋于多元化。赵毅衡曾统计，"自 1886 年至 1924 年，仅《道德经》的英译本就有 16 种之多，而从二十年代至六十年代，有 40 多种英译本"。① 美籍华人、哲学史家陈荣捷（Wing-Tsit Chan），在其英译文本《老子之道》（*The Way of Lao Tzu*）的序言中说："《道德经》已 44 次被译成英文，特别是过去 20 年里（1943—1963）几乎每隔一年都有一种新译本出现，其中这些译本的半数是在美国出版社。"1977 年，美国密执安大学出版的美籍华人哲学家林振述（Paul J. Lin）的《老子〈道德经〉及王弼注英译本》（*A Translation of*

---

① 赵毅衡：《诗神远游：中国如何改变了美国现代诗》，上海译文出版社 2003 年版，第 314 页。

Lao-tzu's Tao Te Ching and Wang Pi's Commentary）中说，"《道德经》各种外文译本已有 70 种至 80 种之多，而且至少是世界上每一种语言就有一种译本"。

在《道德经》英译史的第二次翻译高潮，主要有如下译本：亚瑟·韦利（Arthur David Waley）的《道和德：〈道德经〉及其在中国思想中的地位研究》（1934）①、初大告（Chu Ta-kao）的《道德经》（1937）②、吴经熊（John C. H. Wu）的《老子〈道德经〉》（1939）③、宾纳（Witter Bynner）的《老子论生命之道》（1944）④、林语堂（Lin Yutang）的《老子的智慧》（1948）⑤、布雷克尼（R. B. Blakeney）的《老子：生活之道》（1955）、霍姆斯·韦尔奇（Holmes H. Welch）的《道之分离：老子和道教运动》（1957）⑥、波姆（Archie J. Bahm）的《老子〈道德经〉：自然与才智》（1958）⑦、泰戈尔（Amitendranath Tagore）的《道德经》（1960）⑧、陈荣捷（Chan Wing-tsit）的《老子之道》（1963）⑨等。在这25 种英译本中，有 13 本在美国出版，其余散布在英语交际圈的一些其他地区。

在这一时期比较有代表性的译本有亚瑟·韦利的《道和德：〈道德经〉及其在中国思想中的地位研究》（*The Way and its Power*：*A Study of the Tao Te Ching and its Place in Chinese Thought*）（1934）。亚瑟·韦利是

---

① Waley, Arthur, *The Way and its Power*：*A Study of the Tao Te Ching and its Place in Chinese Thought*, London, Allen & Unwin, 1934. 这个译本在英语地区影响较大，至 1968 年已经再版八次。

② Chu Ta-kao, *Tao Te Ching*, London：Allen and Unwin, The Buddhist Society of London, 1937. 该译文后于 1939 年、1942 年、1945 年、1948 年和 1959 年再版。

③ Wu, John C. H. , "Lao Tzu's The Tao and Its Virtue", *T'ien Hsia Monthly*, Nov. 1939, pp. 498 – 521；Jan. , 1940, pp. 66 – 99.

④ Bynner, Witter, *The Way of Life According to Laotzu*：*An American Version*, New York：John Day Co. , 1944.

⑤ Lin Yutang, *The Wisdom of Laotse*, New York：Random House, 1948.

⑥ Welch, Holmes H, *The Parting of the Way*：*Lao Tzu and the Taoist Movement*, Boston：Beacon Press, 1957；London：Methuen and Co. , Ltd. , 1958；1966 年版更名为《道教：道之分离》（Taoism：The Parting of Way），1972 年第六版；台北，1974 年重印。

⑦ Archie J. Bahm, *Tao Teh King by Lao Tzu*, *Interpreted as Nature and Intelligence*, New York：Frederick Ungar Publishing Co. , 1958.

⑧ Tagore, Amitendranath, *To-Te-Ching*, New Delhi：Sahitya Akad, 1960.

⑨ Chan Wing-tsit, *The Way of Lao Tzu*, Indianapolis, New York：The Bobbs-Merrill Co. , Inc. , Library of Liberal Arts, 1963.

20 世纪英国著名东方学家、文学翻译家，被西方世界称为未到过中国的"中国通"。他的译本被认为是《道德经》在英语世界中有极大影响的译本，几乎每隔五六年就要重印一次。亚瑟·韦利把《道德经》放到了整个中国思想体系中去考察，提出《道德经》这一哲学文本的翻译重在其思想内涵的传递，因而采用的翻译策略应该是"史学性质的"，是一种"文字翻译"。韦利翻译《道德经》是为了向没有中国文化背景的西方读者传播地道的中国文化，所以他的翻译尽量使用解释性的语言并带有大量的注释，但是由于受其自身缺少中国文化背景的局限，在很多情况下他没能正确理解原文的意义而出现不当的翻译。

韦利在翻译《道德经》时，试图摆脱前期（第一个阶段基督化时期）的影响，以求开创一种新的史学性质的翻译方法，回到《道德经》最初成书的年代，考察文本最初的意思[1]。于是，他将《道德经》放到了整个中国思想的长河中去，这可以从他的译题——《道和它的力量〈道德经〉及其在中国思想中的地位》(*The Way and its Power*：*A Study of the Tao Te Ching and its Place in Chinese Thought*) 中可以看出。然而，他对中国思想的理解还是过于理想化，并不够深刻全面，并没有摆脱将《道德经》武断置入一个对它的英语国家的读者来说更为熟悉，或更接近于文本自身的视域中[2]。也就是说，韦利没有摆脱基督教式的超越观念，给中国思想增加了一些无关的文化假设。他所宣称的"文字翻译"和他对中国文化的发掘、考证、新解并没有从根本上解决这一问题。

相对于《道德经》英译的第一个时期，第二个阶段西方译者的翻译、阐释中少了一些有意为之的改写，多了一些理性的因素。这一时期，西方关注《道德经》是出于对自身命运的忧虑，将老子哲学看作拯救西方危机的良药，从《道德经》中看到了救治西方社会痼疾的良方，代表性人物有德国汉学家卫礼贤（Richard Wichelm）、霍姆斯·魏尔奇（Holmes Welch）和中国科技史专家约瑟夫·尼得汉（Joseph Needham）。1915 年，卫礼贤出版了《老子》德文版。在该译本的导论部分，他讲了这样一个故事：在一次崂山大会上，老子突然宣布他被召往英国的伦敦，因为那

---

[1]　Waley, Arthur, *The Way and its Power*：*A Study of the Tao Te Ching and its place in Chinese Thought*, London, Allen & Unwin, 1934, p. 13.

[2]　安乐哲、郝大维：《道不远人：比较哲学时域中的〈老子〉》，学苑出版社 2004 年版，第 16 页。

儿需要他。他所表达的思想是，西方社会已经患上了疾病，而《老子》则可能成为救治它的一剂良药。魏尔奇用想象的手段表达了他对《道德经》的看法：老子为20世纪的美国人布道，当有人问起美国问题的根源时，他进行了详细的分析。首先，他认为广告与公共关系的罪责不能逃脱，因为这两者都是扭曲事实，使人产生欲望的事业。他又谈到教育体系存在的问题，他认为教育体系太过强调成败从而易导致人性的堕落。接着，他又批判了美国的外交政策，认为美国应该将世界主权交给联合国，他们的政治代表不应该表现得高人一等。① 显然，《老子》在卫礼贤和魏尔奇处并不是学术研究的对象，而是其发表对社会状况看法的托辞。而约瑟夫亦以《老子》为救治西方社会之良方；他彻底地批判现代西方思想，并且指出应代之以基于《老子》与其他早期中国经典的"有机自然主义"哲学。他认为，《老子》代表的是与当时的封建贵族统治阶级相对立的"原始的农业集体"；对社会不满的士大夫阶层与通过"手工操作"而逐渐了解自然的手工业者"联合了起来并从而产生了早期的民主社会主义与科学"。约瑟夫将现代西方的当权者比作中国的封建地主，他们的"儒家与法家的社会伦理思想是阳性的、有为的、强硬的、支配的、侵略的、理性的与给予的"；而古代的道家则与其截然不同，他们强调"一切阴性的、宽容的、柔弱的、谦下的、神秘的与接受性的事物"。当然，他鼓励人们追随道家，建议西方人改变他们二元对立的机械的思维方式，接受《老子》的有机主义模式。②

20世纪是西方汉学家翻译《道德经》的高潮时期。在两次世界大战后西方出现了混乱迷茫和精神危机，战争的到来使得宗教组织突然瘫痪。劫后余生，许多学者对西方文化进行了认真的检讨，对西方文明深感绝望，一些学者试图从道家思想中寻找寄托和药方。他们在东方文化特别是中国人的生活智慧中，寻找到一种植根于自然本能、追求和谐、遵循宇宙规律的理想状态，认为只有这种向内用力、十分含蓄的理性文化才是解救欧洲危机的良药。老子哲学中反对战争、主张和谐的观点，引起了一大批抛弃了欧洲中心主义和西方文化优越论的文化学者的共鸣，他

---

① Welch, Holmes H., *The Parting of the Way: Lao Tzu and the Taoist Movement*, Boston: Beacon Press, 1965, pp. 166 – 170.

② Needham, Joseph, *History of Chinese Science and Civilization*, Cambridge: University of Cambridge Press, 1956.

们认识到老子思想对于消弭人类的占有冲动、缓和人类社会冲突所具有
的时代性意义。

此外，在这一时期的《道德经》英译本中，基督教思想成分表面上
消失了，但欧洲思想背景的假设观念或预设却还常常存在。西方译者仍
然会受到其固有的价值观念和思维方式的影响，他们的翻译依然存在不
少误解或曲解。这一时期的译者大多采取了一种文化比较的态度，不再
是对《道德经》文本大刀阔斧的删改，但也不是亦步亦趋地将《道德经》
话语奉为经典，而是努力追求一种与原文的效果对等。

这一时期另一显著的特色是，有了中国人自己的《道德经》译本，
许多浸濡中国传统文化、后移居国外的学者加入了《道德经》的英译行
列，使《道德经》英译走出了由西方垄断的话语独白时代①。他们的翻译
给中国典籍翻译注入了活力，打破了长期以来西方传教士和汉学家的垄
断局面，为纠正中西方交流中的不平等现象并争取华人在中译外领域里
的话语权进行了可贵的尝试。海外华人能够直接阅读原著，能够从自身
的文化环境里认识和体验老子思想，他们不仅推崇中国传统文化，而且
对西方现代文明的大举入侵深感忧虑，因而带着文化传真的热情和使命
来从事翻译；此外，海外华人具有双语能力和跨文化背景，翻译忠实准
确、通顺流畅。

第三次翻译高潮（1973 年至今）

湖南长沙马王堆汉墓帛书出土以后，很快引起海外学者的普遍关注。
《道德经》英译的第三次翻译高潮始于 1973 年长沙马王堆汉墓出土帛书
《道德经》至今。

第三阶段的译本主要包括 Yuen Ko（1973），Chuang-yuan Chang
（1975），Schmidt Karl Otto（1975），Skinner Stephen（1976），Raigneesh
Bhagwan Shree（1976），Ching Yi，Dougherty（1977），Hsiung Y. Y.
（1977），Lin J Paul（1977），Didi Dolli（1978），Rump，Ariane & Chan
wing Tsit（1979），Chu Ta-kao（1982），Chen Ellen M.（1989），Feng
Gia-Fu & Jane English（1989），Henricks，Robert G.（1989），Hoff Benja-

①　中国人的第一个英文本《道德经》是 1936 年胡子霖翻译并在四川成都经由加拿大教会
出版社出版的，后有 1937 年初大告在伦教出版的译本，吴经熊、林语堂、陈荣捷、刘殿爵等译
本也相继在各地问世。

min（1981），Duyvendak，J. J. L.（1992），Kohn Livia & Michael LaFargue（1998），LaFargue Michael（1992），Kwok Man-Ho et al.（1993），Le Chuin，Ursula K.（1997），Lynn Richard John（1999）等。在这三十多年间，据不完全统计（未统计刊行在各类学术期刊或丛书上的译文）译本总数为 78 本，其中 59 本在美国出版（有些译本也同时在英语世界的其他国家刊行），其余 19 本的发行地分布区域较前两个时期也更为广泛。此外，《道德经》翻译活动中女性译者的加盟和对性别问题的关注，成为这一时期《道德经》英译历程中的一个亮点①。在东西方文明交流、融通的 20 世纪末，出现了中外译者、不同学科学者合作翻译的景观。各行各业的学者都转向对老子学说的研究，力图寻找自己领域的东方智慧的启示。

这个时期比较有代表性的译本为：

1. 刘殿爵（D. C. Lau）《老子：〈道德经〉》（*Chinese Classics：Tao Te Ching*）②，此书的第一部分对作者 1963 年依据流传本的译本做了少量的修订。第二部分是两种马王堆汉墓帛书和合本的译本。艾兰（Sarah Allen）参考刘殿爵译本，撰有《老子〈道德经〉导言：据马王堆本翻译》③。该译本同时提供原文和译文的对照本，中文部分全采用繁体字版。这个双语译本由两个部分组成：第一部分的英文文本是王弼本早期译本的再版，第二部分是对马王堆汉墓帛书《老子》的英译。刘殿爵译本力图保持原作结构及音美，基本上可以说是既信且美。有时为避免译文呆板凝滞，也从句子的构造、行文的语气方面做出一些变化。刘殿爵译本遵循了以目的语文化为归宿的原则，即大多采用"归化"的方法，能够为一般的英美读者所接受。刘殿爵的译文晓畅，内容忠实于原文，文字表达凝练，风格鲜明"传神"，读起来让人觉得是一种享受。

2. 韩禄伯（Robert G. Henricks）是美国著名汉学家、宗教学教授，

---

① 1972 年，《道德经》西行历史上第一个由女性译者参与合作的文本问世了。在这以后，又出现若干女性译者单独翻译的文本，而且在男性译者的文本中，也出现了对《道德经》翻译中性别问题的慎重考虑。

② D. C. Lau, *Tao De Ching/Lao Tzu*, Translated With an Introduction by D. C. Lau, Harmondsworth, England：Penguin Books, 1963.

③ Allen, Sarah, *Lao Tzu Tao De Ching：Translation Based on the Ma Wang Tui Manuscripts*, Everyman's Library, New York：Alfred A. Knopf, 1994.

对帛书《老子》颇有研究。韩禄伯的译本《老子德道经：根据新出马王堆帛书的新译本》（*Lao-tzu Te-tao Ching：A New Translation Based on the Recently Discovered Ma-Wang-tui Texts*）①于 1989 年由纽约白兰汀出版社（Ballantine Books）出版。此书从 1989—1993 年，短短五年间在欧美等国连出七版。美国汉学家费正清在帛书《老子》1992 年版的扉页上高度评价说"韩禄伯教授的新著，于普通读者有两大好处：一是能够指出《老子》这部著名经典的最新文本发现；二是其研究成果的精到与简明"。费正清认为韩禄伯帛书译本，"对每一句中的术语都有相当合理的解释，而这些术语对于某些译者来说，似乎是无法理喻和晦涩难解的"。1993 年湖北荆门郭店楚墓出土竹简本《老子》，韩禄伯《郭店〈老子〉校笺》②于 2000 年问世，被公认为西方郭店《老子》译著最重要的成果。译本中除介绍考古学的最新发现外，还在附录中编排了马王堆帛书版的两个版本的原文，以备研究者考证。韩禄伯的译本尽可能采取直译，避免增字。译者将原文的诗体译为散文体。对某些语句的翻译，韩禄伯的译本颇得原文之味；在对于原文的理解上，亦有独到之处。对于众说不一、有争议的文字，韩禄伯的译本按传统理解、依世传本文字而译，以求稳妥。

3. 梅维恒（Victor H. Mair）《〈道德经〉：德与道之经典》（*Tao Te Ching：The Classic Book of Integrity and the Way*）③。该译本与众不同之处是它的格式。为了体现古汉语文本的语言结构，梅维恒在文字编排上做了精心的设计。该译本各章的排列顺序完全遵照马王堆帛书《老子》手抄本的章序。梅维恒的译本多采用直译，尽力保持原作面貌，但面对东西方文化的差异以及对古汉语的理解的困难，也出现了逐字死译的情况。梅维恒的译本兼用意译或省略的方法，对原文做了较为正确的融会贯通。

---

① Henricks, Robert G. , *Lao-tzu Te-tao Ching：A New Translation Based on the Recently Discovered Mawang-tui Texts*, Translated, with introduction and commentary, New York：Ballantine Books, 1989. 该译本后又分别在 1990 年伦敦的鲍利海出版公司再版，于 1991 年伦敦的骑士（Rider）出版公司再版，于 1992 年纽约的蓝登书屋（Ballantine Books）再版等。

② 系美国艾兰和英国魏克彬负责编辑的《郭店〈老子〉：东西方学者的对话》（学苑出版社 2002 年版）一书的下编。

③ Mair, Victor H. , *Tao Te Ching：The Classic Book of Integrity and the Way*, New York：Bantam Books, 1990.

随着国际汉学研究的发展，这一时期的《道德经》翻译紧跟学术动态。1973 年以前，大部分英译本都以王弼的注本及其他几个流行版本（如河上公本、傅奕本等）为底本；然而，帛书《老子》和竹简《老子》的问世，大大推动了《道德经》英译事业，而且有些翻译文本常常是译者长达几十年孜孜以求汉学研究的结果。这一时期的英译文本，几乎全部是单行本，而且在语言文辞层面，也较前两个时期更重视文采和韵律，《道德经》的文学性和独特的语言美受到较多关注，译者开始把对源语文本的语言追求和移植放到较高地位。

此外，这个时期有一些西方科学家从自然科学的发展以及对自然科学反思的角度提及《道德经》，认为《道德经》不仅可以为自然科学的进一步发展提供智慧的源泉，而且其中的科学人文主义因素可以补救自然科学发展之偏。该方面著作以美国物理学家卡普拉（Fritjof Capra）的《物理学之道》[1] 为代表。此外，蒙若（Henymon Maurer）从《道德经》中发现了一条不同于以往及现代其他人生之路的"他路"，这条"他路"可以克服源自于西方人过度膨胀的自我意识的暴力现象。[2] 格瑞各（Ray Grigg）从《道德经》中发现了存在之道，[3] 以及男女相爱之道。[4] 亦有人认为《道德经》本就是对正确人生的描述与规定，遵循它就可以获得美好的人生，这种对《道德经》宗教化的阐释以戴安娜·朱荷（Diane Dreher）的《和平之道》[5] 为典型代表。

20 世纪 70 年代以来，有不少学者致力于《道德经》的文献学研究，力图不偏不倚地再现这部道家经典的风貌，以纠正前两个阶段的接受偏差。他们采用新的研究方法选择和使用史料，注重将《道德经》文本放在道教传统中加以理解，使西方的《道德经》研究最终摆脱了比附研究的地位，真正成为西方汉学领域的一门显学。这一时期的《道德经》英译转向为直接建立在中文文本理解之上的解释而尽力避免任何的调适。

---

① Capra, Fritjof, *The Tao of Physics*, Boston：Shambala, 1991.

② Maurer, Herrymon, *Tao：The Way of the Ways*, Aldershot, Hants：Wildwood House Limited, 1986.

③ Grigg, Ray, *The Tao of Sailing：A Bamboo Way of Life*, Atlanta：Humanics New Age, 1990.

④ Ibid. .

⑤ Dreher, Diane, *The Tao of Peace*, New York：Donald I. Fine. Inc. , 1990.

翻译研究经历了其文化转向，《道德经》的英译也由文字层面的对等转向文化层面的阐释，《道德经》成为西方社会了解中国和中国文化的手段之一。

在这一时期的许多译者，特别是解构主义和后现代思潮影响下的西方学者/译者，对西方中心主义和文化帝国主义进行了反思，抱着理解、尊敬的态度来看待中国文化和东方文明，在翻译中更加注重差异，尽量避免用西方的名词术语来表达中国哲学思想。西方汉学家大多是研究者，他们对中国文化有着浓厚的兴趣，毕生致力于汉学的研究和推介工作。他们研究和著述的范围涉及中国的社会、历史、文化，老子的时代背景，老子思想的方方面面，《道德经》的形成和演变，道学的起源和发展，中西哲学的异同等方面。他们还特别重视义理、辞章、训诂和考据等研究工作，对古汉语和中国典籍有着渊博的知识。翻译中不仅提供译文，而且有详细的注释和深刻的评论，另外还有导言、介绍、附录、索引等诸多背景材料。他们中的许多人不仅翻译老子等道家经典，而且还翻译其他一些中国哲学和文学作品，力求从总体上、系统上和本质上把握中国文化。

三　结论

《道德经》外译迄今已有三百年历史，在中外文化交流中起着重要的作用，不仅传播了中国文化，而且也影响了西方文明。从本体意义上说，我们今天所言《道德经》或西方世界读者所阅读的《道德经》英译本已并非老子所撰写的原型文本，而是经历了传统与现代、异域与本土、集体话语与个人话语、初级关怀与终极关怀对话，在多声道、多方位的意识碰撞中，产生的重语喧哗的交响曲。

《道德经》翻译的众多译者中，传教士、汉学家和海内外华人纷纷加入这项伟大的翻译事业，对道家思想的输出和中西文化的沟通做出了很大的贡献。他们的翻译动机、价值取向和翻译策略影响其翻译效果；他们的译本各有特色，各有所长。《道德经》的英译从早期传教士的基督教化到后来汉学家的西方哲学化再到今天海内外学者的回归本原化，也是中西文化交流史的一个缩影。《道德经》及其他中国典籍的翻译既要尊重其文本的历史本原，也要考虑到其现实意义；既要忠实于原著的精神实质，也要兼顾中西语言文化和哲学传统的差异；既要传达其伦理道德思想的精髓，又要反映其语言和文体风格。

广告中人物形象元素剖析

王　冲

一　引言

当提及广告语言具有意识形态元素时，我们应该看到广告的画面及其中的人物形象也同样具有类似的功能。Rose 指出，画面传达着人们对世界的看法。[①] 同样，我们也看到人们在阅读广告时，不仅注意其文字，而且也被它的画面及人物所吸引。正如 Dyer 所阐述的：“在某些方面，广告的影响力来自反映现实的图像和画面。”[②] 广告利用人物形象吸引读者、传播商业信息的同时，也传达着某种社会理念，所以，在分析广告时，不要忽略对画面及人物形象的分析。

本文旨在分析和探讨 1981—1985 年家电广告中具有突出特点的人物形象的部分元素，并揭示其中蕴含的某些社会价值观及意识形态特征。由于目前此项研究正在进行中，本人仅就其中人物形象的几个方面给予介绍和分析，并希望得到读者的宝贵建议与指教。

（一）性别、年龄

本次用于研究的广告样本量为一百幅人物图片。统计结果显示，广告中的人物形象基本是中国人，其中女性占 81%，其年龄为 20—30 岁，男性只出现在两幅广告中。这一现象正如 Dyer 所指出的：“研究表明广告中女性人物的年龄范围较窄，多为 18—35 岁。”[③] 究其原因，可有以下解释。

首先，广告中年轻美貌的女性容易吸引人们的目光，有利于在消费

① Rose，Gillian，*Visual Methodologies*，Los Angeles Sage，London：Sage. 2001，p. 6.

② Dyer，Gillian，*Advertising as Communication*，London：Routledge，1993，p. 82.

③ Ibid.，p. 97.

者与产品之间建立初始关系。一般而言，这种可引人注目的现象取决于男性的目光。正如俗话所说，"男人行动，女人表现；男人注视女人，女人欣赏自己能被人注意"[1]。但是，女性在广告中这种由人欣赏的功能表明她们是在扮演着一种被动的角色，即经常被广告商用来作为一种吸引人们眼球的工具，或被视为一种道具而附属于广告中被推销的产品。

其次，产品的种类也决定着人物形象的性别。在1981—1985年的家电广告中，其推销的产品多为洗衣机、电冰箱、电熨斗、吸尘器、电褥子。这些产品在广告中多为女性使用，因为大量的研究结果表明，当今80%的女性负责家务劳动，家务劳动被认为是女性生活的一个组成部分。Vestergaard和Schroder指出："尽管妇女已被外界的劳动市场所接受，她们仍要负担大部分家务劳动。"[2] 这不仅存在于外国的家庭，在我国国内家庭状况也同样如此。2010年出版的《中国性别平等与妇女发展地图集》描述道："家务劳动依然主要由妇女承担。2000年第2期中国妇女社会地位调查数据与1990年相比，城乡男女两性每天用于家务劳动的格局仍未改变。有85%以上的家庭做饭、洗碗、洗衣、打扫卫生等日常家务劳动主要由女子承担。女性平均每天用于家务劳动时间达4.01小时，比男性多2.7小时，家务劳动时间在男女之间的差距仅比1990年缩短了6分钟。"[3] 对于"男人以社会为主，女人以家庭为主的传统性别分工模式，有53.9%的男性和50.4%的女性表示赞同，这一结果表明，男性支持率比1990年还高32.1个百分点"[4]。显而易见，在这批广告里女性的总体社会形象为家庭主妇，是从事家务劳动的主要成员。广告的妇女形象和社会调查结果仍然反映着我国"男主外，女主内"的传统观念和社会分工模式。

（二）面部表情

面部表情为一种非文字语言交流模式，人们可通过该模式表达情感、态度及思想。"由于人们的面容和眼睛具有某种特殊的力量，能表示善意

---

[1]　Vestergaard, Torben & Schroder, Kim, *The Language of Advertising*, Basil Blackwell, 1985, p. 81.

[2]　Ibid. .

[3]　《中国性别平等与妇女发展地图集》，中国地图出版社2010年版。

[4]　同上。

的欣喜和肯定的态度，所以我们日常的交流非常看重它们的变化。"① 面部表情有多种，有些是与生俱来的，它们被视为面部的六个基础表情，即"情绪低落、生气、厌恶、恐惧、惊讶和高兴"②。其中，高兴是唯一积极、乐观的表情，并通过微笑来体现。

面部表情是广告中人物形象的核心部分，且容易被人所看到。Dyer认为，广告里人物的表情总是积极的、满意的、有目的的、喜悦的、高兴的、愉快的。③ 统计结果表明，微笑占本次调查的全部表情的67%。其他表情的比例仅分别为2%—14%，远低于微笑的出现频率。因而可以断言，微笑在这些广告中被采用的比例是非常高的。

但是，微笑并非只是一种简单的情感表达。它可以包含不同的意思。仔细观察，人们会具有多种表情，这些表情是与不同的情感和功能相联系的。例如，有的笑容没有任何刻意的自我调节和控制的因素，而是发自内心的感情流露，这种微笑被称为"纯真的微笑"。另有一种微笑，能表达积极的信息，如友善的问候。这种微笑是有目的的，是有社会功能的，被称为"杜氏微笑，或有感觉的微笑"。第三种微笑被用来掩盖真正的或负面的情感，人们称其为"假笑"。④ 尽管这三种微笑无法涵盖所有的微笑的含义，但在某种程度上它们可帮助我们对一些基本的面部微笑的表情加以识别和分类。据此，我们可以分析广告人物用的是哪类微笑以及其作用是什么。

现代广告追求个性和人的情感表现，因而加入了许多软性元素，如热情微笑，以吸引读者眼球。⑤ 这种微笑的最终目的是在生产商、销售商与消费者之间建立一种商业关系，以推销其产品并从中获利。"研究表明，人们对于没有笑脸的女性反应是冷漠的。"⑥ 所以，广告中女性的微笑应属于具有社会交际功能的假性微笑，并非是发自内心的自然微笑。

---

① Ivy, Diana K. & Wahl Shawn T., *The Naverbal Self*: *Commumicafion for a Lifetime*, Peasom, 2009, p. 204.

② Ibid., p. 208.

③ Dyer, Gillian, *Advertising as Communication*, London: Routledge, 1993, p. 99.

④ Ivy, Diana K. & Wahl Shawn T., *The Naverbal Self*: *Commumicafion for a Lifetime*, Peasom, 2009, p. 204.

⑤ 张西蒙、张丹娜：《广告摄影》，中国轻工业出版社2011年版，第15页。

⑥ Reggio, E. Ronald & Feldman, S. Robert, *Applications of Nonverbal Communication*, Lawrence Erlbaum Associates, 2005, p. 151.

其背后隐藏着以赢利为目的理念或意识形态。笔者认为该种微笑尽管美丽动人但并非是免费的午餐。

微笑尽管在广告中是人物形象的重要元素，它能够向消费者展示令人赏心悦目的面容，但在现实生活里女性在下班之后又从事着枯燥乏味的家务，她们很难做出广告人物那样灿烂的微笑。广告人物的微笑是一种不自然的和具有商业目的的职业微笑。在现实生活里，我国的女性比男性面临着更多的社会问题，例如就业方面的性别歧视、提前退休（早于男性5—10年）、怀孕和生育期间被解雇、收入被降低、照顾老人和孩子等。尽管目前中国广大妇女能够在经济和政治上相对独立，但在社会和家庭中其地位仍低于男性。如大学生在毕业择业方面男生的机会普遍大于女生。在农村和边远地区已婚妇女仍然依附于自己丈夫，她们的繁重家务超出了广告上的家务劳动的种类和强度。上海社会科学研究所家庭研究中心对上海妇女地位调查的结果显示，妇女从事家务劳动时间为5.1个小时，而男人只有3.7个小时。

为了迎合消费者不喜欢看女性的冷面孔而愿意欣赏其微笑的表情的心理需求，广告中的妇女应该是喜悦的表情。这种现象给人们的观念造成了这样的模式，即妇女对内要做家务，干体力活，对外界则要承担着"表现情感之劳"。[①]

（三）目光接触

人与人之间通过目光对视所进行的非文字交流被称为目光接触。其专业术语为"凝视"。[②] 统计结果表明，除了其他交流方式，人们每天80%的信息是通过目光接收的[③]。当两人目光相交时，就会产生信息。Hartley在他的《画面里的政治》一书中强调，表情的力量、眼神的力量、凝视的力量，以及一个目光的力量都有利于构建社会的凝聚力和自我完善。同时，目光在西方的政治传说中是政治的基石。

统计显示，面对读者的人物目光的一项，其出现频率为40%，居各类目光之首，而这些直面读者的目光主要来自女性形象。目光与读者接

---

① Philippot, P., Feldman, R. S., & Coats, Erik J., *The Social Context of Nonverbal Behavior*, Cambridge: University Press, 2005, p. 53.

② Ivy, Diana K. & Wahl Shawn T., *Nonverbal self: Communicafion for a Lifetime*, Pearson., 2009, p. 227.

③ Ibid., p. 220.

触如同两人对话的开始，它起到的是一种提示和开场白的作用。由于目光比较面部和身体其他各部位更能引人注意。广告因而试图利用人的目光吸引读者并引起其兴趣、调动其情绪。由于广告中人的目光总是与微笑同时出现，所以这类目光便显示出友善、亲密的特征。而这种友善和亲密不只是单纯地要拉近读者与广告人物的距离，于此也构建了一种产品推销商与潜在消费者的商业关系。广告的目的之一就是希望读者一旦注视了人物形象和她的目光，他或许将被吸引并产生好感，成为该产品的一个未来客户，而广告商和产品制造者便成为产品的销售和获利方。商界有句俗语"和气生财"，其意思为一个商人要想出售自己的商品，他就应该在面对客户时，面带笑容，和蔼可亲。基于此，商业广告的人物形象一般都是面对读者时含情脉脉或满面春风。

除此之外，广告中的人物还具有不同的目光指向。Dyer 认为："广告中的目光可以指向读者、物体或其他人物。"① 除了指向读者的目光，在笔者收集的广告中，人物形象的目光还包括凝视两边、凝视产品或两个画面人物交谈时双目对视，这些目光并没有直面读者。又如 1982 年第 2期《家电》杂志的封面广告中的一位女性人物好像在被别人注视着，自己却羞于直面对方而含笑并凝视下方。这种表情表现出中国妇女传统的表情特点：拘谨、内敛、羞涩。与之相反，1983 年的一则广告中有两个年轻女子唱卡拉 OK，其中一位目光瞟着为她们伴奏的一位男青年，而这位男士则不敢直视对方，略带窘相。显而易见，该女士表现得活泼、外向、主动且浪漫，而男青年则稍显被动、封闭和尴尬。这些都体现出妇女在情感方面比较丰富，同时这个女青年的目光也体现当时的年轻女性在性格和情感方面的一种解放和张扬的特点。

目光指向手中的钞票也是 1984 年一则封面广告的一个元素。该广告与其他广告不同，它旨在宣传当年电扇市场的繁荣而不是具体推销某个品牌的产品。由于这则广告目的是反映现实，它比纯粹的商业广告更具真实性。其中的人物、场景都是现场固有的，没有人为摆拍的痕迹。该广告中的主要人物就是商场的一位女服务员和一组顾客。他们之间进行着商品买卖交易。服务员的目光凝视着手里的一沓钞票，面带微笑，清点着现金。表面看，该广告在宣传着一种社会主义市场繁荣的景象，国

---

① Dyer, Gillian, *Advertising as Communication*, London：Routledge, 1993, p. 99.

民的生活水平正在提高。因为在我国，电扇在 20 世纪 80 年代初仍是一种奢侈的消费品。广告中竭力要表现的是人与人之间的关系是亲情、友善或是张扬并浪漫。但在商场这个特定的环境里，人与人之间的关系仍然受制于赤裸裸的钱物交易及买卖关系中。市场繁荣只是一个表象，而造成这种现象的根本动力是消费者的需求和商家为了创造利润而提供的适合消费者需求的商品。

二　结语

广告的目的是为了推销商品，为此目的女性形象以及她们躯体的某个部位便成了广告中不可缺少的成分。尽管她们的年龄、面容和眼神都是那样的魅力无穷，她们还是被商家所利用。揭开她们美丽动人的面纱，其在大众面前的社会形象和地位仍然是家庭主妇或是所谓的贤妻良母加美女。真正在社会生活中占主导地位的仍是男人。所以广告在夸大一种"乌托邦"式的社会情景时，也间接地暴露出人们固有的传统观念。广告利用了意识形态又受制于意识形态。从这点上看，广告的表层是诱人的、虚假的，但在其思想层面却是真实的。

网络产品广告与传统平面广告语体比较研究

潘　琳

一　引言

20 世纪末 21 世纪初，随着我国改革开放的深入、市场经济模式的展开，我国商品走向世界，社会对广告特别是英语广告有越来越大的需求，广告业在我国得到迅猛的发展。广告是一门以言简意赅的语言表达复杂含义的艺术，语言的活力与魅力在广告语言中得到最充分的体现。广告英语作为一种应用语言，在其发展中已渐渐从日常英语中独立出来，在标点符号的使用、段落的安排、句法与词汇的运用等方面形成了自己独特的文体风格和特点。在广告英语这一崭新的语言学研究范畴国内外涌现出了一批权威著作，譬如国外语言学家 Geoffrey Leech 的 *Language in Advertising*（1966）、Torben Vestergaard 与 Kim Scharoder 的 *The Language of Advertising*（1985）、Guy Cook 的 *The Discourse of Advertising*（1992）以及 Grey Myer 的 *Words in Ads*（1994）。在国内语言学及语体学的研究领域里，许多语言学家在他们的著作中从语体学的角度研究了广告英语的特点，这其中包括王佐良等著的《英语文体学引论》（1985）、侯维瑞的《英语语体》（1988）、钱瑗的《实用英语文体学》（1991）等。广告，作为一门新兴的语体，对于语言学研究的重要性，由此可见一斑。

20 世纪末 21 世纪初，随着网络科技与信息技术的发展与普及，整个世界经历着从工业时代到信息时代的转变，一种新的交流媒介——互联网受到了世界各个国家的普遍关注和欢迎。据 2001 年的调查数据显示①，目前的网络内容 70% 是由英文撰写。英语网络广告的发展更是呈风起云涌之势。有专家指出② "网络广告有潜力成为广告商们最有效的广告宣传媒介"。"在 21 世纪，随着家庭网民人数的迅速增长，网络广告将成为广告商接触顾客的最重要媒介，它最终会成为比黄金时段电视广告更加有效的宣传媒体。"然而，细观国内外目前的语言学著作，把网络英语广告，放在语体学范畴研究的少之又少。这是由于以下三个原因。第一种较为普遍的疑虑是网络广告兴起的时间不长，语言还不够成熟。第二种观点认为网络广告比传统广告研究的难度大，不利于进行研究工作。第三种观点是网络广告经常使用声音、图像、文字结合的方式展示内容，在语言学的研究著作中无法把它完整地记录下来。然而通过语言学的研究往往能够在宏观上把握、归纳一类语言的特点及文体风格，能够促使这类语言的发展与成熟；同时通过对这类新型语言（平面广告英语）的变体——网络广告英语予以分析，我们才可以了解整个广告业的发展趋势，了解网络广告与传统平面广告英语在结构、语言风格等方面的异同，并进一步掌握两者的语体特征，这对国家的经贸发展及语言学研究都起着重要的参考作用。

二　语体与网络广告

在对广告语言特征的分析中，我们采用文体标记系统给语言特征分类。文体标记指的是"在某一语境中具有文体意义的语言项目"。从功能文体学的角度讲它是一种"突出"，即语篇的某些语言特征以某种形式凸显出来；更具体的讲它是一种符合常规的突出③。普通文体学一般把对语言特征的分析规划到四个层面：音系、字位、词汇和句法/语法。在网络英语中，视觉文字和标点的使用是信息传递的主要载体，所以音系文体标记将不在此篇的研究范畴。在分析当中我们还运用已知的传统平面广告的英语语言特征和网络广告英语语言做适当的比较，从而归纳总结网

---

① Bowen, T. S., "English could Snowball on Net.", *Technology Research News*, *LLC*, 2002 (http://www.new54.com/type1.php).

② Zeff, R. L., *Advertising on the Internet*, 2nd ed., New York：Wiley Computer Publishing, 1999.

③ 张德禄：《功能文体学》，山东教育出版社 1998 年版。

络广告的一般性文体特征，使读者更好、更透彻地了解和鉴赏网络广告中的英语语言。

为了保证研究的可靠性、研究结果有代表性，在语料的选择上我们充分考虑到不同类型广告语言的差异，因此把语料的内容界定为针对普通消费者的产品广告。我们主要对世界五百强公司的广告网站进行比较研究，兼顾地域的广泛性及语言的代表性。所选语料来自于通用汽车公司（网址为：www. gm. com），宝洁公司子公司高露洁公司（网址为：www. colgatetotal. com），香奈儿公司（网址为：www. chanel. com）以及三星电子公司（网址为：www. samsang. com）。

三　网络广告与平面广告结构与功能比较

广告的最终目的是要推销产品，网络广告在这一点上当然也不例外。作为一种营销手段，Vestergaard 在《广告的语言》（*Language in Advertising*）一书中（1985）提出广告应该具有 AIDMA 五种功能特性。AIDMA 代表了五个英文单词，即 Attention、Interest、Desire、Memory、Action。这五种功能意味着首先广告商要通过广告使顾客把注意力集中到产品与产品广告上去，通过广告优美的设计与言简意赅的产品介绍引起顾客的极大兴趣，通过广告宣传激发顾客的购买欲望，让顾客意识到并牢记广告宣传中的产品正合"我"意，最终促使顾客采取购买行动。① 这五个功能在广告的每一层结构中都有体现。

一则完美的平面广告是由五个部分组成的，即：标题（headline）、正文（body）、口号（slogan）、商标（trademark）和插图（illustration）。结构上，网络广告继承了平面广告标题、正文的特点。但是基于网络的特殊性，它又充分发挥了网络空间的便利，发展出由网幅、小型按钮和超级链接作为辅助的广告宣传工具，更有效地发挥了广告的功能特性。

1. 网幅（banner）：是以 GIF、JPG 等格式建立的图像文件，定位在网页中，大多用来表现广告内容。

与传统平面广告相同的是，两者都是采取付费的方式得到平面媒体或网络媒体的一小块面积来发布广告信息，以达到吸引潜在客户兴趣的

---

① Vestergaard, T. & Schroder, K. , *The Language of Advertising*, Oxford：T. J. Press Ltd, 1985.

目的。不同的是，以网幅为形式的在线广告利用了网络的交互性和超级链接能够引导广告读者访问产品主页。这就显示了它区别于其他媒体的巨大的传播沟通能力。事实上：网幅一次暴露可以达到多种效果：广告的知名度；品牌的知名度；品牌的认知；帮助建立潜在的购买意图。这在传统营销中是需要多种手段结合才能做到的。

2. 小型按钮（button）：由于酷似按钮，因而得名。它是另一种互联网界传统的广告表现形式之一。作用与网幅类似。其体型小巧，通常被放置在页面左右两边缘，或者灵活地穿插在各个栏目板块中间，由于费用低廉、效果佳，为广大广告主所广泛使用。

3. 超级链接（hyperlink）：文字或图像可点击的链接，带消费者进入网站中的其他网页或其他网站。它是网上很重要的沟通工具，是革新了的获得信息的方式。在网络广告中，它被广泛借鉴，使用于连接网幅、小型按钮与宣传广告产品的主页、广告标题与正文及正文页间连接。

（1）标题（headline）：广告标题的作用主要是用来吸引读者的注意，点出广告的主题，取得打动人的效果。广告标题按它的性质可分为三类：直接性标题（direct headline）、间接性标题（indirect headline）和综合型标题（combination headline）①。网络广告在标题上则继承了传统广告的类型和作用。

（2）正文（body）：广告的正文是广告文稿的中心。它是标题的延伸。它对商品的特点、使用方法及售后服务等提供详细的说明。网络广告在正文上与传统广告一致，但由于它普遍运用了网络空间的无限性和超级链接的技术，广告产品更具体更个性化的信息都能够不受页面限制提供给消费者，这就能够进一步宣传介绍产品，并促进网上销售。

（3）插图（illustration）插图虽然属于非语言文字部分，但笔者认为在网络广告中，语言文字与非语言文字有效地交互、融合在了一起，使文字部分更加具有说服力。同时，插图突破了一篇广告一个插图的传统模式，突破了带给人传统美感的插图类型，致力于利用网络空间多角度地提供写实图片，提供给广告读者信息充足、图文并茂的商品图片。

---

① 崔刚：《广告英语》，北京理工大学出版社1993年版。

比如：在三星系列产品的广告中，一件物品出现在屏幕，旁边写着"19.8 wide"，"Ultra light, ultra slim design"。而产品的名称并没有显示出来。这会激发读者的兴趣，使读者情不自禁地思考："这会是手机？掌上电脑？——"而几秒钟过后，这件物品的全貌清晰地展示在读者眼前——一台手提电脑。这种交互型"猜猜看"游戏的效果在传统平面媒体上是很难达到的。

再比如：在三星电视电话的广告中，电视电话并没有立即出现在电脑屏幕上。观众能看到的是一场国际赛车大赛正在激烈地进行的场面。观众的注意力会立即被赛事吸引，紧接着播放赛事的屏幕出现在手机屏幕上，这种广告方式有效地强调了"拥有三星电视电话，你不会再错过任何吸引你的节目！"这再次展示了网络广告在完成吸引注意力、激发兴趣、激发购买欲、牢记产品和促使顾客购买五个功能特性上的杰出表现。

（4）口号（slogan）与商标（trademark）：传统广告媒体中口号与商标是不可或缺的。但由于在网络中，网页或产品主页本身就已经清楚详尽地展示了产品，一切信息都已囊括其中，因此，这两部分就不再显得举足轻重，有时甚至完全省略。

总之，与传统平面广告相比，在结构上，网络广告保留了传统的标题、正文、插图，增加了网幅、小型按钮和超级链接的使用，有时会省略口号与商标；在功能上，它发扬了 AIDMA 的传统功能，由于还具有传统平面媒体无可比拟的空间无限性和三维型，它极大限度地增强了交互性、立体性，丰富了广告空间。

四　网络广告语言描述

（一）字位文体标记

1. 标点。对于读者来讲，标点就像路标，它不仅帮助读者看清句子的语法结构，而且能反映出写作目的，从而使读者更容易地理解句意。

在传统平面广告中，最常用的标点符号类型有：破折号、省略号、感叹号。因为它们能够充分利用有限的时间和空间表述感情、完成 AID-MA 的功能。然而，在网络中，相对不存在时间和空间的限制，这就促使广告商不用急速激发读者感情，而是有效利用网络的广阔空间，为读者提供一切有用的产品信息，提供详尽的说明。在对 10 个网络广告

（包括三星产品：SENS，TV PHONE，WAP PHONE，YEPP；通用汽车品牌：PARK AVENUE，REGAL CENTURY，LE SABRE，RENDEZ-VOUS；以及高露洁牙膏广告）的正文标点进行归类分析后，我们得到表 1 的结果：

表 1　　　　　　　　　　网络广告标点特征

网络广告名称	句号	逗号	括号	破折号	省略号	感叹号	句号比率（%）	逗号比率（%）
SENS	3	7	/	/	/	/	30	70
TV PHONE	7	4	2	/	/	/	54	30
WAP PHONE	2	7	/	/	/	/	22	78
YEPP	2	1	/	/	/	/	67	33
PARK AVENUE	9	3	/	/	/	/	75	25
REGAL	4	1	/	/	/	/	80	20
CENTURY	3	5	/	/	2	/	30	50
LE SABRE	5	5	/	/	/	/	50	50
RENDEZVOUS	7	7	/	2	/	/	44	44
COLGATE TOTAL	3	3	/	/	/	/	50	50

从表 1 可以看出，在网络广告中，逗号和句号的使用比率远远高于括号、破折号、省略号和感叹号。这是网络广告区别于传统平面广告的重要文体特征。句号与逗号常常用于叙述性文章。在网络广告中运用句号与逗号，主要是能够清楚明了地展示产品的性能和特征，它们虽然缺少了感情色彩，在激发读者行动这一功能上弱于传统平面广告，但是这种表达方式能够把产品综合特征真实地展示给读者，能够让读者理智地做出选择。

其次，在网络广告中，出现许多反常规的标点使用方法，比如：一字句、省略连接词和用破折号连接句子的现象来吸引读者视线。

一字句：

（1）Luxury. Pureand simple.

——PARK AVENUE

（2）Elegance. Refinement. Sophisticaiton.

——REGAL

在传统平面广告中，一字句就被广泛使用以达到吸引读者注意的效果。可以看出，在网络广告中一字句的使用继承了这一特点。

省略连接词：

（3）Luxury——at the right price.

——CENTURY

在符合语法规则的情况下，原句应为：Luxury *is* at the right price. 广告中，系动词 be 的省略，使广告中想要强调的信息得到突出，更能够吸引读者注意力。

用破折号连接句子：

（4）Rendezvous brings together——for the first time——the best feature of an SUV, a luxury sedan, and a minivan.

——RENDEZVOUS

在广告中，介词词组"for the first time"在正常语法句子中可以直接置于句中（即：Rendezvous brings together for the first time the best feature of an SUV, a luxury sedan, and a minivan.），也可以以插入语的形式表达（即：Rendezvous brings together, for the first time, the best feature of an SUV, a luxury sedan, and a minivan.）。然而，在此则网络广告中它被两个破折号分割出来，这种反常规用法使信息更加突出，起到强调作用，吸引了读者。

2. 段落。首先，网络广告在叙述上采取金字塔形叙述方式，也就是先说结论，后道细节，这样能够提高阅读效率、更有效地吸引目标人群。

第二个段落文体特征为单句段的运用。运用单句段有两个原因。第一，电脑阅读区别于纸上阅读，它的阅读速度比纸上阅读慢 25%[1]，采用单句段这种简洁语言手段能够缩短阅读时间。第二，长时间的电脑屏幕阅读，容易使眼睛有干燥的感觉，单句段内容简洁清楚、语言明了、主题突出，是一种行之有效的网络广告方式。

---

[1] Jefkins, F., *Advertising-Fourth Edition*, London：Prentice Hall, Wodsworth USA, 2000.

表 2　　　　　　　　　　　**网络广告每段的句数分析**

网络广告名称	第一段句数	第二段句数	第三段句数	第四段句数	第五段句数	第六段句数	第七段句数	广告句子总数
SENS	1	1	/	/	/	/	/	2
TV PHONE	1	1	1	1	1	1	1	7
WAP PHONE	1	/	/	/	/	/	/	1
YEPP	1	1	/	/	/	/	/	2
PARK AVENUE	5	2	/	/	/	/	/	2
REGAL	2	2	/	/	/	/	/	2
CENTURY	1	2	/	/	/	/	/	2
LE SABRE	3	/	/	/	/	/	/	1
RENDEZVOUS	1	3	/	/	/	/	/	2
COLGATE TOTAL	1	1	1	1	/	/	/	4

从表 2 的分析可以看出，10 个网络广告中有 7 个运用了单句段的方式。这更加充分证明了单句段在突出重点信息、节省读者阅读时间方面所占有的重要地位。

（二）句法/语法文体标记

句法作为语言学的一个分支，研究把词组组成句子的规则。为了使句子在交流中有意义，实现交际功能，人们会使用多种方法把词组组织起来。[①] 从句法角度比较网络广告和传统平面广告具有重要意义。

根据不同的标准，句子可以有不同的分类。根据结构可以把句子分成简单句和复合句。根据功能，句子可以分成四类：陈述句、疑问句、祈使句和感叹句。

1. 从结构上讲，平面广告语言更多地采用简单句，因为简单句语言更加口语化，结构易于被读者记忆。但是在对网络广告语言结构进行分析后，得出的结论却是：简单句与复合句都毫无例外地被广泛地运用在网络广告中。简单句简洁的语言和结构可以吸引读者，而复合句的信息更加充实，便于读者进一步对产品进行了解。分析结果见表 3：

---

① 董启明、刘玉梅：《万维网键谈英语的文体特征》，《外语教学与研究》2001 年第 1 期。

表3　　　　　　　　　　网络广告句法分析

网络广告名称	简单句	复合句	简单句比例（%）	复合句比例（%）
SENS	3	/	100	/
TV PHONE	4	3	57	43
WAP PHONE	/	1	/	100
YEPP	/	2	/	100
PARK AVENUE	5	2	71	29
REGAL	2	2	50	50
CENTURY	3	1	75	25
LE SABRE	2	1	67	33
RENDEZVOUS	4	1	80	20
COLGATE TOTAL	2	2	50	50

2. 从功能上讲，陈述句能够阐明信息，疑问句提出问题以获得信息，祈使句用于发布命令，感叹句用于表达发言者的感情①。由于后三种句式能够有效激发读者的好奇心和兴趣，具有强大说服性并使他们产生购买意向，他们经常被运用在传统平面广告语言中。在网络广告中，我们进行了句式分析，分析结果如表4：

表4　　　　　　　　网络广告句式分析

网络广告名称	陈述句	疑问句	祈使句	感叹句	句子总数
SENS	3	/	/	/	3
TV PHONE	7	/	/	/	7
WAP PHONE	1	/	/	/	1
YEPP	2	/	/	/	2
PARK AVENUE	5	/	1	/	6
REGAL	2	/	/	/	2
CENTURY	1	/	/	/	1
LE SABRE	3	/	/	/	3
RENDEZVOUS	1	/	1	/	2
COLGATE TOTAL	4	/	/	/	4

① Quirk, R. Greenbaum, S. et al. , *A Comprehensive Grammar of the English Language*, Beijing: Longman World Publish Corp, 1985.

可以看出，在网络广告中，大部分句式采用陈述句。这是由于与平面广告相比，网络广告有足够的空间来展示产品特征，它不需要在有限的时间和空间内，用祈使、疑问或感叹的语气急切激发读者购买欲望。同时，网络广告的目的更加倾向于向读者全面展示产品特性，建立良好声誉。因此陈述句相对成为陈述信息、解释功能的最佳选择。

3. 语态：语态有主动语态和被动语态。在传统平面广告中，多采用主动语态①。经过对网络广告的分析，我们可以看出网络广告继承了传统平面广告的特点。见表5：

表5   网络广告语态分析

网络广告名称	主动语态	被动语态
SENS	3	/
TV PHONE	4	3
WAP PHONE	1	/
YEPP	1	1
PARK AVENUE	7	/
REGAL	4	/
CENTURY	3	/
LE SABRE	3	/
RENDEZVOUS	3	/
COLGATE TOTAL	4	/

从表5可以看出，在网络广告中，主动语态仍占主导。这说明，网络广告语言和传统平面广告语言一样，如果多采用被动结构往往会使消费者产生自己处在被动地位的感觉，而这是一般消费者不情愿或不能接受的。相反，主动结构可以使他们认为自己处于主动地位，会主动地、欣然地考察产品、购买产品。

4. 网络广告多用小句/残句：和传统平面广告一样，网络广告常用小

---

① 崔刚：《广告英语》，北京理工大学出版社1993年版。

句/残句，以突出重点、节省版本、吸引读者，使展示的信息便于记忆。例如：

（1）Samsang Electronics the world Leader in DRAMs, LCDs, and Monitors.（缺少谓语）

——SENS

（2）Elegance. Refinement. Sophistication.（一字句）

——PARK AVENUE

（3）Beautifully crafted, yet perfectly casual.（以过去分词和形容词组成的句子）

——REGAL

（4）The award-winning Le Sabre.（名词句）

——LE SABRE

（5）One of the world's definitive full-size cars.（名词词组句）

——LE SABRE

（6）Designed for your peace of mind.（过去分词句）

——LE SABRE

5. 网络广告多用现在时态：现在时可以表示经常性或习惯性的动作，现有的特征和状态以及普遍的真理。在时态上，网络广告和传统平面广告共有的特征就是，他们多采用一般现在时，以表示商品属性的持久性和永恒性。

（三）词汇文体标记

从词汇角度分析，网络广告在以下几方面都继承了传统平面广告词汇的特点，即，经常使用单音节具有婉转意义的动词，多使用具有美好意义的形容词、名词、副词、复合词，以及经常运用比较级和最高级。

1. 网络广告中的具有婉转意义的单音节动词：广告的最终目的是使消费者购买其产品，但在网络广告中，广告商仍然在多数情况下回避使用"buy"，因为它的含义为"to obtain something by giving money"，这会使人产生"把钱花出去"的不愉快联想，因此，广告设计者大多选用其他词。例如：

（1）The yepp is *suited* for an unconventional young generation that seeks to be distinct.

（2）*Step* inside and *explore* Park Avenue.

（3）It's style that *fits* the way you really live.

（4）The Buick Century *offers* the amenities you *expect* from a luxurious family sedan at a surprising affordable price.

（5）Whether you *choose* the custom or the Limited, you'll *find* that Century has the perfect combination of features and technology.

（6）Now with Century, you can *afford to give* yourself all the luxury you deserve.

（7）A vehicle that *gives* you and your family superb occupant protection——

（8）The new Buick Rendezvous is about to *give* the automotive status que a swift kick in the tailpipe.

以上例子中的谓语动词大都含有督促消费者购买体验产品的意思，但采用以上动词，消费者很难产生被剥削、需要付出的联想，这反而能够促使消费者产生购买的欲望。

广告语言的简洁是因为使用口语体的单音节动词。在对网络广告的单音节动词进行分析后，我们发现这些动词大致可以分为两类：第一，产品能够满足消费者期望，如：take，use，seek，suit，fit。第二，产品能够带来意想不到的效果，如：make，bring，help，give。

表6　　　　　网络广告中的单音节动词分析

网络广告名称	例词	所占比例（%）
SENS	Make, fell, market	100
TV PHONE	Mount, use, show, come	44
WAP PHONE	Stock, make	40
YEPP	Play, suit, seek	60
PARK AVENUE	Come, create, step	43
REGAL	Fit, live	100
CENTURY	Choose, find, give	43
LE SABRE	Give, bring	100
RENDEZVOUS	Give, bring, take	100
COLGATE TOTAL	Help, fight, get, eat, drink	45

　　这些口语体的单音节动词用简单明快的语言表述了它们能为消费者带来的利益，能够满足他们的需求，让消费者与产品之间消除了距离感，并增加了购买欲望。

　　2. 网络广告中多使用具有美好意义的形容词、名词、副词：广告语言的目的就是介绍和描述产品的质量和性能，从而引出读者购买欲。因此，在做描述时恰当采用具有美好意义的名词、形容词和副词能够帮助读者建立对产品的向往态度。例如：

　　（1）十个网络广告中出现如下形容词：

high ultra light, ultra slim, convenient, latest, sophisticated, clear, new, stylish, pure, simple, causal, comfortable, roomy, quiet, powerful, luxurious, affordable, innovative, capable, brilliant, special, distinct, unconventional, perfect, definitive, superb.

　　（2）十个网络广告中出现的副词：

Incredibly（small）

——TV PHONE

Beautifully（crafted）, perfectly（casual）

——REGAL

Surprisingly（affordable price）

——CENTURY

　　（3）网络广告中的名词：

Leader, innovation, comfort, style, luxury, amenities, roominess, quality, feeling of control, pleasures.

　　3. 网络广告中的比较级和最高级：使用比较级能够显示出与其他商品相比的好处，而最高级可表示对该产品的最高赞誉，它们被广泛运用在广告语言中。但由于广告法规定禁止在广告中用两个厂商的产品做对比而引起恶性竞争，广告语言多不出现对比产品名称。表7是比较级和最高级在所选广告中的使用情况：

表7	网络广告中的比较级和最高级
比较级	Telephone circuitry has been integrated *as tightly as* possible and the TV receiver is incredible small. ——TV PHONE A car that's *as comfortable* catching sun on the beach *as* it is cruising uptown on Saturday night. ——REGAL Take an even *closer* look and get ready to bid the status quo a very fast adieu. ——RENDEZVOUS
最高级	Our*latest* innovation is the world's premier Pentium Multimedia Notebook（SENS Series）. ——SENS The World's *smallest* and *lightest* WAP phone. ——WAP PHONE Rendezvous brings together-for the first time-*the best features of* an SUV，a luxury sedan，and a minivan. ——RENDEZVOUS

　　比较级和最高级的使用使广告产品的优越性进一步显示出来，甚至能够给人以同类产品中最好的感觉，所以它们被大量运用在传统和网络广告中，以达到刺激消费者购买欲的目的。

　　4. 网络广告中的复合词：网络广告中也常常使用复合词，甚至根据需要临时造词（nonce word）。请看下例：

　　（1）a 1. 8 – inch high-resolution TRT-LCD　　　　——WAP PHONE

　　（2）a folder-type mobile phone handset　　　　　——TV PHONE

　　（3）a built-in miniature TV receiver　　　　　　——TV PHONE

　　（4）a high-performance antenna　　　　　　　　——TV PHONE

　　（5）The high-resolution TRTL/CD screen　　　　——TV PHONE

　　（6）The world's smallest and lightest WAP phone　——WAP PHONE

　　（7）Le Sabre is America's best-selling full-size car　——LE PHONE

（8）The award-winning Le Sabre ——LE SABRE

很明显，复合词的使用非常灵活，同时以非常简洁的方式表达了本应用句子才能表达出的意思。这就是为什么网络广告和传统平面广告都钟爱复合词的缘故。

五 结论

通过上述对网络广告与传统平面广告的文体比较研究发现，在功能上，网络广告继承了传统媒体广告 AIDMA 的功能。同时，由于网络的相对无限性，网络广告更多地继承了广告信息传递的功能。

在结构上，网络广告保留了传统的标题、正文、插图三部分，增加了网幅、小型按钮和超级链接的使用，有时会省略口号与商标。

经过对比研究，在字位文体标记、句法/语法文体标记和词汇文体标记方面，网络广告在继承传统平面媒体广告文体特征的基础上，又衍生了自己的特有特点，请看表8：

表8　　　　　　　　传统平面广告与网络广告文体特征比较

文体特征		传统平面广告	网络广告
字位文体标记	标点	最常用的标点符号类型有：破折号、省略号、感叹号	最常用的标点符号类型有：逗号和句号
		反常规的使用方法：单字句、省略系动词和用破折号连接句子	
	段落	无固定叙述方式	采取金字塔形叙述方式
		多用单句段	
句法/语法文体标记	句子类型	更多采用简单句	简单句复合句并用
	句子功能	更多采用祈使句、感叹句、疑问句	更多采用陈述句
	语态	多采用主动语态	
	句式	常用小句/残句	
	时态	多采用一般现在时	

续表

文体特征		传统平面广告	网络广告
词汇文体标记	动词	具有婉转意义的单音节动词	
	形容词、名词、副词	多使用具有美好意义的形容词、名词、副词	
	比较级和最高级	使用比较级和最高级	
	复合词	运用复合词	

因此可以认为，网络广告是基于传统平面广告基础上的一种广告语言变体。

"小说"的终结和"文本"的开始

——贝克特小说《怎么回事》之后现代写作特征解析

王雅华

  西方文学界普遍认为：贝克特（Samuel Beckett, 1906—1989）的写作因过分走极端而陷入绝境；他的三部曲最后一部《难以命名者》（*The Unnamable*）悖论式的结局——"我不能继续下去，我将要继续下去"，[①]仿佛暗示贝克特已经穷尽了所有的表达方式与手段，耗尽了所有词语，到了黔驴技穷的境地，也预示着贝克特小说实验的失败和终结。这似乎已成定论，但果真如此吗？

一 是"终结"还是"开始"？

  其实，贝克特本人也不否认自己的写作已陷入绝境，如他在1956年同美国《纽约时报》资深记者伊斯雷尔·森克（Israel Shenker）的谈话中坦言：

>   我作品结束时，没有任何东西唯有尘埃——可以命名。在最后的那一部——《难以命名者》中——那里只有彻底的分裂和解体。无"我"，无"有"，无"存在"。无主格，无宾格，无动词。无法继续下去。[②]

据此，贝克特的实验小说也可以被称作"失败的艺术"（art of failure）或

---

  ① Beckett, Samuel, *The Unnamable*, New York：Grove Press, 1970.
  ② Federman, Raymond, "Review of *How It Is*", *French Review*, May 1961, pp. 594 – 595, reprinted in *Samuel Beckett：The Critical Heritage* (eds.), Lawrence Grave and Raymond Federman, London：Routledge & Kegan Paul Ltd., 1979, pp. 228 – 231.

诗学。[①] 因为按照传统的美学观，艺术应该表现完整的、具体的、清晰的世界图像，而贝克特的小说则展现了与艺术极不协调的东西，即荒诞、虚无、混沌，所以是"失败的艺术"。然而，对于贝克特来说，"失败的艺术"并不在于他的小说呈现了怎样混沌的世界，而主要是指形式试验陷入僵局，这既是语言表征的失败，也意味着叙事本身的瓦解和失败。

但是，令西方学界颇感意外的是，贝克特在小说领域沉默了十年之后又创作了长篇小说《怎么回事》，它先用法语写成（法语书名为 Comment c'est）于1961年出版，此后贝克特将其翻译成英语（How It Is）并于1964年出版。这部作品无论是在叙事方式上还是语言风格上都极具挑战性、独创性，它一经问世就引起了西方文学评论界的关注，产生了很大的反响。美国著名作家兼批评家雷蒙德·费德曼（Raymond Federman）1961年5月在《法语评论》（French Review）上撰文写道：随着近期出版的小说《怎么回事》贝克特又一次将小说形式引入了一个全新的、原创性的无人的地带（no man's land）……这一次我们进入了一个被彻底剥去了所有生活准则的世界。[②] 我国学者陆建德将这部小说看作"与传统小说彻底决裂的作品"，认为"贝克特的小说实验随《怎么回事》到了终结"[③]。可见，并不是《难以命名者》而是《怎么回事》代表贝克特小说实验的终结。但是也有学者认为，《怎么回事》标志贝克特的一种新的文体和形式的开始。

其实，《怎么回事》的法语书名 Comment c'est 本身就暗示着"开始"，因为它与法语动词"开始"（"commencer"）发音完全相同，可谓同音异义的双关语。贝克特通过这种带有双重含义的书名巧妙地传达了他对小说创作的留恋和对开辟一种新的文本形式的期盼。如艾伯特（H. P. Abbott）在《贝克特书写贝克特》（Beckett Writing Beckett, 1996）一书中指出，"这双关语给予那些希望从中看到作者［贝克特］宣告自己

① Coe, Richard, *Beckett*, Edinburgh: Oliver & Boyd, 1964.

② Federman, Raymond, "Review of *How It Is*", *French Review*, May 1961, pp. 594 – 595, reprinted in *Samuel Beckett: The Critical Heritage* (eds.), Lawrence Grave and Raymond Federman, London: Routledge & Kegan Paul Ltd., 1979, pp. 228 –231.

③ 陆建德：《自由虚空的心灵：萨缪尔·贝克特的小说创作》，载《破碎思想体系的残编》，北京大学出版社2001年版。

的创造力已经复苏的人们以强有力的鼓舞"①。《怎么回事》的书名本身就是一个疑问句，似乎是作者在自问：如何是好呢？怎么重新开始写作呢？因此它可以被视作一种展示"重新开始的美学"②。虽然贝克特的写作，自 1950 年之后，由小说转向了戏剧创作，并且在戏剧领域取得了巨大成功，但是他始终没有放弃继续进行小说实验的念头。这部作品法语书名仿佛在宣告：贝克特最终又回到了小说领域，重操旧业。不过这一次他重新开始的并非是真正意义上的小说，而是一种与贝克特以往小说风格迥异的文本形式。

二   "文本"与"小说"（作品）的对峙

《怎么回事》被评论界视为贝克特最后的长篇小说，但是笔者认为还是将其称为文本或长篇散文更恰当，因为它在形式上更加散乱无序、支离破碎，已经不能再被称为小说。贝克特将他 20 世纪 50 年代初创作的短篇故事集命名为《无意义的文本》（*Texts for Nothing*），其目的就是要表白他三部曲之后的叙事作品与"小说"的不同；而他最后的长篇《怎么回事》在文体上更加凸显了其与传统小说的本质区别，它代表小说的变异，抑或是艺术体裁的变化。这也意味着他的文学创作从小说到文本的转向，与后结构主义理论家罗兰·巴特（Roland Barthes）日后提出的"从作品到文本"的观点极为相似。

在后现代或后结构主义理论家看来，"作者的死亡"就意味着传统的作品（书）的终结和另一种写作的开始，也是"文本"的诞生。据此，德里达的《论文字学》（J. Derrida, *De la Grammatologie*, 1967）第一部分开篇就提出"书的终结和文字的开始"这一命题，暗示了写作的游戏功能，书中指出：

> 文字降临时也是这种游戏的降临。今天，这种游戏已经盛行起来，它抹去了人们认为可以用来支配符号循环的界限，它吸引了所有可靠性的所指，削减了所有的要塞、所有监视语言原野的边疆哨

---

① Abbott, H. Porter, *Beckett Writing Beckett*: *The Author in the Autograph*, Ithaca: Cornell UP, 1996.

② Ibid. .

所。严格说来,这等于摧毁了"符号"概念以及它的全部逻辑。①

德里达所指的这种取消边界和抹去界限的写作行为就暗示着传统作品的瓦解,也标志着"书"的时代的终结。德里达及其后结构主义文论家认为,书和文本是对立的,书是按照古老的方式编排的、形式连贯的整体,而文本是旨在打乱那种古典秩序的尝试。1973 年,罗兰·巴特发表了《从作品到文本》(*From Work to Text*)一文来附和德里达的《论文字学》并提出了独到的文本理论。他列举了文本相较于传统作品的七个优势:第一,文本依赖话语运动,因此它是动态的、灵活多变的;第二,文本难以分类,但却能打破文体与学科的界限;等等。② 在巴特看来,传统的井然有序的作品(即再现性的文本)要让位给一种貌似散漫的文本形式,即"生成文本",也就是贝克特式的"动态自我生成形式"。③ 因此,自20 世纪 60 年代末,后结构主义和解构主义理论兴起之时,"文本"一词便悄然替代了"小说""作品""书"这些传统的术语或概念。在后现代语境下,"文本"是无所不包的概念,无论是文学作品、评论、哲学著作,还是官样文件、史料和科技文献等都可以称作文本,总之,文本就是一种越界的书写形式,它是对传统意义上的"书"的模式的突破。

然而,贝克特似乎更早意识到了这种文学发展趋势,早在 20 世纪 50年代初,他就(先于后结构主义文论家)预先用"文本"的概念替换了"小说",并对传统作品实施了无情的解构。在贝克特眼中,"文本"的含义比"小说"或"书"更加自由、开放、多元,因而也更具不确定性;它可以没有开始、没有结尾、没有中心思想,没有连贯的合乎逻辑的故事情节,可谓是一种无拘无束的写作。正因为它没有明确的目的和终极意义,贝克特才将自己 20 世纪 50 年代初创作的作品戏称作《无意义的文本》。然而,贝氏"文本"并非像他所说的"无意义",而是包含着更

---

① 德里达:《论文字学》,汪堂家译,上海译文出版社 2005 年版。

② Barthes, Roland, *Image*, *Music*, *Text*, trans. Stephen Heath, New York: Hill and Wang, 1977.

③ 关于贝克特的"动态自我生成形式"的观点,是笔者在英文专著《走向虚无:贝克特小说的自我探索与形式实验》(北京语言大学出版社 2005 年版,第 11 页)提出的,并做了详尽的阐述。

宽泛、更多层的含义，就如同他在文学评论《普鲁斯特》（*Proust*，1931）中提出的"洋葱"（the ideal core of the onion）的意象①（有意思的是，巴特在其论文《风格与意象》中也将文本比作洋葱头）。这意象隐喻了文本的多重含义和循环模式及其无限可能性，但是它却没有中心，没有绝对的唯一意义。后现代写作已不再是刻板的再现，而是一种词语狂欢的场所，是意义不断生成的动态文本。

　　贝克特式文本《怎么回事》无论在形式上怎样怪诞离奇、令人费解，其实都是对"二战"之后多元的、复杂的世界图像和文化逻辑的呈现，也是他对特定时代做出的审美判断。那么，它呈现的是怎样的文本世界？下面让我们看一看这文本究竟是"怎么回事"。

三　碎片化的文本：对"泥泞"的世界和现代人极端的生存境遇的呈现

　　作为 20 世纪西方文坛的一部"奇书"，《怎么回事》表面看似散漫无序、扑朔迷离（全书自始至终无标点符号，段落随意划分），但读起来又不失为一部结构均衡完整的作品。全书由三部分构成，即：在皮姆（Pim）之前、和皮姆在一起、在皮姆之后。这三部分也可以解释成：旅行、相聚、背弃。第一部分"在皮姆之前"是关于一个人的孤独的旅行。叙述者即一个精疲力竭的老人拖拽着一个装满罐头食品的破旧布袋子，独自一人在泥沼中匍匐前行。第二部分"和皮姆在一起"表现了叙述者和他伙伴的关系。叙述者在旅途中遇到了同样拖拽着一袋食物在泥泞中爬行的皮姆，两人结为伴侣。老人不断地用他身上带的仅有的工具开罐器，用长钉刺皮姆的臀部、背部，以使他开口说话、唱歌、讲故事；听腻了，就敲打他的头，让他闭口。然而，他们又相互依恋、难舍难分，这让我们想起了《等待戈多》（*Waiting for Godot*，1953）中的两个流浪汉。实际上他们的关系与其说是伴侣莫如说是主人与仆人、压迫者与被压迫者，影射了现代社会中自我与他者的若即若离的关系。第三部分"在皮姆之后"表现了两人的分离。因为他们各自旅行的目的地不同，最

---

　　① 贝克特在《普鲁斯特》中把艺术创作比作一种挖掘过程，就如同剥洋葱一样，试图剥去层层自我和世界的表象，从而到达一种理想的核心（the ideal core of the onion），达到最本真的存在。参见 Beckett, Samuel, *Pracst*, London: Chatto & Windus, 1931。

终分道扬镳。叙述者"我"最终抛弃了皮姆,他等待新的同伴鲍姆(Bom)、贝姆(Bim / Bem),或克莱姆(Kram),或克里姆(Krim),究竟在等待何人,其实他自己也搞不清楚,因为随便哪个人都可以成为他的同伴,或许也会成为他的敌人。

　　不难看出,《怎么回事》以戏拟的方式呈现了现代人在一个荒芜、陌生世界中的生存状况,在那里没有什么是能够确定的,就连名字都模棱两可、变幻不定。其实,书中出现的人物的名字只不过是不同的个体(人)的符号。任何人都可以从抛弃者变成被抛弃者,从驯服者变成被驯服者。在接下来的旅行中,叙述者"我"又会变成另一个被折磨的对象,一个牺牲品;他的新伙伴鲍姆也会用他对待皮姆的野蛮方式来对待他。所以名字并不重要,因为无论叫什么名字,都代表人类的总体状况。叙述者"我"在旅途中看到了许多的人像他那样在泥泞中爬行。这样的景象,如同"巨大的几何星座,严格地遵守着数理法则,虐待者向被虐待者施暴,转而又变成被虐待的对象,……人在世界上对他人的了解是有限的,无法去了解更多的人"①。这或许就是现代社会人际关系的法则。《怎么回事》以如此奇特的方式揭示了人在一个混沌的世界中的境遇和说不清道不明的人际关系,因此,法国学者纳德(M. Nadeau)在此书刚出版时评论道,"从书中我们可以看到我们自己完全绝望的生存状态的图像"②。其实,这样荒芜和绝望的世界图像在贝克特过往的作品也曾多次出现。

　　"世界即泥泞",这是《怎么回事》展现的基本图像。世界不仅是混沌无序的,而且还是肮脏污秽的,因此,叙述者将这种世界称作"泥泞"/"泥沼"(mud)。叙述者"我"和他的同伴自始至终都在泥泞中挣扎。"泥泞"就是全书的背景,它不仅隐喻了混沌的外部世界,而且也反映了人类在这样的世界中的绝望挣扎和极度孤独苦闷的心理状态。贝克特在1931年的文学批评专著《普鲁斯特》中,首先就在题目下引用了意

① Federman, Raymond, "Review of *How It Is*", *French Review*, May 1961, pp. 594 – 595, reprinted in *Samuel Beckett*: *The Critical Heritage* (eds.), Lawrence Grave and Raymond Federman, London: Routledge & Kegan Paul Ltd., 1979, pp. 228 – 231.

② Federman, Raymond, "Review of *How It Is*", *French Review*, May 1961, pp. 594 – 595, reprinted in *Samuel Beckett*: *The Critical Heritage* (eds.), Lawrence Grave and Raymond Federman, London: Routledge & Kegan Paul Ltd., 1979, 228 – 231.

大利 19 世纪诗人、哲学家莱奥帕尔迪（G. Leopardi，1798—1837）的一句话——"世界就是泥泞"，此后，"泥泞"便成了典型的贝克特式的世界图像。譬如小说《莫洛伊》（*Molloy*，1951）中的主人公在寻找母亲的旅途中堕入泥沟中；《等待戈多》中的爱斯特拉冈（Estragon）抱怨道："我他妈的这辈子到处在泥地里爬！……瞧这个垃圾堆！我这辈子从来没离开过它。"① 《无意义的文本》中叙述者说："我在洞穴下面，……污秽的处境，平卧着，脸贴近黑暗的浸透着枯黄色雨水的泥土。"② 在贝克特的短片故事"画面"（*Image*）中，这种"泥泞"的情境表现得更为生动，叙述者不仅在泥泞中生存，还以泥泞为食粮："舌头上满是泥泞，唯一的去除办法就是把舌头缩回嘴里转动它泥泞要么吞下它要么吐掉它问题在于它是否有营养……"③ 在《怎么回事》中，贝克特将"世界就是泥泞"这一思想演示到了极致，书中时而出现的肮脏污秽的词语也与"世界即泥泞"这一命题极为吻合。

据此，"泥泞"也是书中出现频率最高的关键词（几乎每两页出现一次）。在书的开始部分，叙述者说道："过去的时刻古老的梦境回来了或像那些过往的事情一样新鲜或是永远的事物和记忆我怎么听到它们的就怎么述说它们在泥泞中低声私语。"④ 在书的结尾，这个叙述声音依然在泥泞中回荡："独自在泥泞中是的黑暗是的肯定是在喘息是的某人听我说……"⑤在最后一页，"泥泞"一词竟重复出现了四次。由此可见，"世界就是泥泞"是贯穿全书的核心思想，它体现了一种悲观的世界观，也传达了贝克特式的黑色幽默和他对人类状况的尖刻的讽刺挖苦。泥土是宇宙之本体，是人赖以生存的根基。然而，在贝克特的笔下，世界最本质的元素泥土已不再纯净，它已经变成了混沌、污秽的泥潭，而在泥泞中生存的人类又何以能做到出污泥而不染呢？"泥泞"也是对现代人的精神困顿和迷惘状态的极好呈现。

但是，这"泥泞"无论多么污秽、混沌，它都是语言所描述和创造的，因此，整部作品也隐喻了后结构主义语境下语言表征的困境。从语

① 贝克特：《等待戈多》，载《荒诞派戏剧集》，施咸荣译，上海译文出版社 1980 年版。
② Beckett, Samuel, *Texts for Nothing*, London：Calder & Boyars Ltd.，1974.
③ 贝克特：《是如何》，载《贝克特选集》4，赵家鹤等译，湖南文艺出版社 2006 年版。
④ Beckett, Samuel, *How It Is*, London：John Calder Publisher, 1996.
⑤ Ibid..

义学的层面看，英文词"泥"（mud）还有"无价值的东西"和"流言蜚语"的意思。贝克特在书中不时地使用肮脏甚至污秽的词语，旨在暗示，语言就如同一个浑浊的"泥潭"，已经不再清晰、透明，因而写作也就成了在混沌的语言泥沼中的艰难跋涉。所以"泥泞"不仅概括了人类生存的极端的状况，而且也生动呈现了混乱无序的语言场所，以及现代作家在词语的泥沼中的挣扎和博弈。从这一角度看，《怎么回事》传达了贝克特试图挣脱传统语言规则的牵绊，从混乱的文字中建构新的话语秩序和语言生态的愿望。

四　引述式叙事策略与"动态的词语艺术"

《怎么回事》作为一部超级实验性的作品，其独到之处主要体现在叙事方式和话语上，展现了贝克特式的动态词语艺术。全书采用"引述"或"转述"的叙事形式，以第一人称"我"的视角，即独白的方式，展开叙述，使人感觉叙述者自始至终在引述别人的话语。在书的开始，叙述者就以反问的方式说道："怎么会是我引述在皮姆之前和皮姆在一起在皮姆之后怎么是三部分我怎么听到的就怎么说出。"[1] 在书的结尾，叙述者提示读者，"引文到此结束在皮姆之后怎么回事"[2]。结尾依然没有标点，仿佛叙述在无限延伸，永无终结。

叙述者是一个气喘吁吁的老人，在喃喃自语；词语滔滔不绝地从他口中涌出，这些流动的词语构成了整部作品。老人不厌其烦地重复"我引述"（"I quote"）或者"我怎么听到的就怎么说"（"I say it as I hear it"）。贝克特如此强调这样的字眼，意在暗示作者的一种存在方式和尴尬的处境（与日后出现的"作者之死"的后结构主义观点达成了共谋），仿佛在声明：那个全知全能的作者权威已丧失殆尽，不再具有说话和叙事的能力，只能转述他人的话语，所以这里说出的话、讲述的故事，无论真实与否，都不是作者说的，因而他对此不承担任何责任。但实际上文本的虚构性（虚拟性）正是通过引文的方式凸显的，或许正是在"引语"的掩盖下，作者获得了更大的自由表现的空间。可见"引述"是贝克特所采取的一种隐晦的叙事策略。

---

① Beckett, Samuel, *How It Is*, London：John Calder Publisher, 1996
② Ibid..

从话语层面看,《怎么回事》语言简单重复,毫无文法规则,完全颠覆了传统的小说形式,充其量只能算作支离破碎的片断的拼合。但是,若耐心读下去,细心品味,我们会发现《怎么回事》并不那么抽象难懂,叙述者"我"也不像贝克特此前小说中的"我"那样急迫和焦虑不安,而是以一种较为舒缓平和的语气展开叙述。从这一角度看,贝克特的写作仿佛走出了叙事的迷宫,摆脱了小说创作的僵局,又开始了一种明晰的文体。

据此,这部作品的最大亮点就在于其简约的笔法。"尽管表面上语言和叙述是不连贯的,但是小说的整体结构是缜密布局的,其中的情境也是精心设计的,使人感觉沉陷于那奇异的小说世界。"① 虽然全书语言支离破碎,意思含混,没有一个标点,但是通过不断涌出的简单的词语和自然的节奏我们还是可以断句并理解其思想内涵,甚至有些片断富有诗意和想象力,读起来如散文一样自然、流畅。譬如下面两段文字(为了展示原文流畅的节奏感,笔者且不翻译成中文,间隔符"/"为笔者所加):

blessed day/ last of the journey/ all goes/ without a hitch/ the joke dies/ too old/ the convulsions die/ I come back/ to the open air/ to serious things/ had I only the little finger/ to raise/to be wafted/ straight to Abraham's bosom/ I'd tell him to stick it up

reread our notes/ pass the time/ more about me than him/ hardly a word out of him now/ not a mum/ this past year and more/ I lose the nine-tenths/ it starts so sudden/ comes so faint/ goes so fast/ ends so soon /I'm on it/ in a flash it's over

这两段文字若不加间隔符,读起来确实令人茫然不知所云。但是,通过这样的断句,不难发现,第一段文字展现了一种生命的自然状态;叙述

① Federman, Raymond, "Review of *How It Is*", *French Review*, May 1961, pp. 594 – 595, reprinted in *Samuel Beckett: The Critical Heritage* (eds.), Lawrence Grave and Raymond Federman, London: Routledge & Kegan Paul Ltd., 1979, pp. 228 – 231.

者幻想着在生命的最后旅程中（last of the journey）回归大自然的怀抱，在微风的抚慰下（to be wafted），升入安息之地——天堂（Abraham's bosom）①。这段文字不仅具有诗的意境，还展现了较为明晰、具体的场景并暗含宗教意味。第二段似乎表现了自我与他者之间的关系和事态的突变，文字宛如悠扬的散文诗，尤其是排比句式（it starts so sudden/ comes so faint/ goes so fast/ ends so soon），使读者感受到音乐的节奏和明快、动态的诗歌韵律。词语的活动、变换、跳跃，构成了一种词语的"动态艺术"（"kinetic art"）②。

其实，全书的文字也并非只展示叙述者天马行空的想象和意识流动，有些片断带有写实的成分，与贝克特自己的生活经历密切相关，其中有些文字就是贝克特童年和青年生活的直接呈现，譬如：

> the huge head/hatted with birds and flowers/ is bowed down/ over my curls/ the eyes burn with severe love/ I offer her mine/ pale upcast to the sky/… /in a word/ bolt upright/ on a cushion on my knees/ whelmed in a nightshirt/ I pray according to her instructions

这段文字展现了一幅写实画，它源自于贝克特童年的一张照片③：母亲俯身望着两岁多的小男孩，男孩穿着睡衣，笔挺地跪在垫子上，按照她的教导做祈祷（on a cushion on my knees/…I pray according to her instructions）。这是贝克特儿时跟着妈妈做祈祷时的情境，也是他家庭的一种例行的宗教仪式。这一图像在贝克特其他的作品中，特别是他早期的诗歌中，也曾反复出现，暗示了贝克特对新教徒母亲的严格教育方式的刻骨铭心的记忆。还有一些片断是贝克特成年之后在巴黎的生活经历的写照。这些自传性的片断就是作者在创作过程中对往事不自觉的记忆。如贝克特传记作者诺尔森所说："这个文本主要聚焦于对'存在'本身的探究，它在追问当存在中所有多余的成分被剥离出去时，还有什么东西会留存

---

① "亚伯拉罕之怀"，（无罪孽者死后）安息之所，天国、天堂或极乐世界。参见《圣经》，《路加福音》16：22。

② Beckett, Samuel, *How It Is*, London：John Calder Publisher, 1996.

③ 参见迪尔达·拜尔著的《贝克特传记》第 114 页和 115 页之间插入的第四张照片，Deirdre Bair, *Samuel Beckett：A Biography*, New York：Simon & Schuster Inc., 1993.

下来。"① 《怎么回事》所着力表现的是现代人的一种本真的存在，亦即原始的本能状态。因此，书中还不时地出现一些粗糙的、不雅的文字，如："I pissed and shat/another image /in my crib /never so clean since"，"suddenly… /I go/ not because of the shit and vomit/ something else not known…"②。这样的文字直接呈现了本能的存在，也昭示了存在的污秽和混沌，与前面所展示的悠扬的、诗意的文字形成了鲜明的反差，从而更加凸显了词语的不断跳跃转换。动态的、充满张力的文字生动表现了生命的状态。从以上引文不难看出，《怎么回事》中支离破碎的片断和动态的文字看似凌乱无序、不合逻辑，实则是贝克特的精心设计，它们既真实表现了人的存在之本真，折射了作者自己的经历，也展示了一种全新的文本形式和表达方式。

那么，动态的词语从何处而来，又将向何处延伸呢？有趣的是，这绵延不断的词语和声音并不是叙述者直接发出的，而是转述或援引他所听到的，而他听到的正是他的内心独白、他的思想或心声；因而它更像是一种思想和情感的自然溢出。滔滔不绝的词语随着气喘吁吁的节奏源源涌出，犹如一个动态的文字链，向着原始的"无人地带"（no-man's land）绵延，将我们带进了一个极其陌生的叙事领域，那是贝克特所崇拜的现代主义大师普鲁斯特和乔伊斯都不愿意涉足的领域。

五　献给西方理性传统的挽歌

《怎么回事》从话语和结构层面对传统小说模式实施了全方位的解构，可谓是一部地地道道的"反小说"，也可被视为"献给整个西方理性传统的挽歌"③。它既是对逝去的传统文学模式的纪念，同时也是对新的文本形式诞生的呼唤。在文本的最后，叙述者也在极力地捕捉恰当的词语来描述他奇特的存在方式，他俯伏在泥泞中："腹部朝下平卧/是的/在泥泞中/是的/黑暗/……/不/手臂伸展开/是的/像个十字架/没有回答/像个十字架/没有回答……"（分隔符为笔者所加）④ 这里十字架

---

① Knowlson, James, *Damned to Fame: Life of Samuel Beckett*, London: Bloomsbury Publishing Plc. , 1996.

② Beckett, Samuel, *How It Is*, London: John Calder Publisher, 1996.

③ Pilling, John, *Samuel Beckett*, London: Routledge & Kegan Paul, 1976.

④ Beckett, Samuel, *How It Is*, London: John Calder Publisher, 1996.

似乎在暗示艺术创作所向往的神圣境界，叙述者，抑或是作者，仿佛就是为探索新的艺术形式捐躯的殉难者，如墨菲（P. J. Murphy）在《重构贝克特》（*Reconstructing Beckett*）一书中指出，"叙述者戴着他用文字建构的十字架成了虚构的存在（fictional being），他正在向着历史的存在（historical being）转变。在前者那里，肉体变成了词语；在后者，词语却变成了肉体"。① 作为探索小说无限可能性的文本，《怎么回事》的内在张力就在于，它自始至终在追寻着一个结局，一个终点。然而，正像它的法语书名所暗示的，它仅仅是一个开始，没有结尾，叙述者在书的最后说道："……第三部分终于结束/……/引文结束/在皮姆之后/怎么回事。"② 结尾又回到了开始，最后的词语（How It Is）恰好又是书的名字，这样，首位相接，整部作品像是永远的开始。最后的词语："怎么回事"似乎在追问，以后的小说会向何处发展？它究竟会是怎样的文本？

应当指出，《怎么回事》并非全无文法规则，它演示了贝克特独创的语法和句法规则或惯例，有学者将其称为一种"句法仪式"（"rituals of syntax"），如 J. P. 墨菲所评论的："《怎么回事》是第一部重要的表现'语法完全衰弱'的范例，贝克特认为，如果让生命进入文学，那么语法必然会软弱无力。"③ 叙述者在文本的世界中与规则和形式抗争，试图寻求一种能够表现他自己存在的新话语模式，那是传统理性文学所无法提供的"非传统话语"。追寻新的表现真实存在的话语模式的过程也是他深陷泥泞之中挣扎的过程。其实，这也暗示：写作唯有回到"前语言"（"pre-speech"）的阶段，即意识和语言尚未形成阶段，方能呈现存在的本真状态。"这实质上是一种深入洞穴的探寻，它需要向着语言表层之下挖掘以便寻到存在本身的根基。"④ 如叙述者所说，"我在黑暗和泥泞中匍匐前行/我看到了我/只是短暂的停息而已……"⑤ 语言及其话语模式与其

① Murphy, P. J., *Reconstructing Beckett*：*Language for Being in Samuel Beckett's Fiction*, Toronto：U of Toronto Press, 1990.

② Beckett, Samuel, *How It Is*, London：John Calder Publisher, 1996.

③ Murphy, P. J., *Reconstructing Beckett*：*Language for Being in Samuel Beckett's Fiction*, Toronto：U of Toronto Press, 1990.

④ Ibid..

⑤ Beckett, Samuel, *How It Is*, London：John Calder Publisher, 1996.

所呈现的情境，即人的本真的生存状态，达到了完美的融合，这正是贝氏文本或"反小说"最突出的特征，他日后的戏剧创作也都遵循了这样的轨迹，不断挖掘存在和生命的深度，直至抵达了生命的最底层。贝克特运用普通的简约的文字，建构了超越语法规则的文本形式，同时也成功地创造了一种"绝对精确，绝对清晰的方法，它可以即刻对每一种意向和情绪的变化做出反应。这是一种美学，它等同于科学家所说的'纯学理研究'（pure research）"。① 这种"纯学理研究"既致力于技巧或形式实验，试图创造一种纯粹的、无任何杂音的语言，同时也关注对自我和人的内心或情感世界的探索。在贝克特的作品中，形式实验和自我探索始终是合二为一、相互印证的。《怎么回事》更生动展示了艺术与生活、语言与存在之间互融互动的奇妙关系，在这里，语言与存在（自我意识）之间的融合已经达到了天衣无缝的程度，因而也展现了真正的动态的行为话语，亦即后现代叙事中所谓的"施为性叙事"（performative narrative）②，贝克特在创作实验中始终保持着对叙事自身的审视和自我反思的姿态，至此，他也彻底实现了"内容即形式，形式即内容"③ 的美学主张。

综上所述，贝克特在《怎么回事》中创造了一种新的超越传统语法规则但又能够准确表现存在或生命状态的诗学，它彻底摆脱了传统文学形式所追求的诸多华丽修辞技巧，生动演示了贝氏独创的句法规则和修辞学，进而充分彰显了传统语法规则的苍白无力和近乎失语症的话语模式。而正是这种文法的衰弱才能促使现代作家去反思传统理性文学的语言表征问题，以便寻找强有力的语言去揭示存在；也促使人们去追问小说形式究竟能走多远，小说应该以何种方式才能呈现真实的世界和人的存在。因此，《怎么回事》既标志着贝克特小说实验的终结，也意味着（新的）开始。它回溯到艺术创作的原点，真正达到了一种罗兰·巴特所认为的（不及物的）"零度写作"，换言之，它完全摒弃了故事，放逐了意义的维度，只关注存在、写作和叙事行为本身。贝克特以这种怪诞的、略带自嘲的方式对小说创作进行着审视和反思，意在呼唤一种更加多元开放的、动态的、意义永无穷尽的"文本"形式。

---

① Alvarez, A., *Beckett*, Glasgow: William Collins Sons & Co Ltd, 1978.

② 马克·柯里：《后现代叙事理论》，宁一中译，北京大学出版社2003年版。

③ 贝克特在他最早的一篇评论乔伊斯的论文（"Dante... Bruno. Vico... Joyce"）中首先提出了这一观点，并在其长篇论文《普鲁斯特》中反复强调了这一美学主张。

《五号屠场》中的特拉尔法玛多尔时空观与冯尼格特的战争创伤应对策略

朱荣杰　李建康

一　引言

冯尼格特（Kurt Vonnegut，1922—2007）被公认为美国文坛上的后现代大师。2007 年 4 月 11 日，这位大师与世长辞，享年 84 岁。《五号屠场》（1969）是冯尼格特的第六部长篇小说，也是一部著名的反战小说。这部小说为他确立了在美国文坛上的经典地位。近年来，我国国内学界对之也表现出了浓厚的兴趣。不过，不得不重复学术界的一句老话，《五号屠场》是一部迄今为止依然备受误读、惨遭曲解的著作。其中最易造成人们误解的问题之一，是小说中的特拉尔法玛多尔时空观。冯尼格特所描述的特拉尔法玛多尔的实质是什么？他对它的态度如何？对这些问题加以澄清和理解，是我们走进《五号屠场》，领略冯尼格特的艺术魅力和创作意图的必要途径。

二　特拉尔法玛多尔时空观的实质

有些文学作品篇幅不长，语言简单，但是要读懂却不太容易。冯尼格特的《五号屠场》就是这样的作品。冯尼格特用看似简单的语言为我们描述了主人公比利的各种纷繁复杂、亦真亦幻的经历，特别是比利的特拉尔法玛多尔星球经历。然而这看似简单的语言之中却暗藏着冯尼格特高超的叙事艺术。读者需要通过冯尼格特的遣词造句去辨析比利各种经历的真相与内涵，才能最终体悟主人公的内心世界，理解冯尼格特真正的创作意图。

特拉尔法玛多尔星球人到底何许人也？叙述者告诉我们，特拉尔法玛多尔星球人能以四维的方式看时间，能将时间自始至终一下尽收眼底，因此，在他们看来，时间静止、永恒不变。不过，他们全知却不全能。他们虽知道下一段时间会发生什么却不能预先发出警告，做出应对措施，避免不愉快的事。特拉尔法玛多尔人搞试验不小心将宇宙毁灭，特拉尔法玛多尔星球人告诉比利："他总是已经按了按钮，而且他总是将要按按钮。我们总是让他按按钮，而且我们总是将要让他按按钮。这一时刻就是这样被结构安排好了的。"① 外星人认为比利想阻止战争的想法是愚蠢的。战争是结构性的，无法阻止。由于无法阻止战争，他们干脆就不理睬战争，而是永远地去看令人愉快的时刻。外星人教比利（地球人）的策略是："不去理睬糟糕透顶的日子，专注于美好的时光。"（117）此外，他们最烦地球人的自由意志，也最讨厌地球人凡事都要追究因果，认为所有的一切（地球人以及他们自己）都只不过是"琥珀里的虫子"（85—86）。他们考察了 31 个有生物居住的地方，发现只有地球人讲自由意志（86）。他们认为宇宙中的一切皆为机器（154）。再者，地球人当中，他们对基督耶稣不感兴趣，而对查尔斯·达尔文感兴趣。最后，特拉尔法玛多尔人在很多方面实质上还和地球人的丑陋面并无二致。他们也在不断地扩张、实验，使用新科技，并最终导致科技失控，一个试飞员按动了启动按钮将整个宇宙摧毁了。特拉尔法玛多尔星球人具有和地球人一样的"窥视癖"。看比利小便时他们"欣喜若狂"（112）；电影明星蒙塔娜来到动物园时，每个外星人都想看她和比利交配（132）；他们透过"窥视孔"窥视比利和蒙塔娜的生活（208）。

说及外星人欣赏的达尔文时，叙述者以调侃的口吻告诉我们，达尔文"就是那个主张死了的就该死、尸体是进步的表现"的那个人（210）。在小说的第九章，叙述者更进一步对这种特拉尔法玛多尔星球人思想进行了调侃和讽刺。比利幻觉回到特拉尔法玛多尔星球，同蒙塔娜生活在一起，无意间不假思索地提到，他在书店里看到过蒙塔娜演的黄色录像，结果，

---

① Vonnegut, Kurt, *Slavghter House-Five, Or the Children's Cruesade*, New York：A Lauvel Book, 1998, p. 117. 下文引用本书处均在文中标注页码，不再在脚注处注明。

她的反应更是不假思索。是一种特拉尔法玛多尔式的反应，丝毫没有负罪感：

"是啊——"她说，"我也听说了你在战争中的事，听说你是怎样的一个小丑。我还听说了被枪毙的那个高中老师的事，他和一个行刑队演了一个黄色电影"。（207）

高中老师德比的遭遇是比利不愿面对的创伤记忆，蒙塔娜不假思索地用比利的记忆伤疤来挖苦他，使比利伤害至深，无言以对，"一阵沉默"（207）。更有意思的是，作者似乎觉得蒙塔娜的这种特拉尔法玛多尔式的麻木无情还表现的不够明显，继续写道："她将婴儿从一只奶头换到另一只，因为这个时刻是结构安排好了的，她必须这么做。"（207，笔者强调）

通过对特拉尔法玛多尔星球人的这些描述，冯尼格特暗自消解了特拉尔法玛多尔外星人和特拉尔法玛多尔时空观的优越性，表明特拉尔法玛多尔星球人是最彻底的悲观宿命论者，是最彻底的宇宙决定论者，揭示了特拉尔法玛多尔时空观消极悲观、冷漠无情、麻木不仁的本质。我们在阅读小说时可以不时感受到叙述者对这种消极悲观、冷漠无情的特拉尔法玛多尔时空观给予的揶揄讽刺。

三　特拉尔法玛多尔时空观的现实指涉

冯尼格特对特拉尔法玛多尔人和特拉尔法玛多尔时空观的描写，有着鲜明的现实关怀。特拉尔法玛多尔外星人和特拉尔法玛多尔思想直接映射着现实社会生活中的人的态度和思想。冯尼格特对特拉尔法玛多尔人及其时空观的讽刺和批判，最终目的是对现实社会中的人进行解剖和批判。

冯尼格特解剖的首要对象，当然是自己的主人公比利·皮尔格里姆。比利是战争的受害者，精神遭受创伤，难以愈合。他试图效仿特拉尔法玛多尔人的所为，选择压抑和回避的方式来应对自己所遭受的创伤，不去理睬那不愉快的时候。然而，压抑和回避并不能真正解决比利的创伤问题：1964 年，在他 18 周年结婚纪念日上，当大家唱《我原来的那帮老伙计》（*That Old Gang of Mine*）时，

　　真没料到，比利·皮尔格里姆发现这支歌和这个场合使他感到很难受。他从来就没有一帮老伙计，没有亲爱的心上人和老朋友，但随着四重唱发出缓慢而痛楚的和声时，他还是想起了一个人。那和声故意变得忧郁，越来越忧郁，难以忍受地忧郁，接着出现一个和声甜美得令人窒息，过后又是些忧郁的和声。比利对变化的和声有着强烈的身心反应。他的嘴里满是柠檬的味道，他的脸扭曲变形，似乎他真的被绑在了那叫做"拉肢"的刑具架上被分尸。（172—173——笔者译）

比利听到合唱时之所以产生这种身心反应，因为这歌词激起了比利最严重的创伤记忆——德累斯顿轰炸和战友德比的死。被压抑的创伤记忆终究会在特定的时候被激起并控制受害者。

　　比利试图以特拉尔法玛多尔那样无动于衷的态度去对待人们的生死。他说，"现在，当我自己听说有人死了的时候，我只是耸耸肩，说一句特拉尔法玛多尔人对死人说的一句话——'就这么回事'"（27）。叙述者深受比利的感染，在叙事时模仿比利的口吻，在小说中"就这么回事"竟出现了100多次。然而，仔细斟酌它所出现的方式，我们发现，叙述者"冯尼格特"与人物比利内心都压抑着难以言说的痛苦。"就这么回事"——这种言不由衷、故意淡化的姿态恰恰表现出说话人强烈的痛苦和无奈。甚至有时候这句话本身就成了一种创伤性的条件反射，在并无真正人员死亡的情况下，只"死"一字就足以引起这种反应：

　　So Billy uncorked it with his thumbs. It didn't make a pop. The champagne was dead. So it goes.〔于是比利用拇指打开瓶塞。却没有砰声响。香槟酒死了。就这么回事。〕（73）

　　Body lice and bacteria and fleas were dying by the billions. So it goes.〔虱子、细菌和跳蚤正几十亿几十亿地死掉。就这么回事。〕（84）

　　The water was dead. So it goes.〔汽水走了气，死了。就这么回事。〕（101）

　　对于遭受精神创伤的比利来说，特拉尔法玛多尔时空观似乎帮助他解释了自己在现实生活中无法理解的遭遇和痛苦（战争大屠杀、时间错乱等），使得他能够暂时生存下来，但从根本上说，这种宿命论的时空观逃避现实，是一种消极的疗伤方式，无益于创伤治疗。现实毕竟由过去、现在和未来构成，也因为具有这样的区别，我们才具有历史感。只有正视历史，我们才能从历史中吸取教训，才能把握现在，规划未来，生活才具有了希望和意义。希望和意义是我们生活而不仅仅是生存的动力。像比利那样，逃避现实，模糊过去、现在和未来的区别，沉浸在过去，把过去当作现在，永远地生活在过去之中，感觉不到现时的生活和未来的希望，这正是永远承受创伤的表征。

　　如果说"冯尼格特"对比利采取特拉尔法玛多尔星球人的思想来应对自己的创伤给予同情但并不认同的话，那么他对于现实社会中很多旁观者、局外人以及加害者面对战争、暴力和灾难时所采取的特拉尔法多尔式的漠然态度和回避思想却给予了强烈的批判。特拉尔法玛多尔式的麻木不仁、冷漠无情在现实生活中无所不在。"我"（"冯尼格特"）在芝加哥新闻署当记者的时候经历过这样的一件事：一个退伍老兵不幸被电梯砸死，一个野蛮残忍（beastly）的女记录员为了获取新闻而不顾当事人和"我"的感受，要求"我"给死者的家属打电话，看她的反应。"我"回到办公室后，女记录员自己想了解情况，满足自己的好奇心，问"我"那老兵被砸死的时候是什么样子的。"我"把情况告诉她后，她居然能够吃着"三个火枪手"牌的棒棒糖，漠然地问"我"："那样子令你难受吗？"（8—9）如果说比利和叙述者以"就这么回事"故意装作若无其事以压抑心里的伤痛的话，那么这里的女记录员的语气和口吻却表现了实实在在的冷漠无情，是"就这么回事"的字面意思的翻版。

　　面对战争、暴力和灾难时，加害者采取特拉尔法玛多尔式的回避或否认则更可能导致历史真相的危机。"冯尼格特"告诉我们，小说中的人物比利虽是一个假名，但他的战争经历是真实的。实际上，"冯尼格特"以自己的亲身经历为素材，创造了小说人物比利，使其经历、目睹了自己所经历和目睹了的德累斯顿大屠杀，使其成为少数幸存下来的见证者之一。正如小说所揭示的那样，"二战"期间的德累斯顿"是一座开放城市，不设防，没有什么重要的军工业或者兵营"，战争期间聚集了大量的难民（146）。1945年2月13日，英美盟军使用常规武器对德累斯顿进行了轰炸，德累斯顿被炸为废墟，导致至少135000人丧生。虽然使用的是常规武器，但在德累斯顿大轰炸中死亡的人数比后来在广岛投放原子弹死亡的人数（71379 人）还要多。然而，这样骇人听闻的事件却一直被美国官方隐瞒，很少加以报道，美国普通民众对此所知甚少。叙述者借人物伯特伦·科普兰·朗福德（Bertram Copeland Rumfoord）之口告诉我们，27 卷本的《第二次世界大战美国空军官方史》几乎没有提到德累斯顿屠杀，直到事后 20 多年，"美国人才最终听说德累斯顿事件，很多人才知道它比广岛还要糟糕"（191）。不过，即便如此，事后 20 多年，"冯尼格特"在创作《五号屠场》时，其轰炸的真正原因依然不明，美国官方仍视之为秘密而不予公开（10—11）。

　　小说中的人物伯特伦·科普兰·朗福德是哈佛大学历史教授、退休的空军预备队准将、空军官方历史学家。1968 年，比利飞机失事后住院，朗福德和他住同一间病房。由于越来越多的美国人最终了解到德累斯顿轰炸，朗福德试图将这事件写入他正在编写的《美国空军史》中，因为从美国空军官方的角度来看这会是很"新颖"的材料（191）。比利听到朗福德和他的情人莉莉谈论德累斯顿，便说自己当时在场，然而，朗福德极力否认比利的证词，坚持说他患了"模仿言语症"（192）。朗福德对比利的创伤经历的否认，是历史真相危机的典型表现。没有人相信见证者的话，这也正是"冯尼格特"的焦虑："关于大屠杀没有什么能让人理解的话可讲。大家应当都死了，不会再讲什么，也不会再要求什么。大屠杀之后应当会非常寂静，实际上也的确如此，只有鸟儿除外。"（19）然而，作为一个大屠杀的幸存者，作为一个目睹 30 多名德国少女在水塔中被活活煮死的目击者，比利却要极力"向一个故意装聋作哑的敌人〔朗福德〕"证明自己的话语能力和见证效力。因此，比利保持沉默，直到夜深人静，无任何声音可模仿的时候，才对朗福德重申："德累斯顿被轰炸时我在那儿。我是个战俘。"（193）朗福德虽然不得不相信比利的话，但他却依然为德累斯顿轰炸辩护，认为德累斯顿的毁灭是没办法的，"必须这样做"，"战争即如此"，而且应该"同情那些不得不这么做的人"（198）。朗福德将德累斯顿被毁灭的原因归结为战争的一种普遍后果（即毁灭），从而开脱了导致战争后果的行为主体的责任。这种逻辑的悖谬就在于将某类事件的普遍结果作为造成某一具体事件结果的原因，也就是说，将结果作为结果的原因。因此，他虽然承认战争后果的残酷，却并不能真正地反思战争。更为发人深省的是，"冯尼格特"暗示我们，朗福德所代表的这种诡辩逻辑也正是美国官方的逻辑。没有权力的弱势受害者比利不得不同意朗福德的观点，不得不采取特拉尔法玛多尔星球人的思想来宽慰自己："没关系，什么事都没关系，每个人都不得不做他所做的事。这是我从特拉尔法玛多尔学到的。"（198）

四　冯尼格特的创伤应对策略

冯尼格特同样历经德累斯顿燃烧弹轰炸事件，战争同样给他带来巨大冲击，并给他留下了后遗症，致使他常常失眠、酗酒："我有时候深更半夜得这病，包括喝酒、打电话。我喝得烂醉，然后喘着芥末气和玫瑰气，将我老婆熏走。"（4）不过，"冯尼格特"应对战争创伤的策略与比利完全不同。如果说"冯尼格特"的态度——对特拉尔法玛多尔时空观和比利的创伤应对策略所持的否定态度——在小说的"故事"部分一直以隐性的、潜文本的方式被表达出来，那么在小说的第一章和第十章，这种态度却十分鲜明地以文本的方式呈现出来。在第一章，当"我"（即"冯尼格特"）在波士顿候机时，时间难熬，度"秒"如年，但"我"对现实很清醒："我无能为力。作为一个地球人，我不得不相信时钟所说的一切——以及日历所说的一切。"（20）"我"相信时钟，"我"执着于现实的生活，因此，"我"没有像比利那样时间错乱，自认为能够时间旅行，模糊了过去、现在和未来之别，永远地生活在痛苦之中。在第十章，"冯尼格特"告诉我们：

> 如果比利从特拉尔法玛多尔人那里学来的那一套是真的话，即不管我们有时候可能会多么地生不如死，我们都会永远地活着，我一点也不会感到高兴。不过——如果我将永久地来回奔波，一会儿活在这个时刻，一会儿活在那个时刻的话，我感激的是我们仍有许多美好的时刻。最近最美好的时刻之一就是我和我的老战友奥黑尔重返德累斯顿旅行。（211）

"冯尼格特"和比利不一样，"冯尼格特"并不希望特拉尔法玛多尔人那一套是真的，他庆幸现实生活中仍有许多美好的时刻，并对生活依然充满了希望。

如果说比利因极力回避创伤而永远地生活在创伤之中，那么"冯尼格特"则不同。德累斯顿大屠杀经历给冯尼格特留下了极大的创伤，让冯尼格特记不起却又难以忘记。然而，他却极力通过和朋友沟通、交流，共同回忆过去，面对过去，以小说的方式言说创伤，反对战争。"冯尼格特"自我评说道，"这本书是失败之作，必须如此，因为它是一根盐柱写的"（22）。从元小说的角度来说，这或许是"冯尼格特"的谦虚之词。不过，这句话道出了他创作时内心深处所承受的巨大痛苦。直面创伤，意味着再次面对痛苦，意味着再次遭受创伤的危险。直面创伤，必须具备更大的勇气和更坚强的自我。"冯尼格特"经历了 23 年，以极大的勇气，最终以艺术的方式再现、见证了自己的战争经历。通过这种见证，"冯尼格特"实现了由弗洛伊德所提出并由创伤理论家多米尼克·拉卡普拉（Dominick LaCapra）所进一步阐释的"创伤的化解"（working through trauma）。

五　结语

《五号屠场》中的特拉尔法玛多尔时空观是冯尼格特讽刺和嘲弄的对象。冯尼格特一方面对遭受创伤的比利表示同情，另一方面又不等同于比利，有意识地同自己的人物保持一定距离，揶揄、讽刺、否定了无益于现实生活，本质上属于麻木不仁、逃避现实、回避社会责任的特拉尔法玛多尔时空观。他所倡导的也许是一种积极主动、正视历史、正视创伤、正视现实的疗伤策略。

民国时期的科学翻译与
科学精神的引入问题①

王海燕

在近代中国处于高潮期的外译汉翻译活动中，对西方自然科学的译介毫无疑问占有举足轻重的地位。作为引导中国走进现代文明的两大旗帜之一，"科学"当然并不仅仅限于自然科学，这两个字所承载的是以自然科学活动为出发点和特征的延伸至社会生活人生及宇宙的一整套思维方式和世界观，也是西方文明对于中国文化而言最具"他者"意义、最具代表性因而也最具吸引力的标签之一。民国时期，现代科学技术书籍的翻译已经过近一个世纪的积累和成熟，"科学"这个西洋品也几经褒贬推捩的论战洗礼，被主流社会推到至高无上的地位。在这种语境下，国人对何谓科学也有了进一步的认识。在一些对西方现代科学有较多、较深入了解的中国知识分子眼中，科学不再是制奇、实业，也不仅限于数学、物理、化学等具体的自然学科知识，而是如中国近现代著名的科学家、教育家任鸿隽（1886—1961）所言，"智识而有统系者之大名"，是"西方近三百年来用归纳方法研究天然与人为现象所得结果之总和"②。当时，像陈独秀这样受西学影响至深的激进人士，不单号召国人，尤其是青年，要"急起直追"，无论做士、事农、务工、经商或行医，都应当以科学为重，以"脱蒙昧时代"③，同时告诫学术界不要"把科学看太低了，太粗了"，或"看得太呆了，太窄了"，尤其是崇实、贵确的科学精神，相反要大力提倡，因为"若不拿科学精神去研究，便做那一门子学

①　本课题为中央高校基本科研业务费专项资金资助（院级项目）。
②　转引自曲铁华、王建颖，2007：30。
③　参见陈独秀《敬告青年》，《青年杂志》1915 年 9 月第 1 卷第 1 号。

问也做不成"。此番言语出自梁启超于 1922 年 8 月 20 日在中国科学社的年会上的讲演《科学精神与东西文化》。由此可以肯定地说，20 世纪 20年代前后，中国学界对于在中国学习倡导科学精神的必要已经有了明确而且强烈的意识、意愿和呼声，尽管那时对于科学精神的含义尚无统一认识。那么在新一轮的科学翻译高潮中，已经引起学界关注和呼唤的"科学精神"是否随之进入中国了呢？科学翻译的成果中是否可以看到科学精神的身影呢？这是研究中西科学文化交流问题中的一个最值得关注的深层问题。要考察这个问题，需要首先定义一下"科学精神"的含义；而对科学精神如何定义，在中国似乎远非易事。

何谓"科学精神"？科学知识乎？科学方法乎？还是别的什么？关于此问题的讨论自 20 世纪初开始，直至 40 年代初，一直是中国学界和思想界的一个热点和流行问题。从中国科学社创始人之一任鸿隽自 1915 年起陆续在《科学》月刊上发表《说中国无科学之原因》《科学精神论》《何为科学家》《科学方法讲义》等一系列论述文章，到摧枯拉朽的新文化运动的"赛先生"；从 1921 年梁漱溟所作的《东西文化及其哲学》，到1922 年梁启超所做《科学精神与东西文化》的讲演；从 1923—1924 年以张君劢和丁文江为双方代表人物的"玄科之争"，到 1928 年胡适在苏州青年会上的讲演《科学的人生观》；从 1932 年由政府高官和学者创办的中国科学化运动协会及其科普努力，到竺可桢的《利害与是非》（1935）和《科学之方法与精神》（1941），众多中国学界和政界的重要人物都对科学精神给出了各自的解说。之后，经过半个多世纪的沉寂，到 20 世纪末 21 世纪初，"科学精神"再次成为中国政府和学术界关注的焦点，2001 年 1 月 12 日，中国科普研究所和科学时报社共同主办了关于科学精神的高层次学术研讨会，目的是对科学精神进行定义并阐述科学精神的内涵，以便响应党中央的号召，"在全社会大力弘扬科学精神……使中华民族的科学文化水平不断提高"[①]。在此次研讨会基础上编辑出版了由于光远教授、王大珩院士主编的《论科学精神》。此书出版的同时，山东大学科学认识论研究专家马来平教授在《文史哲》2001 年第 4 期撰文指出，"对于科学精神的理解，理论界分歧很大"。此后数年，有关科学精神的研究一直是一个理论热点，而那本集中了中国大陆 30 多位著名学者"深

---

① 江泽民：《致全国科普工作会议的信》，1999 年 12 月 9 日。

入系统的"论述科学精神并用于指导全国科普工作的权威论文集《论科学精神》,在台湾学者东吴大学物理学系教授刘源俊看来,虽然"有些讲得颇可取",但"其中有好些'胡说'",在其发表于香港中文大学《二十一世纪》2009 年 12 月号的《说科学精神》一文中,刘源俊总结五四运动九十年来科学在中国的发展状况,并认为,"就科学知识与技术发展而言,海峡两岸无疑都在追赶西方。然而,就'科学精神'而言,则大部分中国人仍然茫然无知"。"科学精神"到底是什么? 这个问题从提出到现在已将近一个世纪,讨论至今仍在继续,可见这个问题着实是中国人西学道路上的一个大难题; 也许,它恰恰触碰到了中西文化最深层、最不自觉、最互为他者的那个部分。

　　本文意不在参与这个讨论,也无意对这一问题争论各方的观点进行梳理。但是为了考察 20 世纪上半叶科学翻译活动中科学精神是否进入中国的问题,必须首先回答什么是科学精神。因此这里仅仅提出笔者的个人浅见,并在此基础上对这一时期的科学译著和译文所折射出的科学精神引入问题提出一点分析和见解。

　　从词源上看,science"科学"一词来自拉丁语 scientia,由动词 scire"知晓"的现在分词 sciens 转化而来; 该词的梵语词根是 ki"知"或 k'y"见",二者均出自动词 chid,即拉丁语中的 skid,意思是"劈开,剖开"; 转义"分而辨之"(Dico Définitions)。科学作为一种行为,最原本的含义就是求知,或者说求是。笔者认为,那源于古希腊,强化于古典主义和启蒙运动时期,而后引发并支持着四百年来西方现代科学文化大景观的科学精神,既不是科学知识本身(科学活动的对象及结果),亦非科学方法(科学活动过程中人类所有认知能力的理性化、系统化),也不等于科学态度(科学精神在科学活动中的必然表现),而是基于某种世界观和人生观而具有的促发科学活动并贯穿于活动全过程的基本动因或心念,是人类理性面对包括自然和社会在内的客观世界(其实在西方文化传统中,对主观世界又何尝不是如此)的一种最单纯的发问角度:这是什么? 这是怎样的? 这是怎么一回事? 为什么是这样的? 假如我这样做会发生什么? 假如我那样做又会发生什么? ……凡事都要问个究竟,只是因为好奇,只问是非,不计利害,求知本身就是目的、需求和乐趣。而与此相比,另一种发问则显得更加"老成"和务实:为了某某目的我们应当做什么? 应当怎样做? 怎样做才能更快更有效地达到目的? 他山之石哪些可为我用？哪些事值得去做？……凡事要知有何用处，未出师先问后果。这一系列出于利害掂量的问题不是科学精神的关注所在；或是后话，或是政治家、实业家及商人们的必然考虑。也许中国的主流文化传统更熟悉、更习惯这后一种基于另一种世界观、人生观的思维模式。

根据以上对"科学精神"的定义，笔者认为，译文或译著的内容指向，即无论什么学科，讲的是道理还是应用方法，在很大程度上可以折射出该翻译行为的初衷是为"求知"而译，还是为"致用"而译。那些内容旨在探索研究、认识世界、没有明显眼前实用价值的译文和译著，例如"关于原子核的新事实"《算理相对论》《进化论概要》等，可以说就体现出译者及出版发行者某种程度的科学精神。

从这个视角出发我们考察了所辑录的15种期刊的1447篇自然科学译文目录，发现民国时期的自然科学译文具有以下倾向走势：20世纪20年代和30年代发表的自然科学译文多为求知探索类文章，20世纪40年代以后发表的则多为应用类文章。此外，我们还考察了最具代表性的期刊《科学》所刊载的科学译文目录，自1915年创刊至1949年，共刊载科学译文360篇，其中绝大多数在1936年以前；另统计出求知探索类译文230篇，约占该刊译文总数64%。

再来看一下科学译著的情况。我们在湖南教育出版社出版的《中国科学翻译史》所列出的558种"自然科学与技术工程类"译著目录①基础上，补充以马祖毅等编著的《中国翻译通史》第三卷《自然科学著作的翻译篇》中提到的译著，以及国家图书馆馆藏目录所查译著，筛选列出以求知探理为指归的科学史、科学总论和科学哲学类译著330篇，并查索补充了绝大部分译著及原著出版时间信息②。若以马祖毅《中国翻译通史》第三卷中的《民国时期自然科学译书统计表》所统计的1121种计算③，民国时期这类能够体现一定程度科学精神的求知探索类译著占全部自然科学译著的近30%。从这些译著的发表时间在民国时期的分布看（见表1），这一类译著主要发表于20世纪20年代和

①　李亚舒、黎难秋，2000：385—417
②　见《附录、20世纪中前期出版的外国科学史、科学总论、科学哲学类译书目录》
③　马祖毅等：《中国翻译通史》第三卷（现当代部分），湖北教育出版社2006年版，第122—123页。

30 年代，30 年代中期达到高峰。这与前面自然科学译文所表现的倾向走势是吻合的。

表 1　民国时期科学史、科学总论和科学哲学类译著各年出版量统计表

年份	译著	年份	译著	年份	译著	年份	译著
—	—	1920	3	1930	15	1940	3
—	—	1921	2	1931	20	1941	1
1912	1	1922	7	1932	10	1942	0
1913	0	1923	9	1933	22	1943	0
1914	0	1924	6	1934	31	1944	0
1915	0	1925	3	1935	53	1945	2
1916	2	1926	8	1936	41	1946	2
1917	0	1927	8	1937	31	1947	6
1918	0	1928	10	1938	5	1948	1
1919	1	1929	12	1939	7	1949	1

此外，这份译著目录还告诉我们以下信息：330 种译书中，70% 以上（234 种）是由商务印书馆（包括上海、长沙和重庆的商务印书馆）出版发行的；超过 92% 的译著在上海出版（只有 26 种在其他城市出版）；最后还有一个值得注意的现象是，除少量 18、19 世纪经典著作外，大部分译著的出版时间与原著出版时间相隔都不太长，其中约三分之一与原著发表时间相隔在 0—5 年之间，而且 20 世纪初期西方科学思想界的重大问题，诸如进化论问题、生物学与人生、科学与宗教、相对论、量子物理、波粒之争等都很快进入了中国，正如 1937 年周昌寿先生在他的《译刊科学书籍考略》中所说，这一时期的科学译书"不仅多数均尚通行，并各有其相当之价值"①。

通过以上的分析和统计，我们看到，民国时期自然科学译著以及部分期刊所载科学译文的内容选择表明，20 世纪 20 年代前后中国学界对于在中国学习倡导科学精神的意识、意愿和呼声伴随着或者说引发了相应

① 周昌寿：《译刊科学书籍考略》，《张菊生先生七十生日纪念论文集》，商务印书馆 1937 年版。

的实践行动，尤其是 20 世纪 20 年代和 30 年代翻译出版的自然科学译文和译著，表现出科学精神在这一时期的中国学界已经有了相当程度的发育。当然，能够体现科学精神的行动不仅限于为学而译的科学翻译，但这种翻译活动确是中国学习兴于西方的现代科学并由此汇入人类文明大潮涌动的必不可少的引渠。鉴于科学精神是发于科学行为者心念中的非物质存在，这里有必要提及上述科学翻译活动的两个最重要行为者：一是中国科学社的第一任社长、《科学》杂志的主要发起人和主编之一任鸿隽；二是本文所辑录的民国时期求知探理类科学译著的主要出版发行者商务印书馆。正是由于他们及他们周围的一部分中国知识分子对于科学精神的领悟和认同，才推动成就了 20 世纪前期西方自然科学著作被翻译引进中国的斐然成绩。

任鸿隽关于科学精神的探索、领悟、论述及实践可以用执着、透彻和自觉来形容。虽然早年留学是为了革命需要制造炸药而选择了化学专业，但很快领悟到中国与西方的差距在于没有科学，而科学精神是"非物质的，非功利的"，对科学"当于理性上学术上求""以自然现象为研究之材料，以增进智识为指归""故其学为理性所要求，而为向学者所当有事，初非豫知其应用之宏与收效之巨而后为之也"。[①] 因此，他留学西洋不再着重学技术、拿学位，而是探索学习"西方学术之本源"。与志同道合的在美中国留学生创办中国科学社和《科学》月刊后，以极大的热情投入到向国人介绍西方科学的努力中：翻译或撰写各个学科的著作、写科普文章、办讲座、建图书馆等，大有法国启蒙时期百科全书派的豪情与风范。随后又发现"开启民智"仍然最重要的不是科学本身，最重要的是科学研究本身，因为如能谋科学的进步，这开启民智的结果，是自然而然的了。主张建立研究所，建立"为学而学"的学界，有自由探讨独立思考的学界，于是 1922 年任鸿隽与同道在南京创办了中国科学社生物研究所。[②] 随着 2002 年《科学救国之梦——任鸿隽文存》的出版，这位中国现代科学事业先驱的科学观在当代中国关于"科学精神"的讨论中引起了越来越多的关注。

---

① 曲铁华、王建颖：《论任鸿隽的科学教育思想》，《沈阳师范大学学报》（社会科学版）2007 年第 4 期。

② 智效民：《任鸿隽的科学救国梦》，《南方周末》2002 年 11 月 7 日。

商务印书馆之所以在 20 世纪上半叶中国引进传播西方科学文化的浪潮中功勋卓著，与该馆的灵魂人物张元济（1867—1959）密不可分。晚清科举进士张元济虽然没有留过洋，但思想维新，学贯中西，博古通今。在翰林院时就创办了通艺学堂，培养西学人才；青年时期曾参加康有为等人发起的戊戌变法，被光绪皇帝召见时，他进言兴办新式学堂、培养各种人才和注重翻译；变法失败后受到革职处分，离开官场的张元济继续坚守传播新学教育救国的理想，1898 年底到上海任南洋公学译书院院长。在任期间改变原来注重译兵书的选择，更加注重翻译社科书籍。1902 年，他报着"以扶助教育为己任"的社会责任感投身于商务印书馆"书"的事业，历任编译所所长、经理、监理、董事长等职，直至辞世。可以肯定，张元济虽然是受中国传统教育的文人，也不曾学习某科自然科学，但对西方现代科学思想文化是广泛了解并接纳的。虽然他是出版实业家，但更具有一个学人的心态，他把读书、学习世上各种知识看作个人乃至民族的立命之本，他寻书、藏书、编书、出书，把这看作是为那个时代动荡灾难的中华民族"续命"的大事业，为此呕心沥血；学术上他开明开放、兼容并包，具有海纳百川的胸怀和学术情趣，广集人才，商务印书馆也因此和五四时期蔡元培主持下的北京大学一样，成为"各方知识分子汇集的中心"。

结语与思考

中国学习西方现代科学文化的进程，由科学进步在社会生活中的巨大实用效果而激发，经过数十年不情愿、有挑拣、犹豫试探和争论思考的过程，到 20 世纪前期，已经成为了政府、国人，特别是知识界普遍认同向往并主动实践的潮流；中国学术界对西方现代科学技术进步的了解和译介是比较迅速的，并且已经追寻触碰到了西方科学文化的深层地带；自然科学著作及论文的译介实践和成果表明，位于科学活动起点的科学精神已经在中国的学界得到相当程度的认识和发育。但是抗日战争的爆发扼杀了那种为学而译的科学翻译倾向，抗战胜利以后也没有显著恢复。也许因为当时面临的救亡图存使命的紧迫压力，也许因为中国实用理性主流传统的巨大惯性，中国的自然科学翻译活动从 20 世纪 40 年代以后转为更加集中译介应用科学方法及大众科普类著作。

本文初衷是探讨科学精神在中国的引入问题，然而撰写过程使笔者心中升起了一个起初不曾有的疑问：本文定义的科学精神是位于科学研究活动源头又贯穿于科学活动过程的几乎不自觉的心念、思维角度。如果说科学精神必定可以引发科学探索行动以及科学态度、方法等现象，那么反之亦是可能的么？科学成果和活动一定能引起科学精神么？科学知识和研究方法都可以翻译引入，科学精神是可以"引入"的么？下意识的东西是可以学来的么？本文所分析描述的为学而译的研究探索类译著及译文，只是表明科学精神在这一时期的中国学界已经有了相当程度的发育，却不能证明这种科学精神是随着科学书籍的译介由西方"引入"中国的。那么又如何解释20世纪20年代和30年代中国学界所表现出的一定程度的科学精神和学术素质呢？换言之，中西文化的差异究竟在哪里？到底应当如何思考近代科学不是出自中国这个问题？这些问题有待今后进一步的研究探讨。

译者的隐形与现身

——从《青衣》英译版的三种叙事方式说起[①]

陆　薇

　　译者在译文中应该隐形还是应该现身，这是一个在翻译理论界长期争论的问题。传统上很多学者对文学翻译中译者隐形的问题持肯定态度，认为对译文的评价标准以"通顺"和"透明"为第一重要的原则。译文通顺透明，译文看似原文，最大限度地满足译入语的读者的理解需求，这被认为是文学翻译所追求的最高境界；而以 Lawrence Vanuti 为代表的另外一些学者则认为译者应该保持其自身的主体性，他与原文作者应有的关系不应该只是亦步亦趋的忠实跟随，而应该是平等地与之进行对话，在意识形态上表现出自己的观点和立场，对原文在某些层面上进行干预，在一定程度上保持自己的主体性，这样的译文才算是成功。就这个问题，笔者将以葛浩文、林丽君翻译的中国当代作家毕飞宇的中篇小说《青衣》为例，针对小说中中英文叙事的异同探讨葛氏夫妇的一些翻译原则，并在这个语境下对译者的隐形和现身的问题进行再探讨。

　　《青衣》是中国当代作家毕飞宇 1999 年发表的一篇中篇小说，讲述的是一位优秀的京剧青衣演员在"文革"期间和改革开放之后的社会历史背景下艰难地执着于自己的艺术梦想，最后以失败告终的故事。《青衣》2000 年在国内曾获最佳中篇小说奖。2003 年被拍成电视剧在国内热播，同年获得电视剧"飞天奖"等多项提名。2007 年，美国圣母大学教授葛浩文先生（Howard Goldblatt）和夫人林丽君女士（Sylvia Li-chun Lin）将《青衣》译成了英文，英文题为 *Moon Opera*（《月亮歌剧》），在英国电报书局出版社出版。2008 年《青衣》入选英国独立报外国小说奖

---

　　①　本课题受中央高校基本科研业务费专项资金资助（北京语言大学外国语学院院级项目）。

的复评名单，2009 年在美国再版。作为中国当代文学中的一位重量级作家，毕飞宇曾两度获得鲁迅文学奖，一度获得茅盾文学奖，还获得了"曼氏亚洲文学奖"等多项国内外大奖。十几年来国内对包括《青衣》在内的毕飞宇重要作品的文学研究已经非常充分，但对它的英译本的翻译研究却还非常有限，国外还没有严格意义上严肃的文学批评。从国外一些现有的评论来看，读者从英译本中看到的只是一些普适性的主题，如"身份、性别角色、文化的衰退以及更加普遍的'嫉妒'、'悔恨'主题"①。对中国读者来讲更为明显的一些主题，如中国现当代文学中常见的启蒙叙事、革命叙事、市场经济话语等官方话语和包括性别叙事、身体叙事在内的私人话语、民间话语却都遭到了一定程度上的"文化过滤"。

究其原因，笔者认为其中一个是一些批评者注意到的，译者为照顾译入语读者而采取"易化原则"，如其所采用的减译、改译、分段、段落浓缩、文化省略等方法。② 这些方式势必会影响到原文的文化生态，造成一定程度上的文化流失。而这还并不是主要的影响因素。笔者认为，影响原文化生态变化的一个更为重要的原因是译者对小说中三个叙述层面的处理，即第三人称限知叙述、第三人称零聚焦叙述和第二人称叙述，以及译文对三种叙述所传达的小说主题的呈现。众所周知，中、英两种语言一为表意，一为表形，语言的不同性质决定了小说叙事形式上的一些不同，这是译者无法选择的。但除此之外，译文中的另外一些不同则恰恰出于译者自主选择，是译者对原文有意的干预，也是译者和作者进行对话和协商的结果。它充分体现着译者的主体性。本文将就《青衣》英译本对三个叙述层面的处理和对小说主题的再现展开讨论。

一

小说《青衣》主要的故事情节是由第三人称限知叙述者讲述的，这个"常设"的叙述者是女主人公筱燕秋所在的京剧团里的某位不知名的同事，视角与"团里的人""大家""大伙儿"等同。这个叙述者虽然是

① 转引自孙会军、郑庆珠《从青衣到 Moon Opera ——毕飞宇小说英译本的异域之旅》，《外国语文》2011 年第 4 期。

② 吕敏宏：《葛浩文小说翻译叙事研究》，中国社会科学出版社 2011 年版。

故事中的见证人，但他的限知视角很多时候并不可靠，甚至与真实情况相悖。例如，在那个极端的年代，青衣演员筱燕秋不惜任何代价去追求她心中的艺术梦想，但这在叙述者来看却只是"名利熏心"的表现，她也因此被周边人看成是"丧门星、狐狸精、整个一个花痴"。正如有些学者所注意到的，毕飞宇深得鲁迅小说叙述的精髓，以普通人的视角来看那些"觉醒者、革命者、叛逆者、反抗者"，在这些愚昧的普通人眼里，筱燕秋这样的艺术家就是"疯子"，是"狂人"，是孤独、痛苦、悲剧性的异类。① 在这个层面的叙事上，小说限知的内聚焦叙述很多地方呈现批判性的反讽。在笔者看来，这种反讽艺术效果主要来自于小说中各种相互对立的主题的并置，以及它们之间所产生的张力，如革命话语与古典话语、市场经济话语与计划经济话语、启蒙的精神与愚昧的现实等。这对译者提出了极高的要求：他必须能够识别、分辨出这些极具中国特色的话语，以便在译文中进行再现。但遗憾的是，由于一些客观和主观原因，在译文中有些话语的特色变得模糊不清，这使得上述诸种对立的关系，以及他们之间的张力力度锐减，削弱了整部小说的意义深度。

　　以革命话语为例，小说中大量的典故暗指的是那段中国读者再熟悉不过的历史。比如一位将军在1958年《奔月》一剧首演之前看了内部演出，看完后他非常不满地说："江山如此多娇，我们的女青年为什么要往月亮上跑？"② 这句话对于中国读者来讲至少有两个暗指。一是将军决定演出下马，暗含着"文革"期间政治操控艺术、军人决定演员命运的荒谬，以及作者对此所持的批判态度。二是将军之语本身包含的暗指。中国读者大多知道，"江山如此多娇"是毛泽东诗词中的一句，用在这里，作者的意图有二：一是再现当时中国人开口必引伟人语录的真实场景，再现被高度体制化的人们麻木、扭曲但却浑然不觉的生存状态；二是解释为何此语在这里成了将军反对《奔月》上演最合适理由，既然最高领袖都说了"江山如此多娇"，你们为什么还要排演这样的剧目，号召"女青年往月亮上跑"。很显然，作者的意图是揭露当时历史的荒谬。此句的译文是："Our lands are lovely beyond description. Why would any of our young

---

　　① 孙德喜：《毕飞宇小说：历史·启蒙·叙事》，《扬州大学学报》（人文社会科学版）2009年第3期。

　　② 毕飞宇：《青衣》，上海锦绣文章出版社2008年版。

maidens want to flee to the moon?"① 译文表面上非常忠实，也很流畅，但译者既没有标示出伟人语录的典故，也没有解释将军脱口而出的为何是此语，更没有说明将军的此语何以影响这出戏剧的终极命运。译者对以上典故的易化处理带来了文化缺失，使得上述诸种文化内涵在译文中隐形。革命话语特色的消失带来了官方话语与民间话语之间张力的消失，使原文的反讽力度大打折扣。类似的例子在译文中还有一些。如：

例2　原文："酒席上笑了，响起了掌声。老板拍了几下巴掌。这掌声是愉快的，鼓舞人心的，还是继往开来的，相见恨晚和同喜同乐的。"②

译文："Everyone laughed and clapped, including the factory manager himself. The applause was joyful and rallying, an implication that there were more to come, and that it was a pity they hadn't met earlier, but that it was wonderful they were sharing a good time now."③

中国读者很容易识别原文中的几个并列的形容词——愉快的、鼓舞人心的、继往开来的、同喜同乐的，这是中国读者熟悉的政治套话，让人联想起国家领导人在重要会议上的讲话。而这里的场合是一个文化局、京剧团领导和赞助商烟厂老板之间的饭局。这些词从烟厂老板口中说出无疑是对市场经济时代人们用"财富"效仿"权贵"的讽刺。而译文的常规化处理使得语言层面的讽刺虽还依稀尚存，但文化层面上的讽刺力度却已相差甚远。市场经济话语与计划经济话语之间的对立所产生的张力消失，讽刺效果所剩无几。

例3　原文："老板在床上可是冲出亚洲走向了世界，一下子就与世界接轨了。"④

译文："Where sex was concerned, he had gone global."⑤

---

① Bi, Feiyu, *The Moon Opera*, trans. Howard Goldblatt and Sylvia Li-chun Lin, New York: Houghton Mifflin Harcourt, 2009.

② 毕飞宇：《青衣》，上海锦绣文章出版社 2008 年版。

③ Bi, Feiyu, *The Moon Opera*, trans. Howard Goldblatt and Sylvia Li-chun Lin, New York: Houghton Mifflin Harcourt, 2009.

④ 毕飞宇：《青衣》，上海锦绣文章出版社 2008 年版。

⑤ Bi, Feiyu, *The Moon Opera*, trans. Howard Goldblatt and Sylvia Li-chun Lin, New York: Houghton Mifflin Harcourt, 2009.

"冲出亚洲走向世界""与国际接轨"是改革开放后中国在现代化进程中赶超西方发达国家的口号，极具时代特色。原文中，暴富后的烟厂老板终于占有了年轻时的偶像筱燕秋，他在床上模仿西方毛片中艳星的举动被称为"冲出亚洲走向世界""与国际接轨"，私人性的性行为与现代化的官方话语被画上等号，这实在是对现代化宏大叙事的莫大的讽刺；而译文中讽刺意味虽仍有所保留，但简单化、常规化的处理使得原有的讽刺力度锐减。

以上部分以革命话语为例，讨论了易化翻译方法所带来的反讽艺术效果在译文中的流失。公正地说，翻译中由于文化差异所带来的文化流失有时是译者无可奈何的：鉴于译文读者对文本的特殊文化背景缺乏了解，译者的忠实有时不仅不能完全传达原文的文化意蕴，反而有可能带来读者理解上的困难，成为阅读的负担。在此种情况下，易化作为翻译的总体性原则是有效的。但笔者认为一些特殊情况还需做特殊处理。如能以文内或文外补偿的方式挽回一些流失的信息，在文化的层面，而不仅仅是语言的层面做到忠实，原文的文化内涵将得到更好的传播，译文的接受效果一定会更理想。这一点 Lawrence Vanuti 在他的《翻译、互文性与阐释》一文中有过详细的探讨。总之，译者在这样的地方绝对有现身的必要，用译入语读者理解的方式对原文进行恰当和必要的处理。这应该说是译者不可推卸的责任。

二

除了叙述贴近人物日常生活的第三人称限知叙述，《青衣》中还夹杂着大量的哲理性、评论性的叙述。这些论述显然无法出自上述第三人称限知叙述者之口，也无法出自女主人公筱燕秋之口，而是出自一个高高地站在人物之上的知识分子之口。这就是笔者所说的"启蒙叙事"。正如一些中国现当代文学研究者所指出的，"启蒙叙事"和"革命叙事"一样，是中国当代文学的两个脉络。前者来源于"五四"新文化运动，后者奠基于延安时期的革命叙事。经过几十年的发展，"虽然革命者掌握了文化领导权，要求启蒙叙事完全服从革命叙事的逻辑……但启蒙叙事与革命叙事并没有达到和谐相处的境地，启蒙叙事者始终处于紧张和压抑的状态之中"①。毕飞宇的"启蒙叙事"就是在这样的背景下知识分子释放内心紧张和压抑的表现。筱燕秋所处的是"文革"前后的文化与精神荒原，艺术、理想、自由等"五四"启蒙精神到了这个时期已经被人们抛弃，历史进入到了又一个黑暗的时代。《青衣》中的上帝般的叙述者站在知识与道德制高点上，不受时间地点的限制，随时对人物的行为和思想进行评价，用警世名言般的语言直抒自己的立场与看法。他直指事物的本质，让读者感受到那个荒诞、愚昧时代的可怕和人们的无可救赎。这个层面的叙事充分表现出了中国古代知识分子忧国忧民、先忧后乐的强烈使命感，也体现了当代知识分子秉承西方启蒙精神，以唤醒民众为己任的文化自觉。启蒙叙事是中国当代知识分子对古代文人士大夫家国情怀的继承和发扬，也是对西方知识分子社会批判精神的借鉴，是中西文化合璧的产物。具有启蒙精神特征的这部分叙述在英译本中显得格外的自然、流畅，译者做起来显得得心应手，隐形程度最高，文化流失程度最小。以下就是这样的一些例子。

例1. 原文：戏台上的青衣不是一个又一个女性角色，甚至不是性别，而是一种抽象的意味，一种有意味的形式，一种立意，一种方法，一种生命里的上上根器。②

译文：On the stage, the *Qingyi* is not a succession of female roles, is not, in fact, even a gendered role. It is, in essence, an abstract concept, a profound form, an approach, a method, a significant natural gift. ③

例2. 原文：嫦娥置身于仙境，长河及落，晓星将沉，嫦娥遥望人间，寂寞在嫦娥的胸中无声地翻滚，碧海青天放大了她的寂寞，天风浩荡，被放大了的寂寞滚动起无从追悔的怨恨。悔恨与寂寞相互撕咬，相互激荡，像夜的宇宙，星光闪闪的，浩渺无边的，岁岁年年的。④

译文：Chang'e is now in the celestial realm, where, with the

---

① 贺绍俊：《一个人的中国当代文学史》，http：//www. chinawriter. com. cn。

② 毕飞宇：《青衣》，上海锦绣文章出版社 2008 年版。

③ Bi, Feiyu, *The Moon Opera*, trans. Howard Goldblatt and Sylvia Li-chun Lin, New York：Houghton Mifflin Harcourt, 2009.

④ 毕飞宇：《青衣》，上海锦绣文章出版社 2008 年版。

Milky Way and the morning star disappearing, she looks down on the human world, as loneliness surges through her, highlighted by the green ocean and blue sky. Amid boundless benevolence, the loneliness fosters a bitter remorse. The bitterness and remorse prey on each other, spurring the other on as, in the eternal night of the vast universe, stars sparkle, off into infinity, year after year. ①

例3. 原文：筱燕秋知道她的嫦娥这一回真的死了。嫦娥在筱燕秋四十岁的那个雪夜停止了悔恨。死因不详，终年四万八千岁。②

译文：She knew that this time her Chang'e was dead. Chang'e's remorse ended on that snowy night in Xiqao Yanqiu's fortieth year. , cause of which unknown, at the age of forty-eight thousand. ③

从以上各例的双语对比情况来看，译者在翻译这样的评述性文字时最为自信、拿手，译文的忠实度也最高。原因：一是小说理性的启蒙叙事中原本就有西方文学传统的影子；二是这种叙述多为普适性哲理，虽然讲事是中国的事，但论理却是普适性的理，因此很能引起译文读者的兴趣与共鸣。译者在这个叙述层面上甚至加入了他个人的情感，在文字、修辞、文化三个层面将原文幻化出了同样诗意、深刻的英文表述。笔者认为，译者在这个层面上也是在借原文的题材抒发自己的情感。由于这种情感是人类共通的，因此，作者、译者和读者在这里取得了高度的一致，达到了艺术浓度的最大饱和。总之，第三人称全知叙述者所传递的启蒙叙事是《青衣》普适性主题中的一个，是小说三个叙述层面中最为忠实的一个。译者在这里基本隐形，隐形的结果是译文对原文完美的艺术再现。

① Bi, Feiyu, *The Moon Opera*, trans. Howard Goldblatt and Sylvia Li-chun Lin, New York: Houghton Mifflin Harcourt, 2009.

② 毕飞宇：《青衣》，上海锦绣文章出版社2008年版。

③ Bi, Feiyu, *The Moon Opera*, trans. Howard Goldblatt and Sylvia Li-chun Lin, New York: Houghton Mifflin Harcourt, 2009.

三

《青衣》中第三种叙事被称为第二人称叙述，这是作家潜心研究的一种极具中国小说特色的叙述方法。毕飞宇对它做了如下定义，"第一人称叙事视角'多少带有点神经质，撒娇，草率，边走边唱，见到风就是雨'，而第三人称叙事视角则'隔岸观火，有点没心没肺的样子'。这两种人称在叙述时只能要么从内部要么从外部来叙述，因此都有其叙事视角的局限性……"所谓第二人称叙事就是为了克服这两种通用叙事人称的局限性。简单地说，它是"'第一'与'第三'（人称）的平均值，换言之，是'我'与'他'的平均值……（小说）是用第三人称进行叙述，然而，第一人称，也就是说，'我'一直在场，一天都没有离开"。① 正如有的评论者所观察到的："在小说叙事效果上，这种独特的'第二'人称叙事视角可以在表层的富有'距离感'、'客观性'的第三人称视角叙事中增加具有'亲切感'、'主观性'的第一人称视角叙事，从而丰富文本的内涵、增强小说叙事的表现力。"② 然而，更为重要的是，当人物的第一人称和叙述者的第三人称视角融合的时候，叙事常常会呈现出一种一语双关的或者反讽的艺术效果，而这种效果是毕飞宇小说标志性的艺术特色之一。它具备中国传统小说中的说书人无所不能的强大叙述能力，③ 又借用了西方现代意识流小说中常见的自由直接引语和自由间接引语的叙述技巧，几种叙述人称之间转得丝毫不露痕迹，使原文读起来行云流水般的流畅。但是，由于汉、英两种语言表意和表形的不同，这个叙述人称的两个视角在英译本中变成了一个。这自然减少了原文叙事的原有的复调性。此外，笔者的另外一个意外的发现是，译文对原文第二人称的转换还清晰地彰显出了小说的性别叙事主题。

举例如下：

1. 原文：这句话让<u>炳章</u>觉得<u>自己</u>真的疏忽了，<u>怎么就没想到这个？</u><u>毕竟二十年呢。二十年，什么样的好钢不给你锈成渣？</u>④

---

① 毕飞宇：《玉米》，作家出版社 2005 年版，第 276—277 页。
② 吴朝晖：《毕飞宇小说的叙事视角论》，《理论与创作》2007 年第 2 期。
③ 刘禾：《叙述人与小说传统》，《语际书写：现代思想史写作批判刚要》，上海三联书店 1999 年版，第 219—247 页。
④ 毕飞宇：《青衣》，上海锦绣文章出版社 2008 年版。

译文：Why didn't I think of that? *Bingzhang* reproached *himself* silently. Twenty years, that is how long it had been. Twenty years, and in that time even the best steel will rust through. [1]

原文下划线部分看似是人物内心的想法，但由于没有引导语，也不带引号，这又是西方叙事学家所称的"自由直接引语"。只不过句子没有主语，看上去又有叙述者的影子，听上去又有周边人的声音。原文是典型的第二人称叙述，但译文中却处理成了"自由直接引语"，变成了人物一个人的想法。而后面一句中过去完成时的使用又将自由直接引语变回了自由间接引语，变成了叙述者的声音。两者之间的转换自然之极，这让译者对原文中的复调性做出了一些补偿。

2. 原文：面瓜是在筱燕秋最落魄的时候鸠占了鹊巢，两个人原本是不般配的。人家现在又能演戏了，又要做大明星了……这个家离鸡飞狗跳的日子不远了。[2]

译文：He and Xiao Yanqiu were not a good match — like a pigeon settling into a magpie's nest. He'd come into her life when she was in dire straits. Now *she* was going back on the stage, becoming a star again… It wouldn't be long before *their home* was turned upside down. [3]

原文明显是从第三人称转换到了画线部分的第二人称叙述的。从"人家""这个家"这些词上可以看得出来，下划线部分是人物内心的活动，是不带引号的直接引语。但同时这也是周边人的共同看法。在译文中它变成了自由间接引语，变成了叙述者侧面的评论。人物自己内心的焦虑、担忧不见了踪影，取而代之的是第三人称叙述者冷静客观、事不关己的交代，情感力度有所减弱。

从以上两例中可以看出，在第二人称的处理上译者是有自主选择空间的。无论是将其当成第一人称还是第三人称叙述，译文读起来都分非常自然流畅，缺少了的只是原文中的部分复调性而已。我们发现，译者

---

① Bi, Feiyu, *The Moon Opera*, trans. Howard Goldblatt and Sylvia Li-chun Lin, New York: Houghton Mifflin Harcourt, 2009.

② 毕飞宇：《青衣》，上海锦绣文章出版社 2008 年版。

③ Bi, Feiyu, *The Moon Opera*, trans. Howard Goldblatt and Sylvia Li-chun Lin, New York: Houghton Mifflin Harcourt, 2009.

对第二人称所做的转换，无论是哪一种，都不对文本的整体叙述产生太大影响。这其中的原因非常简单：由于上述例子中的两个人物是男性，第三人称限知叙述者也是男性，男性叙述者与男性人物的视角是等同的，因此，叙述人称上述的转换实际上是换汤不换药，对小说的叙事自然不可能产生大的影响。但在女性人物和男性叙述者之间的转换却呈现出了另外一片景象，这景象非常耐人寻味。译者在第二叙述人称的转换过程中实际上是参与了原文的性别话语建构，他给《青衣》中本已耐人寻味的性别政治又增添了一个新的维度。正如笔者和一些批评者共同注意到的，毕飞宇小说中最有光彩的人物都是女性，他细腻的女性心理描写也使他成为了"最擅长写女性故事的男性作家"。但细读之下我们不难发现，虽然《青衣》的主人公是女性，但其隐含作者、叙述者和占主导地位的人物其实都是男性：女性的故事并没有能由女性自己言说，而是由上述男性为之代言。在小说和剧中的舞台上，演员、角色既是剧中和小说中各种男性的观看对象（男性领导、同行、观众），也是小说外、剧外男性读者的凝视对象。就连女性对自身的判断标准也是被内化了的男性标准。因此，仅就原文而言我们就已经可以得出结论：毕飞宇写的并不是女性叙事，只是"男性的女性叙事"而已。[1] 这一点我们可以从《青衣》英译对叙述人称的处理上得到更为有力的证明。在这里，男性译者与男性作者、叙述者、人物共谋，一起建构了关于女性的男性话语。以以下例子为证：

例1. 原文：她这一亩三分地怎么就那么经不起惹呢？怎么随便插进一点什么它都能长出果子来呢？她这样的女人的确不能太得意，只要一忘乎所以，该来的肯定不来，不该来的则一定会叫你丢人现眼。[2]

译文：How could *she* be so futile? How could such a little escapade come to this? *Women like me* should never let *ourselves* be too happy, for if *we* are, then what should happen will not,

---

① Mulvey, Laura, "Visual Pleasure and Narrative Cinema", *Screen*, 16.3 Autumn, 1975, pp. 6 – 18.

② 毕飞宇：《青衣》，上海锦绣文章出版社 2008 年版。

and what should not happen will make a spectacle for *us*. [①]

很明显，原文表面上是女性人物内心的悔恨和自责，但深层反映的却是将男性价值标准内化了的女性的自我憎恨。因此，第二人称的叙述也让读者听到了来自周边人对她的谴责。译文将原文的第二人称叙述变成了第一人称，此时译文读者所看到的只是女性人物的自身的悔恨与自责，旁人的幸灾乐祸消失了踪影。但更为有趣的是，叙述声音变为第一人称之后，读者已经熟悉的第三人称限知的男性叙述声音突然消失，取而代之的是女性自己的视角和叙述（见画线部分）。这样的转换使得原来自然流畅的叙述顿时变得突兀、生硬，与上下文立场、口气无法吻合。但如果将以上译文中的第一人称再次转换成第三人称，译文则又恢复成原来自然流畅的样子。试看：

How could *she* be so futile? How could such a little escapade come to this? *Women like her* should never let *themselves* be too happy, for if *they* are, then what should happen will not, and what should not happen will make a spectacle for *them*.

从以上实验可以清晰地看出，译者是有选择性地参与了原文意义的建构过程。虽然他也尝试了将男性第三人称的叙述权交还给女性人物，但这个尝试却是失败的，因为原文从始至终的叙述者都是男性，女性的一举一动和所思所想都是男性目光凝视下的产物。这样，女性只言片语的自我言说在全文中自然会显得突兀、奇怪，与上下文脱节。

不仅如此，作者在使用第二人称叙述时还表现出了在第一与第三人称之间迟疑和犹豫，透露出了在所谓的"女性叙事"中的男性与女性叙述之间隐含的矛盾。如下例中所示：

例2. 原文：如果春来就这么和<u>自己</u>不冷不热下去，<u>筱燕秋</u>这辈子就算彻底了结了，一点讨价还价的余地都没有了。[②]

译文：If the girl kept up the aloofness, *Yanqiu felt*, *her* own life would

---

① Bi, Feiyu, *The Moon Opera*, trans. Howard Goldblatt and Sylvia Li-chun Lin, New York: Houghton Mifflin Harcourt, 2009.

② 毕飞宇:《青衣》，上海锦绣文章出版社 2008 年版。

end. There could be no middle ground. ①

很明显，原文作者在处理是"谁"的想法和由"谁"来讲述的问题上是犹豫的：从"自己"一词上来看，第一句显然是第一人称叙述，是筱燕秋自己的自言自语，但到了第二句，主语变成了"筱燕秋"，变成了第三人称的叙述，两句之间失去了人称上的一致。这在原文的叙述中可以看成是第二人称叙述，是第一、第三人称兼顾的叙述，但到了译文中就完全变成了第三人称叙述，变成了男性对女性的揣摩、评价和言说。在这里，不自然的是原文，自然的反倒是译文。译文只是还原了原文一贯的叙事视角与声音——男性的视角与声音。至此我们从译文中更清楚地看到，《青衣》终究只是一个男性讲述的女性的故事，"女性叙事"于这部小说而言只是个表象，是个借口，是女性出演的一部男性的戏。②

第二人称叙述是中国古典小说的一个宝贵遗产，也是毕飞宇小说中最具特色的叙述方式，它制造出了人物叙述者和第三人称叙述者之间既重叠又间离的奇特艺术效果。毕飞宇曾对第二人称叙事有过以下的理论分析："一、（它是）主、客体关系的对调。这是一个哲学话题，但是，在文学上，它也是有意义的，它可以拓宽小说叙述的空间。二、它是西方现代小说与中国传统小说的对接。中国传统小说是客观的、线性的，现代主义小说是主观的、立体的。'第二'人称小说其实是一种融合。——它是现代主义小说之后才出现的，没有现代主义小说就不可能有这样的可能。"③ 在这个叙述人称的翻译上，由于汉英两种语言的不同性质与规范，更由于译者个人的理解和选择，译者舍弃了原文的双重叙事，使其变为了单重叙事。除了削弱了一些原文的艺术张力之外，它在不经意间却揭示出了一个更为重要的事实：隐藏在"女性叙事"之后的作者男性中心主义的性别立场。从译文中我们更为清晰地看到，虽然作者的初衷是写女性的故事和命运，但他的叙事方法却透露了他那居高临

①　Bi, Feiyu, *The Moon Opera*, trans. Howard Goldblatt and Sylvia Li-chun Lin, New York: Houghton Mifflin Harcourt, 2009.

②　事实上，小说中女性第一人称的自我指称（自己）在译文中很多都变成了第三人称的指称（她），这样的例子比比皆是。

③　转引自孙会军、郑庆珠《〈玉米〉的叙述人称及其在英译本中的处理》，《解放军外国语学院学报》2013 年第 4 期。

下的精神救赎者的优越感。[①] 译者对第二人称叙述的理解和处理也使他在译文中现身，对以自己与作者相同的性别立场对原文做出了干预，彰显了译者的主体性。

结　语

《青衣》只是一篇 4 万多字的中篇小说，但它却包含了非常丰富的意义内涵。除了显性文本所表现的女性的生存与命运主题之外，还事关启蒙叙事、革命叙事、性别叙事、身体叙事、古典叙事等多个主题。在普适性主题的再现上，译者选择了隐形，不仅做到了语言上的忠实，甚至能在文化方面与原文相得益彰，以西方读者熟悉的方式将原文表现得熠熠生辉。在一些地方他甚至做到了锦上添花，赋予了原文以延展和新生。笔者认为这就是葛浩文先生被誉为"现当代中国文学首席翻译"的主要原因。在这里，隐形了译者并不是没有态度，他的态度与作者的认同。他以隐形的方式现身，从而成就了译文的特色。但在再现一些中国特色主题方面，由于英文本身的表现力有限，加上上文中讨论的各种主客观原因，译者在翻译过程中有时采取了易化翻译原则，用简单化、常规化的方式进行处理，造成了原文文化的一些意义流失。在处理第二人称叙述这个中国传统小说特有的叙述人称方面，译者有意加入了自己的理解，在大部分情况下将第二人称还原成了第三人称叙述，以这样的方式参与了原文的性别话语建构，充分展现了他作为译者的主体性。

总体来说，在当今跨文化交流还不对等、西方读者对中国文化了解甚少的情况下，译者的易化翻译策略只是一个权宜之计。选择翻译具有普世性价值的中国文学作品，并对其中过于复杂的文化内涵进行简化处理，这种做法在目前情况下能够更好地得到读者的接受、理解和共鸣，而一部分中国特色的内容则更能够引起读者的兴趣，只是陌生化的程度还不能过大，不能成为读者阅读的障碍。相信随着中西文化交流的日益深入，中国文化的特质将成为译者所更为关注的焦点，因为只有这部分的中国经验才是中国文学对世界文学所能做出的独特贡献。作为中国现

---

① 翁菊芳：《论毕飞宇小说的女性救赎意识——对〈青衣〉和〈玉米〉三部曲的女性视角解读》，《民族论坛》2007 年第 8 期。

当代文学翻译的开疆破土之人，葛浩文先生的译介工作非常难能可贵，为中国文学走出去做出了重要的贡献。本文讨论的只是文学翻译中可以进一步商榷的问题。它们可能会成为文本重译时需要考虑的问题，也可能成为不同译本之间的对比研究所要考虑的问题。莫言先生在诺贝尔奖获奖感言中曾讲，全世界作家都在做的同一件事情就是讲故事，但中国作家讲述的是中国的故事。只有将中国的故事翻译成全世界读者都能理解并产生共鸣的故事，使所有读者都能分享中国的特殊经验，译者才算是完成了他的任务。说到底，译者是隐形还是现身，取决于故事对译者的要求，更取决于译者在译文中所要表达的态度和立场。在此意义上，译者永远都不可能完全隐形，他是否现身取决于他与作者协商的结果，取决于两者在意识形态上的立场与态度。二者趋同，则译者隐形、二者不同，则译者毕现。

利玛窦对中国文化的影响

王苏娜

利玛窦是中西文化交流史上举足轻重的人物，《四库全书总目》对他有如下记载"利玛窦，西洋人，万历中航海至广东，是为西法入中国之始。利玛窦兼通中西之文，故凡所著书皆华字华语不烦译释"①。利氏被中国学者誉为"泰西儒士"，是学贯中西之第一人：一方面，他是西方历史上第一位汉学家，精通汉语，熟读《四书》《五经》等中国典籍，并通过用西文撰写的《耶稣会远征中国史》，从中国寄往欧洲的大量信件以及《四书》的拉丁文翻译，向欧洲系统地介绍了明末中国的概况，使欧洲人对中国有了全新的认识，在欧洲掀起了汉学热；另一方面，他在欧洲接受过良好的天主教人文主义教育，精通神学，具有深厚的西方古典文化功底，并在名师指导下学习过西方近代科学。他在华生活 28 载，儒冠儒服，结交儒士，并在他们的帮助下用中文写作了大量书籍，将西学传入中国，开西学东渐之先河。

1582 年，利玛窦第一次踏上中国的土地。他遵照耶稣会远东视察员范礼安"成为中国人"的指示，潜心学习汉语和中国文化。很快，这位在充满浓郁人文主义色彩的耶稣会学校教育下成长起来的年轻会士便凭借他对于人类优秀文化的敏感和热爱，深深地体悟到中华文明的辉煌与绚烂。在《耶稣会远征中国史》中，利氏曾多次提到书籍对于中国传教事业的重要性："……在这个国度，文字非常繁荣，很少有人不读书。他们的各个教派都是通过书籍传播教理的，而并非通过向百姓们口头布道。

---

① "对西方人来说，南非的发现是一种地理上的发现。南美北美的发现也是同样。但是中国的发现则迥然不同。因为不仅是地理上的发现，而是一种文明的发现。"［日］平川佑弘：《利玛窦撰》，刘岸伟、徐一平译，光明日报出版社 1999 年版。

这一点也有助于我们传播天主教义。例如教徒们可以通过阅读《天主教要》记住教义，同时他们也可以将书推荐给亲友，要知道在这些人中有不少人识字。"① "通过书籍……天主教义可以在成千上万对于该教义闻所未闻见所未见的中国百姓间更快更长久的传播，书籍还可以到达神父们的足迹无法到达的地方。在这个国度里，文字十分发达，因此通过文字传教的效果远胜于口头布道。"② 或许正是基于这一认识，利氏确立了"学术传教"的策略，并将其后半生在华传教的重点放在了用中文著书立说上。到 1610 年去世前，利氏写作的中文作品已多达十余部，其范围也从宗教扩展到天文、地理、数学、机械、伦理哲学、记忆法、音乐、字典等多个领域。虽然，利氏去世时中国天主教徒人数不过三千，皈化成绩不尽如人意，然而他以及后来的传教士们用中文撰写的众多作品却成就了"西学东渐"的千古伟业。梁启超在《中国近三百年学术史》中对这些"文化使者"给予了高度评价："我们只要肯把当时那班人的注译书目一翻，便可以想见他们对于新知识之传播如何的努力。只要肯把那个时代的代表作品——如《几何原本》之类择一两部细读一过，便可以知道他们对于学问如何的忠实。"③

本文将主要从自然科学和人文科学两方面，以利玛窦的中文作品为主线回顾并分析利氏对中国文化产生的深远影响。

一 利玛窦将近代西方自然科学引入中国

利玛窦在耶稣会罗马公学院学习期间（1572—1577）曾师从当时欧洲最著名的数学家丁先生（Cristoforo Clavio）学习数学、天文学、地理学、制图学等自然科学以及制作星盘、四分仪、六分仪、地球仪、浑天仪、日晷、机械钟表等科学仪器的技巧，并将严谨的数学逻辑和推演方

① ［意］D' Elia P. M. , ed. , *Storia dell' introduzione del Cristianesimo in Cina*, in *Fonti Ricciane*: *documenti originali concernenti Matteo Ricci e la storia delle prime relazioni tra l' Europa e la Cina* (1579 – 1615), edite e commentate da Pasquale M. D' Elia, sotto il patrocinio della Reale Accademia d' Italia (Edizione nazionale delle opere edite e inedited di Matteo Ricci) 3 voll. ; I: *Storia dell' introduzione del Cristianesimo in Cina*: *da Macao a Nanciam* (1582 – 1597), libri 1 – 3; II: *Storia dell' introduzione del Cristianesimo in Cina*: *da Nanciam a Pechino* (1597 – 1611), libri 4 – 5; III: *Appendici e indici*, Roma: la libreria dello Stato, 1942 – 1949, II, p. 283.

② 同上书，第一卷，第 198 页。

③ 梁启超：《中国近三百年学术史》，团结出版社 2006 年版，第 8—9 页。

法以及近代机械制造技术带到了中国，开拓了中国文人学士的眼界，促进了东西方在科学和技术层面的交流。

（一）世界地图

最早引起中国文人注意和欣赏的便是利玛窦绘制的世界地图。它彻底颠覆了中国人几千年来"天圆地方"和"中国即代表世界"的传统观念。1584 年应肇庆知府王泮之请，利玛窦绘制了《舆地山海全图》。为了迎合"天朝上国"子民"中国中心论"的心理，利玛窦将在欧版地图中原本被置于右侧远东位置上的中国移至地图的中心，并在该版地图中首次向中国人介绍了西方地理知识，译介了诸如地球、南北极、赤道、罗马等地理术语。王泮对这幅地图赞赏有加，甚至命人在刻印地图的雕版上刻上了自己的名字。当时中国的名士、应天巡抚赵可怀也对利氏的《舆地山海全图》推崇备至，他命人将地图刻在苏州城的一块石碑上，并将从石碑上拓印的副本赠送给时任南京礼部尚书的王忠铭。[①] 1600 年，利玛窦又应南京显宦吴左海之请对 16 年前肇庆版世界地图进行了校对和增补，并由官府出资将第二版世界地图《山海舆地全图》付梓。1602 年，利玛窦与明末大儒李之藻合作刊行了第三版世界地图《坤舆万国全图》。不久后，该版地图传入宫中，被宦官呈献给万历皇帝。出乎预料的是，皇帝并没有因为看到自己的帝国仅占世界的一小部分而龙颜不悦，相反他命人在宫中刻制了与这版地图一模一样的雕版，在丝绸上印制了十二幅地图，并将其镶嵌在屏风上用以赏赐皇亲国戚。万历皇帝也因此成为中国历史上第一位有幸放眼世界的帝王。

（二）数学

利玛窦入华后不久便获得了"世界上最伟大数学家"的称号，他在《札记》[②] 和《信札》[③] 中都提到过此事，并不无自嘲地写道："如果中国

---

① Mignini F. , *Matteo Ricci, Il chiosco delle fenici*, Macerata：Istituto Matteo Ricci, 2004, Cap. 16.

② 《札记》即《利玛窦中国札记》或《耶稣会远征中国史》。中文译本请参见［意］利玛窦和［比］金尼阁《利玛窦中国札记》，何高济、王遵仲、李绅译，何兆武校，广西师范大学出版社 2001 年版。意大利原文版本请参见 Ricci Matteo, *Della Entrata della Compagnia di Giesù e Christianità nella Cina*, realizzata sotto la direzione di P. Corradini, a cura di M. Del Gatto, prefazione di F. Mignini, Macerata：Quodlibet, 2000。

③ 《信札》即《利玛窦书信集》。请参见 Ricci Matteo, *Della Entrata della Compagnia di Giesù e Christianità nella Cina*, realizzata sotto la direzione di P. Corradini, a cura di M. Del Gatto, prefazione di F. Mignini, Macerata：Quodlibet, 2000。下文将以《利玛窦书信集》指代该意文版本。

即是全世界，那么'最伟大数学家和自然哲学家'的称号我当之无愧，因为中国人对这个领域所知不多，他们在这方面的许多说法可笑至极，几乎所有的学者都致力于道德哲学的研究……"① 事实上，在利氏看来，在被其称作"整个东方智慧代表"的中国儒士中，具备数学才能的人寥寥无几。② 尽管如此，还是有相当一部分有识之士意识到利氏传入之西学的重要性，并称其中"有中国儒先累世发明未晰者"③。瞿太素、徐光启、李之藻等人也先后师从利氏学习过数学。如王肯堂、李心斋、冯应京等社会名流也纷纷派门徒向利氏学习数学。1607 年在历时一年的翻译工作后，利玛窦与徐光启合作，以 1574 年丁先生评注的《15 卷欧几里得几何原本，附第 16 卷有关规则的对比》④ 为蓝本翻译的《几何原本》前六卷在京刊行，该版第一次将欧几里得几何学知识传入中国，同时首次将"点、线、直线、平面、对角、直角、三角形、四边形"等几何术语译成中文。《几何原本》一经出版便受到学界追捧，中国学者不得不承认尽管译者文辞优美、逻辑严谨，他们却依然看不懂这部书，但一致认为这是一部惊世骇俗的巨著。万历首辅叶向高对《几何原本》推崇备至，并认为仅凭此书即可破例赐予利玛窦一块墓地，他称："从古来宾，其道德学问，有一如利子者乎？姑无论其他，即其所译《几何原本》一书，即宜钦赐葬地矣。"⑤ 此后，利玛窦与李之藻又以前者口述后者笔录的方式写作了《同文算指》和《圆容较义》，这两部作品与《几何原本》及利氏与徐光启合作出版的另一部数学著作《测量法义》一并被收入《四库全书》，成为明末中西数学科学交流的重要文献。

(三) 天文历法

利玛窦传入中国的是亚里士多德—托勒密理论中最先进的天文学知

---

① 《信札》即《利玛窦书信集》。请参见 Ricci Matteo, *Della Entrata della Compagnia di Gesù e Christianità nella Cina*, realizzata sotto la direzione di P. Corradini, a cura di M. Del Gatto, prefazione di F. Mignini, Macerata: Quodlibet, 2000。下文将以《利玛窦书信集》指代该意文版本，第 316 页。

② 在杨廷筠为《同文算指通编》写作的序言中就曾言："公叹曰：自吾抵上国，所见聪明了达，惟李振之徐子先二先生耳。"

③ 朱维铮：《利玛窦中文著译集》，复旦大学出版社 2001 年版，第 501 页。

④ Mignini F., *Matteo Ricci. Il chiosco delle fenici*, Macerata: Istituto Matteo Ricci, 2004, Cap. 3, n. 33.

⑤ 艾儒略：《大西西泰利先生行迹》，中国科学院自然科学史研究所藏本。

识。利氏的天文学知识主要来源于丁先生评注的乔瓦尼·达萨克罗博斯科（Giovanni da Sacrobosco）的《论球体》①、弗朗切斯科·玛屋洛力克（Francesco Maurolico）的《论球体》和亚历山大·皮科洛米尼（Alessandro Piccolomini）的《论世界是球体》三部天文学著作。② 利玛窦口授，李之藻笔录的《浑盖通宪图说》节译自丁先生评注的《论星盘》（Astrolabio），此外与李之藻合著的"由 420 个 7 音部诗句构成的诗体作品"③《经天该》以及利玛窦编译的《乾坤体义》也是明末传入中国的欧洲天文学代表作，均被收入《四库全书》中。

利玛窦也是提议用"西法修历"的第一人。他在华生活 28 载，深知历法在中国政治文化中的重要性，并相信"修历"是提高传教士声望、使传教事业在中国得到认可的捷径。1596 年，利氏驻留南昌时就曾准确地预测过日食，并因此声名鹊起。此后，他还曾以"修历"为名跟随南京礼部尚书王忠铭北上京城，并最终于 1601 年定居北京。尽管利氏本人没有亲自参加过明朝官方历法《大统历》的修订工作，但是 1629 年他的学生徐光启奉帝命主持了著名的《崇祯历书》的编写工作，参与者还有李之藻和在华耶稣会士龙华民、邓玉函、汤若望和罗雅谷等人。

（四）自然哲学

利玛窦编译的《乾坤体义》中有一章名为《四元行论》，这篇自然哲学论文首次向中国人介绍了起源于古希腊，由亚里士多德继承并发扬光大的四元学说，即物质是由土、气、水、火构成的。可以想象《四元行论》对于中国传统的物质是由金、木、水、火、土构成的"五行"论产生了何等强烈的冲击。

（五）记忆法

利玛窦居留南昌时，一日在名医王继楼举行的宴会上展示了自己超人的记忆力。他让人随意写下四五百个毫无逻辑关系的汉字，并当众浏览一遍后倒背如流，在座的儒生们无不为之惊叹，纷纷请求拜利氏为师学习记忆法。利氏的《西国记法》起源于西莫尼季斯（Simonide）的定位记忆法。在耶稣会罗马公学院学习期间，利氏就曾研读过亚里士多德、昆体良

---

① 这是一部被当时欧洲各大学广泛使用的天文学教科书。

② Mignini F., *Matteo Ricci. Il chiosco delle fenici*, Macerata: Istituto Matteo Ricci, 2004, Cap. 3.

③ 同上书，第 24 章。

（Marco Fabio Quintiliano）和西塞罗有关记忆术的论著，并深得其精髓。他还曾为耶稣会罗马公学院的同学莱利奥·巴修内伊（Lelio Passionei）写作过一本有关记忆法的小册子。根据后来学者的研究可知，利氏在华期间撰写的《西国记法》与现藏于马切拉塔（Macerata）图书馆的一部由巴尼卡罗拉（F. Panigarola）撰写的有关定位记忆法的书有着千丝万缕的联系，二者在内容和举例方面都有着众多相似之处。1595 年利玛窦应江西巡抚陆万垓之请，结合他对汉字的理解，为巡抚的三位即将参加科举考试的公子写作了《西国记法》，将在欧洲流传已久的"记忆法"传入中国。

（六）钟表机械

利玛窦入华时，中国人还在使用"漏壶""沙漏""日晷"等传统计时器计时，尚未掌握制作机械钟表的技术。在利氏从欧洲带来的众多稀罕物中最吸引眼球的要数"用来测量时间的机器"——"自鸣钟"。自罗明坚和利玛窦入华以来，"自鸣钟"一直是神父们用来馈赠达官显贵的礼物之一，并被后者视为稀世珍宝。就连万历皇帝也被利氏于 1600 年呈递的礼物清单中提到的"报时自鸣钟二架"① 深深吸引，急招利氏等人入京献礼。献礼后，利氏又被召入宫中，花了三天三夜的时间教钦天监的太监调试钟表。他们将两座钟表反复拆装，将各个部件一一画下，并翻译成中文，用中文写作了第一部有关机械钟表的手册，利氏也由此被中国钟表行奉为祖师爷。②

尽管利玛窦等耶稣会士为西方科学的输入做出了卓越的贡献，《几何原本》《圆容较义》《浑盖通宪图说》等作品的翻译也得到了中国近当代学者们的一致好评，然而 20 世纪后半叶以来，一些学者对利氏等人传入中国的是否是真正的西方近代科学提出了质疑。他们认为，利氏传入中国的主要是在欧洲已经过时的西方古典科学而并非哥白尼的日心说和近代实验科学之父伽利略的学说。这样的批评似乎有些道理，然而笔者以为利氏传入中国的的确是当时在西方占主流地位的科学理论，利氏本人也绝不可能向中国学者"刻意隐瞒"什么。首先，他的老师丁先生是当时欧洲最著名的科学家，"与伽利略、开普勒齐名"③，由他评注的乔瓦

---

① 朱维铮：《利玛窦中文著译集》，复旦大学出版社 2001 年版，第 232 页。

② Mignini F. , *Matteo Ricci. Il chiosco delle fenici* , Macerata：Istituto Matteo Ricci，2004，Cap. 19.

③ 同上书，第三章。

尼·达萨克罗博斯科的《论球体》和欧几里得的《几何原本》在欧洲学术界取得了巨大的成功。同时他还参与了《格利高里历》的编写工作。尽管他支持地心说，不认同哥白尼的日心说，却依然赞其为"天文学的复兴者"①，他也曾师从丁先生学习过哥白尼的星盘。其次，尽管哥白尼于1543年就发表了《天体运行论》，然而这一理论并未得到欧洲学术界的广泛认可，事实上"十六世纪末，伽利略在帕多瓦大学执教的时候，也依旧教授托勒密的天文学体系及地球不动说"②。而当伽利略分别于1610年和1632年发表其天文学代表作《星际信使》和《关于托勒密和哥白尼两大世界体系的对话》时利氏已经去世，又如何能将其理论传入中国？再次，利氏之后的耶稣会士汤若望等人最终还是通过他们的中文译著，将哥白尼的《天体运行论》和伽利略、开普勒等人的天文学新理论传入了中国。因此，利氏及其后入华的耶稣会士们在中西科学交流领域中做出的贡献是毋庸置疑的。

二　利玛窦将西方古典哲学、文学及神学传入中国

耶稣会创始人依纳爵·罗耀拉（Ignazio Loyola，1491—1556）深受人文主义思想的影响，他在耶稣会创办之初就主张兴办教育，"认为自然与人文科学之光永远不会与'神'旨相悖"③。利玛窦从小在耶稣会学校里接受了良好的人文主义教育，学习过托马斯·阿奎那的经院哲学，阅读过荷马、德摩斯梯尼、修昔底德、赫希俄德、苏格拉底、柏拉图、亚里士多德、欧几里得、西塞罗、塞内加、爱比克泰德、贺拉斯、奥维德等古希腊、古罗马著名作家的作品，具有极高的古典文化素养。在以往的学术研究中，中国学者将主要精力放在了利氏的科学作品上，对他的哲学、神学作品重视不够。事实上，除了大量科学作品外，利氏还留下了很多精彩的哲学、神学作品。这里将以利氏在哲学、神学方面的代表作《天主实义》《交友论》《二十五言》《畸人十篇》为例，分析他在人文科学方面对中国文化的影响。

---

① Mignini F., *Matteo Ricci. Il chiosco delle fenici*, Macerata：Istituto Matteo Ricci, 2004, Cap. 19。

② 同上。

③ 王苏娜：《利玛窦对西方古典作家作品的使用及其人文主义思想渊源——以〈畸人十篇〉为例》，《世界哲学》2010年第3期。

（一）《天主实义》

《天主实义》是利玛窦最重要的一部阐释天主教义的神学、哲学作品，于 1603 年在京梓行。全书共八章，采用对话体，以"中士"和"西士"之间一问一答的方式，阐释了有关创世记、一神论、灵魂不灭、天堂地狱等天主教教义中最基本的观点，并对佛教和道教展开了猛烈地抨击。利氏来华时正值受佛教和外来宗教影响的王阳明的心学盛行之际，传统的儒学派和新兴学派的支持者之间展开了旷日持久的争论，而利氏在其哲学、神学作品中明确表示支持中国的古典儒学反对佛教和道教，无疑对中国思想界的这场论战起到了推波助澜的作用。当时翰林院翰林、虔诚的佛教徒黄辉曾经批阅过包括《天主实义》手稿在内的利氏的多部中文作品，利氏也在后来刊行的《天主实义》中专门针对黄辉提出的质疑进行了强有力的申辩。利氏是第一位对中国佛教和道教进行深入研究的西方人，并通过他的作品与佛教和道教的支持者展开辩论，促成了历史上天主教和中国佛教、道教的第一次接触和交锋。

（二）《交友论》

《交友论》是利玛窦独立完成的第一部中文作品。1595 年，利氏居于南昌期间受到南昌学界的欢迎，与当地士绅、学者们建立了友谊，并与建安王结交，成为王爷府中的常客。利氏应建安王之请，在几天时间内，凭借记忆和手边的几部参考书写作了《交友论》，书中收集了西方学者有关友谊的 76 条箴言。据后来学者们的考证，《交友论》主要是根据安德烈亚什·埃博兰西斯（Andreas Eborensis）所编写的西方哲人格言手册中有关友谊的格言翻译、改写而成的，其中包括亚里士多德、西塞罗、塞内加等众多西方著名哲人有关友谊的论述。① "朋友关系"是五常之一，也是中国文化的重要组成部分。利氏的《交友论》无疑迎合了中国学者的审美品位，引起了他们对欧洲哲学思想的兴趣。

（三）《二十五言》

《二十五言》是继《交友论》之后利氏的又一部纯道德伦理译著，作于 1599 年 2 月至 1600 年 5 月间，并于 1605 年在京梓行。这篇作品中的大部分内容源自古希腊哲学家、斯多葛派代表人物爱比克泰德（Epitteto，公元 50—115）的作品《手册》（Manuale）。显然，利氏已经注意到儒学

---

① Mignini F. , *Matteo Ricci. Il chiosco delle fenici*, Macerata：Istituto Matteo Ricci, 2004, p. 1.

与斯多葛派学说在道德训诫方面的诸多相似之处，并试图借斯多葛派哲人的思想赢得儒士的尊敬，促成天主教在华的传播。

（四）《畸人十篇》

1608 年初，利氏的最后一部道德伦理著作《畸人十篇》在京刊行。此时，利氏入华已二十余载，无论中文水平还是对儒学的理解都已达到很高的境界，因此"十篇"是利氏中文道德伦理著作中最成熟的一部。该书记录了利氏与七位明代士大夫和一位儒士朋友之间的对话，对话围绕着"时光易逝、死亡、生命的意义、善恶之报、希言、财富"等论题展开。利氏在"十篇"中大量引用了斯多葛派哲学家爱比克泰德、塞内加和西塞罗的思想。他还通过"十篇"第一次将《伊索寓言》和菲德洛寓言中的几则故事引入中国。此外，他还向中国读者介绍了第欧根尼·拉尔修的作品《哲人言行录》中收录的几则有关芝诺和苏格拉底的故事，拉丁诗人贺拉斯的《讽刺诗集》和《歌集》中的诗句，以及希腊神话故事等。①

事实上，利氏的哲学、神学作品在明末中国社会中产生的影响丝毫不亚于他的科学著作。利氏巧妙地将以"人"为本的西方人文主义思想与以"仁"为本的东方儒学结合起来，促成了古典西方文明和古老的东方文明在近代史上的第一次亲密接触。

三　结语

除了上面提到的诸种自然科学和人文科学方面的作品外，利玛窦还同会友罗明坚合作编写过一本《葡华字典》，是为以拉丁文为汉字注音之始；利氏与郭居静、钟鸣仁合作编写了一套字词表，首次为汉字标注五声；1606 年，利氏又写作了《西字奇迹》，用拉丁文为几则用中文撰写的《圣经》小故事注音。这些工作不仅为西方人学习中文提供了便利，而且对于汉语的拼音化也具有重要意义。利氏还从欧洲带来了大西洋琴、油画、绘有西方建筑的图片，首次将西方宗教音乐、绘画中的透视技法及建筑理论传入中国。利氏及其后的耶稣会士们，除了用中文译介了许多西方科学、哲学理论，还从欧洲带来了上万册书籍，建立了徐家汇藏书

---

① 王苏娜：《利玛窦对西方古典作家作品的使用及其人文主义思想渊源——以〈畸人十篇〉为例》，《世界哲学》2010 年第 3 期。

楼、耶稣会北堂档案馆等多座图书馆，这些藏书在西学东渐的进程中起到了举足轻重的作用。此外，利氏还将基督教"平等、博爱"的思想带到了中国，明清之际的启蒙思想、太平天国运动乃至五四运动都受到了西学、西教的影响。

16世纪，位于西方的欧洲处于地理大发现和资本主义蓬勃发展时期，西方列强急于向海外扩张以攫取更多的财富，从而支持本国资本主义迅速发展，殖民主义应运而生。与西方的开放扩张、欣欣向荣相比，此时位于东方的古老帝国却依旧自恃天朝上国，因循守旧、故步自封，早已失掉了明初郑和下西洋时的魄力。此时，宗教改革运动和反宗教改革运动在西欧各国激烈交锋，罗马天主教会面临着史无前例的挑战，迫切需要到海外开辟新的阵地，以弥补在欧洲的损失。就是在这样的历史背景下，被天主教会派往远东传教的利玛窦等耶稣会士乘坐葡萄牙和西班牙殖民者的商船抵达澳门，成为促成近代史上中西文明深层交流的文化使者，而利氏也当之无愧地成为"人类历史上第一位集欧洲文艺复兴时期的诸种学艺，和中国四书五经等古典学问于一身的巨人"①。

① ［日］平川佑弘：《利玛窦传》，刘岸伟、徐一平译，光明日报出版社1999年版。

世间之道

——评 18 世纪英国感伤小说《重情者》[①]

牟玉涵

一　引言

《重情者》是苏格兰作家亨利·麦肯济的代表作，是 18 世纪英国感伤小说的终结性代表作品，"重情者"也成为感伤小说主人公的代名词。G. A. 斯达尔在总结感伤小说风尚时写道，感伤小说"这一体裁兴盛于十八世纪六十年代，……对这一体裁表达最充分的作品当属麦肯济的《重情者》"[②]。小说讲述的是没落贵族哈里（重情者）在他人的说服下前往伦敦，希望得到某个贵族的帮助获得一块地产的承租权，以改善他日趋贫乏的财产状况。求助未果，哈里却借伦敦之行观察到形形色色不幸之人。多愁善感的哈里无力辨别真假不幸，因此他的良善常常被骗子利用，在世间生活处处碰壁。返回乡下祖宅，他大病一场。知道自己不久于人世，哈里终于鼓起勇气向一直暗恋的沃尔顿小姐表达了爱慕之情，沃尔顿小姐也婉转抒发了自己对哈里由来已久的情感。不幸的是，情感如此排山倒海地袭来，羸弱的哈里却无福消受，竟一命呜呼，撒手西去。

小说于 1771 年问世，获得读者热情接受，三个月内第一版售罄；而读者对其热情丝毫不减：小说出版后十年间再版重印过四十多次，曾先

---

①　本课题为中央高校基本科研业务费专项资金资助（院级项目）。

②　G. A, Starr, "Sentimental Novels of the Later Eighteenth Century", *The Columbia History of the British Novel*, John Richetti（ed.）, New York：Cambridge UP, 1994, pp. 185 – 186.

后被译成德、法、俄、荷兰和波兰语等。① 这是感伤小说的巅峰之作。路易莎·斯图亚特夫人记录了当时读者阅读小说的反应："我的母亲和姐妹们为它哭泣，痴迷地谈论着它！那时我才十四岁，对感情的事还不甚了解，因此当我读它时，心里暗自害怕自己哭得不够多，不配享有多愁善感的美名。"②《每月评论》这样写道："读者若是没为小说描写的几个情景伤心落泪，那他可谓全无情感之人。"③ 小说唤起的不仅有眼泪。沃尔特·司各特爵士后来在向新一代读者介绍此书时，特别提到麦肯济"纯洁精确、用心得体的风格和文体"④。苏珊·曼宁指出，《重情者》经过了"仔细构思，运用的技巧甚至有矫饰之嫌"⑤。

遗憾的是，一直以来对《重情者》的研究趋于笼统抽象。斯帕克斯不无幽默地指出，《重情者》一直是"文学史上常被引用却鲜有人读"的小说⑥。麦肯济的构思和技巧主要体现在何处，批评者们还未做详细解读。可以肯定的是，虽然《重情者》以细腻哀婉的情感而动人，麦肯济的同时代人却不曾将哈里的多愁善感、慈悲慷慨认作是理想的世间之道。上述斯图亚特夫人和《每月评论》强调的重点都是读者的阅读反应，并没有鼓励读者模仿哈里之所作所为的用意。诗人彭斯是《重情者》的狂热追随者之一，总是将其随身携带，称自己对该小说的珍爱程度仅次于圣经。但他指出哈里的为人处世之道，只可从精神上领会，却万万不能奉为生活的圭臬：

---

① Maureen Harkin, "Mackenzie's Man of Feeling: Embalming Sensibility," *ELH*, 1994 (2), p. 320; Paul Barnaby and Tom Hubbard, "The International Reception and Literary Impact of Scottish Literature of the Period 1707 – 1918", *The Edinburgh History of Scottish Literature*, Susan Manning (ed.), Vol. II, Edinburgh: Edinburgh UP, 2007, p. 36.

② Quoted from Maureen Harkin, "Mackenzie's Man of Feeling: Embalming Sensibility", *ELH*, 1994 (2), p. 319.

③ Susan Manning, Introduction, *The Works of Henry Mackenzie*, Susan Manning (ed.), London: Routledge/Thoemmes, 1996, p. xi.

④ Sir Walter Scott, *Sir Walter Scott on Novelists and Fiction*, Ioan Williams (ed.), New York: Barnes and Noble, Inc., 1968, p. 78.

⑤ Susan Manning, Introduction, *The Works of Henry Mackenzie*, Susan Manning (ed.), London: Routledge/Thoemmes, 1996, p. xi.

⑥ Patricia Meyer Spacks, *Desire and Truth: Functions of Plot in Eighteenth-Century English Novels*, Chicago: U of Chicago P, 1990, p. 6.

还有什么书，管它是讲道德的也好，讲敬神的也好，能比得上可怜的哈里那纯朴感人的传说，让敏感的少年接收到更仁慈、更善良、更慷慨、更仁爱……的意念？不过，虽然我对麦肯济的作品钦佩无比，我却不确定对于马上要踏上社会……自谋生路的年轻人来说，这些作品究竟是否是他们最适宜的读物……也许这些作品里的纯洁、柔弱、高尚……根本就毫无用处，而且从某种程度来说，要是一个人真要在这世上成就番事业，光有这些品质是断然不合格的。①

显然，在彭斯的眼中，小说提供的只是一种审美快感，而不是世间理想的道德或者行为的楷模。在一个讲求实际、日渐商业化的社会中，虽然毫无善良情感有些阴森可怖，但是一味地多愁善感显然也是不合时宜的。

需要指出的是，彭斯一生绝大部分时间都在乡下度过。应邀游历爱丁堡仅仅一年，他就因为厌恶上流社会的虚伪堕落而甘愿返乡务农。彭斯对小说与现实生活的格格不入尚有如此深刻的认识，我们没有理由认为自始至终混迹于世间并在世间取得巨大成就的麦肯济会将二者混为一谈。应该提出的问题是：麦肯济——苏格兰高官、爱丁堡名流——这样一个深谙世间之道的人为何要费尽笔墨书写一个重情者的感伤哀戚？

在《重情者》中，麦肯济呈现一幅幅18世纪变迁社会的宽泛图景和人情世态。上层社会和下层社会无一例外地充斥着贪婪、势利和虚伪，不断经历着向下社会流动的哈里却始终执着于自己的良善仁慈。曾有论者指出，麦肯济的《重情者》旨在弘扬人性和情感，认为只有通过建立在情感之上的伦理观才能抵制现代社会对传统社会的侵蚀和损害。② 因此，重情者——哈里——往往被读者看作是麦肯济为社会提供的一个美德模范。然而，哈里的经济地位每况愈下，社会生活一败涂地，年纪轻轻就撒手人寰实在不能不让人怀疑这种美德的典范作用何在。事实上，麦肯济的小说在某种程度上对重情者过度的感伤哀怨提出了质问和挑战，

---

① Robert Burns, *The Letters of Robert Burns*, G. Ross Roy（ed.）, Oxford: Clarendon Press, 1985, p. 25.

② See John Mullan, *Sentiment and Sociability*: *The Language of Feeling in the Eighteenth Century*, Oxford: Clarendon Press, 1988, pp. 43 – 56, pp. 114 – 132.

并且试图重新构建一种商业社会中可行的伦理观。这种重建的伦理观与麦肯济浸染其中的苏格兰启蒙运动密不可分。

二　苏格兰启蒙运动：社会转型时期的纠结

麦肯济生于 1745 年，正值斯图亚特王朝残余力量最后一次复辟行动失败的一年。这是一个转折的时代，重获和平的苏格兰开始了启蒙运动的黄金时代。到了 18 世纪 60 年代，苏格兰已经成为西方社会举足轻重的学术和文化中心。爱丁堡、格拉斯哥、阿伯丁的大学里集聚了当时首屈一指的哲学家，爱丁堡还取代了荷兰的莱顿大学成为欧洲的医学研究中心，托拜厄斯·斯摩莱特（Tobias Smollett）笔下的马修·布朗勃尔称爱丁堡为"天才的温床"[①]，思想的丰富性和自由性还为爱丁堡赢得了"北方雅典"之称。刘意青教授指出，"苏格兰在英国 18 世纪出现了文化、科学、思想和文学方面有史以来头一次、也可以说是空前绝后的一次繁荣兴盛的局面"[②]。

安德鲁·弗莱彻（Andrew Fletcher）被公认为苏格兰启蒙运动的意识形态之父。他认为在从传统社会向商业社会转型的过程中，理想的国家政体已遭商业、奢侈的毁坏，取而代之的是一套贸易体系。贸易体系促使土地所有者放弃他们本来应该承担的民事和军事责任，一心只顾收取庄园税金。然而，弗莱彻的思想却存在极大的矛盾之处。一方面，他的分析说明政治腐败与贸易、商业和劳动分工紧密相连；另一方面，分析又显示在现代社会中，自由的国家与不断扩张的贸易和商业密不可分。[③]其实，早在英国政府提出给予苏格兰自由贸易的交换条件是必须解散苏格兰议会时，苏格兰人民不得不从 1703—1707 年对究竟是自由的贸易还是自由的议会更能保持国家的独立性进行长时间的争辩。1707 年的《统一法案》最终以苏格兰议会的解散而告结束。史学家指出，"这种合并并不是通过政治上的联合来实现，而是通过两国所共同从事的对财富、权

---

① Quoted from Nicholas Phillipson, "The Scottish Enlightenment", *The Enlightenment in National Context*, Roy Porter and Mikulá？ Teich（eds.），Cambridge：Cambridge UP, 1981, p. 19.

② 刘意青主编：《英国 18 世纪文学史》，外语教学与研究出版社 2006 年版，第 261 页。

③ Nicholas Phillipson, "The Scottish Enlightenment", *The Enlightenment in National Context*, Roy Porter and Mikulá？ Teich（eds.），Cambridge：Cambridge UP, 1981, pp. 22－24.

力和开明的追求来实现"①。

艾狄生和斯梯尔创办的《闲谈者》和《旁观者》在当时的苏格兰也受到了极大的欢迎，是《镜报》（*The Mirror*）、《闲逛者》（*The Lounger*）、《爱丁堡评论》（*Edinburgh Review*）等影响较大的苏格兰报刊的楷模。《闲谈者》和《旁观者》的目的在于帮助普通的男女在商业化社会中过上幸福的、有德行的生活。他们对道德风尚的关注，对社会生活和文化习俗的评价，"为上升的中产阶级提供了道德行为规范准则，在 18 世纪造成了深刻的影响"②。苏格兰人接受了艾狄生和斯梯尔的看法。他们也视移风易俗为己任，苏格兰启蒙运动的目的因此也在于"帮助那些身处日益复杂、日益商业化的社会中的平凡人们过上幸福的、有用的、有德行的生活"③；而"苏格兰持启蒙思想的哲学家、科学家和知识分子都重视他们研究的科目对社会和人类的实用意义，要用自己的知识来改进社会，为社会谋福利"④。

休谟（David Hume）是苏格兰启蒙运动的关键人物。和艾狄生的观点一样，他认为人只能在社会中寻找幸福，幸福的人则意味着适应性强，热爱社交，富有思想，积极向上，对朋友的意见、文人的作品反应敏捷。休谟在《人性论》中提出，人的道德感，正如人对客观世界的认识，只能来自社会和习俗的标准。因此，道德的根基并不在本性或纯粹的情感，而在社会正义、风俗习惯、舆论信念。休谟还提出"人类科学"（The Science of Man），即科学地研究头脑所想以及时下所谓的"观念"或"信仰"。这些观念使得客观世界、上帝，甚至自我都成为可知，理解这些渊源成为理解道德、正义、政治以及哲学的关键所在。⑤ 值得注意的是，"尽管休谟提出了适应时代发展的新观念，但他所持的政治态度和立场却始终是十分保守的，代表了上层贵族和资产阶级

---

①　［英］阿萨·勃里格斯：《英国社会史》，陈叔平等译，中国人民大学出版 1991 年版，第 190 页。

②　刘意青主编：《英国 18 世纪文学史》，外语教学与研究出版社 2006 年版，第 261 页。

③　Nicholas Phillipson，"The Scottish Enlightenment"，*The Enlightenment in National Context*，Roy Porter and Mikulá？ Teich（eds.），Cambridge：Cambridge UP，1981，p. 20.

④　刘意青主编：《英国 18 世纪文学史》，外语教学与研究出版社 2006 年版，第 261 页。

⑤　Nicholas Phillipson，"The Scottish Enlightenment"，*The Enlightenment in National Context*，Roy Porter and Mikulá？ Teich（eds.），Cambridge：Cambridge UP，1981，p. 20，p. 30.

的利益"①。

18 世纪 50 年代，苏格兰一批年轻文人组成了"优选协会"（The Select Society），为的是围绕一些文学主题展开辩论。随着协会不断壮大，辩论的议题变得多种多样，政治、法律、经济、文化等面面俱到，文人们在某种程度上担当起苏格兰的民事领袖身份。协会的目的在于展示"在现代化的地区级社会中，公民可以通过适应国家政府、灵活变通个体行为来获得有德行的生活"②。适应、灵活变通（adaptability）成为协会对于提高人民福祉所给出的金玉良言。

亚当·斯密（Adam Smith）是苏格兰启蒙运动最具代表性的哲学家之一。斯密虽然认识到商业社会的弊端，但他仍然是商业文明不遗余力的支持者，坚信商业文明使人得以脱离封建社会的腐化依附。在斯密看来，商业社会中的人们可以作为生产者或消费者而交流往来，可以通过"讨价还价"进行公平交易。这样，城市和咖啡馆都成为市场体系，个体的人也成为"经济人"（homo economicus）。"商业、独立、幸福"成为苏格兰启蒙运动的箴言③。斯密还从根本上将人视为利己主义者。他认为，"我们从出生一直到死，从来没有放弃过这种［改良自身状况的］愿望。我们从生到死的过程中，几乎没有一个人会有一刻对自身地位觉得完全满意，没有人不求进步，不想改良"。要进步、改良，"增加财产是必要的手段，这手段最通俗、最明显"。④ 为现代化辩护，提出崭新而激进的自由竞争经济制度，斯密可谓灵活变通、适应时代变迁的极好写照。

然而，除了灵活变通以适应变迁之外，是否存在他种形式的德行？为了证明"古老的苏格兰精神"在商业化社会依然长存不灭，必须找到一种既能确保苏格兰独立又不妨碍其商业化进程的更高尚的德行。他们找到了莪相。莪相是传说中的盖尔吟游诗人，一些人认为他的诗歌可以与荷马、维吉尔的史诗相媲美，属世界文学经典之列。1760 年，年仅 24 岁的詹姆斯·麦克弗森（James Macpherson）声称：如果能得到金钱的资

---

① 刘意青主编：《英国 18 世纪文学史》，外语教学与研究出版社 2006 年版，第 262 页。

② Nicholas Phillipson, "The Scottish Enlightenment", *The Enlightenment in National Context*, Roy Porter and Mikulá？ Teich（eds.），Cambridge：Cambridge UP, 1981, pp. 32 – 33.

③ Ibid., p. 36.

④ ［英］亚当·斯密：《国富论》，唐日松等译，华夏出版社 2005 年版，第 250 页。

助，他愿意收集莪相散落的手稿，并负责将其从盖尔语译为英语。麦克弗森不仅得到首相布特的大力资助，还有当时的名人学者为其发起募捐。两年后，麦克弗森发表了六卷本《芬格尔》（*Fingal*）；1763 年，又出版了八卷本《特莫拉》（*Temora*），声称皆是出自莪相手笔、译自盖尔语的古老史诗。布莱尔博士曾经为此专门撰写长篇专题论文，不仅维护诗歌的真实性，还将莪相塑造成集诗人、领袖、英雄于一身，是沦落至罗马剑下的文明的最后幸存者。其美德在于：面对历史巨变，他表现出淡泊坦然；他表现德行的方式是用感伤哀怨的诗歌来歌颂古老的英雄业绩。可以说，布莱尔通过莪相式的英雄意欲传达的理念是，在沦为附庸地区级社会的苏格兰，人们"可以通过怀旧、情感、歌唱等形式赞美过去，以此减轻他们把适应、灵活变通作为美德的罪恶感"[①]。因此，"苏格兰的爱国者们几乎不加辨别地就接受了它，很高兴自己的民族能有这么丰富的文化遗产，对此赞扬不绝"[②]。哀怨的怀旧实际上成了治疗伤痛的药方。

　　综上所述，在资本主义社会商业化进程中，在苏格兰失去国家主权成为附庸的地区级社会之后，接受启蒙思想的人们不同程度地觉察到了那个变迁时代道德的衰败和信仰的沦丧，他们对此痛心疾首，但又只能以适应和灵活变通作为维持社会生存的美德。感伤哀怨则从某种程度上帮助减轻以适应、灵活变通为美德的负罪感。作为休谟和斯密的好友、作家、报人、爱丁堡名律师、政府官员，麦肯济不可避免地受到社会变迁与苏格兰启蒙运动的影响。

三　麦肯济："世故者"的世间之道

　　麦肯济的父亲是爱丁堡德高望重的医生，母亲来自苏格兰高地贵族。因此，他既是高地朱门贵胄，又是低地主要由法律、医学、神学以及文学界组成的上流社会的一员。和同时代出身高贵的青年一样，麦肯济从爱丁堡大学毕业后准备进入法律界。自 1707 年《统一法案》后，苏格兰议会解散，爱丁堡法院成为最具权威的民事机构。一般来自有产者家庭的人就成为律师、法官，享有比其他职业更受人尊敬的社会地位。麦肯

---

　　①　Nicholas Phillipson，"The Scottish Enlightenment"，*The Enlightenment in National Context*，Roy Porter and Mikulá？ Teich（eds.），Cambridge：Cambridge UP，1981，p. 34.

　　②　刘意青主编：《英国 18 世纪文学史》，外语教学与研究出版社 2006 年版，第 272 页。

济首先受雇于苏格兰税务法庭，接着掌控了税务法庭的荣誉执法权。
1776 年，他娶了一位苏格兰贵族之女为妻，后来发展成十四个孩子的大
家庭。此后，麦肯济被任命为苏格兰税务审计官，这个利润丰厚的职位
充分巩固了麦肯济的法律事业及其在爱丁堡的社会地位。①

　　另外，麦肯济一直活跃于苏格兰的社交生活。18 世纪下半叶，爱丁
堡流行各种旨在改善风俗举止、提高经济效率、活跃学术文化的俱乐部，
一时蔚然成风。1777 年，麦肯济应邀加入由一批年轻律师组成的"镜子
俱乐部"。他们后来仿照艾狄生的《旁观者》办起了《镜报》，麦肯济既
是期刊编辑又是主要撰稿人。后来，他又主持了《闲逛者》的编写。麦
肯济为这两份报刊写了约百篇文章。司各特称赞他的文章具备"艾狄生
散文的和谐悦耳，既朴素清新，又强劲有力"②。因此，司各特把他的第
一本小说《威弗利》（*Waverley*）题献给麦肯济时，称他为"我们苏格兰
的艾狄生"。

　　除了《重情者》，麦肯济另著有两部小说：《世故者》（*The Man of the
World*）和《德卢比涅的朱丽亚》（*Julia de Roubigne*），还有一系列短篇小
说。这些作品在整个 19 世纪都受到读者喜爱。利·亨特（Leigh Hunt）
认为，麦肯济在"简单而感人的小说创作方面无人能及，甚至没有一个
英国作家能与之相提并论"③。司各特则称赞麦肯济作品最大的特点在于
其"罕见而宝贵的原创性"④。另外，麦肯济还有诗歌和戏剧等作品。其
中比较成功的是悲剧《突尼斯王子》（*The Prince of Tunis*），曾经在爱丁
堡皇家剧场连演七场。⑤

　　麦肯济的文学生涯漫长且成果丰硕：跨越了将近七十个春秋；作品
涉及了小说、诗歌、戏剧以及评论文章各个领域，并且可以说在每个领

---

　　① Susan Manning, Introduction, *The Works of Henry Mackenzie*, Susan Manning（ed.）, Lon-
don：Routledge/Thoemmes, 1996, pp. vii – viii.

　　② Sir Walter Scott, *Sir Walter Scott on Novelists and Fiction*, Ioan Williams（ed.）, New York：
Barnes and Noble, Inc., 1968, p. 79.

　　③ Quoted from Susan Manning, Introduction, *The Works of Henry Mackenzie*, Susan Manning
（ed.）, London：Routledge/Thoemmes, 1996, p. xxi.

　　④ Sir Walter Scott, *Sir Walter Scott on Novelists and Fiction*, Ioan Williams（ed.）, New York：
Barnes and Noble, Inc., 1968, p. 77.

　　⑤ Susan Manning, Introduction, *The Works of Henry Mackenzie*, Susan Manning（ed.）, Lon-
don：Routledge/Thoemmes, 1996, pp. vii, xxii – xxiii.

域麦肯济都是相当成功的。相比《重情者》中的哈里，现实生活中的麦肯济表现出迥然不同的强大生命力和创造力。1824 年，麦肯济出席爱丁堡学院的开幕典礼，"虽然年届八十，他的演讲仍然充满生机，为在新制度下成立的新学校而兴高采烈"①。麦肯济的长寿在文学史上也有深刻意义。他的文学生涯"连接起了休谟、斯密的时代［启蒙运动的第一代］与彭斯、司各特的时代——启蒙运动的第二代"②。他曾独具慧眼举荐初出茅庐的彭斯：赞美他"无与伦比的优雅精致"，称他为"在天堂受过教育的农夫"③。一流的学问、卓越的社会活动和声誉，加上长寿，到了晚年，麦肯济被公认为"苏格兰文学之伟人"（Grand Old Man of Scottish letters），被任命为高地社会委员会的名誉主席，负责调查诗歌《莪相》的真实性。1831 年，麦肯济去世，终年八十六岁。仅仅一年之后，司各特故去；而麦肯济的文学生涯足足比司各特早了整整一代。

值得注意的是，现实生活中，麦肯济因为小说《重情者》而得到追随他一生的别名——"重情者"。但此"重情者"绝非彼"重情者"。事实上，"从来没有人的作品如此少地反映其作者。［根据他的小说］，我们会想象一个遁世、谦逊、甚至有点做作的人，他应该总携带白色手帕一方，稍有动情之处就唉声叹气。根本就不是这么回事。麦肯济处理起事务来和小号裁缝针的动作一样敏捷——他集政客和冒险家于一身"④。他"为人爽快且实际"⑤。他以"卓越的谈话"风格闻名，处事八面玲珑，是一个"作者与其作品有时迥然不同"的最好写照：

> 陌生人常会想象［《重情者》］的作者一定是个耽于默想沉思、感伤悲戚的哈里；事实上他要强得多了——冷峻严肃、讲求实际，笔下人物所缺乏的世间智慧，他自己样样俱全；不过这丝毫也未影响他有一颗柔情似水的心。麦肯济本人精瘦干瘪，肤色枯黄，从侧

---

① Lord Cockburn, *Memoials of His Time*, W. Forbes Gray（ed.），Edinburgh：Robert Grant & Son, Ltd., 1946, p. 236.

② Roderick Watson, *The Literature of Scotland*, Hampshire：Macmillan, 1984, p. 190.

③ Henry Mackenzie, *The Works of Henry Mackenzie*, Susan Manning（ed.）；Vol. II, London：Routledge/Thoemmes, 1996, p. 389.

④ Sir Walter Scott, *The Journal of Sir Walter Scott*, W. E. K. Anderson（ed.），Oxford：Clarendon Press, 1972, p. 26.

⑤ Roderick Watson, *The Literature of Scotland*, Hampshire：Macmillan, 1984, p. 189.

面看，有点像精明恶毒的伏尔泰。①

麦肯济的社会存在与"重情者"的形象可以说格格不入，这是"实际的人创造了不实际的典型"②。

不仅如此，麦肯济还成为以"灵活变通以适应变迁"为宗旨的苏格兰启蒙运动的最好例证。据记载，"虽然他的许多文学朋友都先他而去，虽然他经历了许多次移风易俗的运动，他却理智地乐于适应那些无可避免的变迁。他没有那么虚弱，不会认为只有在他处于壮年的时候世界才是全盛时期"③。麦肯济的长寿以及他较早开始的文学生涯，使得他在人们的心目中不可避免地成为"过去"的代名词。司各特在把小说《威弗利》敬献给麦肯济时，献辞中称他为"伟大时代的唯一幸存者"："随着时间的流逝，他目睹那些曾为苏格兰文化增光添彩的人们渐渐衰弱老去，他仍装饰假发、头戴三角帽、手里拄着拐杖，这些都是从旧世界带到新世纪的风尚。"④ 麦肯济在一封写给司各特的信中也曾饶有兴致地渲染着这种身份："我老了，腿瘸了一半，眼睛瞎了一大半，还有一系列伴随这些情况的羸弱。要是悲观地来看，我不过是在苟延残喘罢了；但是，昔日良朋好友的回忆、新识朋友的日渐闻名，又给我的生活增添生机和趣味。在我离开人世之后，祝愿我的新朋友能一如既往地教导和娱乐世人。"⑤

除了以灵活变通来乐观对待自身年老以及适应社会变迁之外，麦肯济在《镜报》和《漫步者》的文章中也积极呈现了传统社会向商业社会的变迁，描绘了没落的贵族，发达的商贩，社会的疯狂，潮流的荒唐，探讨了生活的本质以及修养的标准。这是典型的"过渡期"那种新旧纷杂并呈的景况。面对日益复杂分化的社会、日益冲击传统社会关系的重

---

① Lord Cockburn, *Memoials of His Time*, W. Forbes Gray （ed.）, Edinburgh：Robert Grant & Son, Ltd., 1946, pp. 157–158.

② John Mullan, *Sentiment and Sociability：The Language of Feeling in the Eighteenth Century*, Oxford：Clarendon Press, 1988, p. 118.

③ Lord Cockburn, *Memoials of His Time*, W. Forbes Gray （ed.）, Edinburgh：Robert Grant & Son, Ltd., 1946, p. 158.

④ Quoted from Susan Manning, Introduction, *The Works of Henry Mackenzie*, Susan Manning （ed.）, London：Routledge/Thoemmes, 1996, p. xxiii.

⑤ Ibid., p. xxiv.

商主义，以及由于《统一法案》而丧失国家主权的苏格兰，18世纪苏格兰的作家和知识分子甚至比英格兰的作家和知识分子更加积极而深刻地审视社会，思考世间之道："十八世纪苏格兰的爆发式昌盛可以说是这个民族的知识分子集体认定身份的表现。"① 为日益变化的社会提供"社会性"的理论和实践，就成了他们的当务之急②。作为苏格兰启蒙运动的继承者，麦肯济毫不例外地履行着自己作为一个苏格兰文人的义务和责任。

四　哈里："重情者"的悲剧

《重情者》即是苏格兰启蒙运动的产物。③ 如果说启蒙运动的文人学者继承了艾狄生，认为人"只能在社会中寻找幸福"，幸福的人意味着"适应性强，热爱社交，富有思想，积极向上，对朋友的意见、文人的作品反应敏捷"④；那么，麦肯济的"重情者"恰恰是上述追求幸福之人的对立面。

小说的主人公哈里在听完他人不幸经历的叙述后，不禁感慨："让你的不幸在我的心头留下烙印。"⑤ 然而这个"烙印"并未产生显著的效果，因为哈里从始至终没有任何心理成长的迹象，也从未为解决危机而采取应对之策；因此才一次次上当受骗，家道败落。但是，他的败落倒以反例的形式为欲图自存的人们指点方向，小说因此具备了"教导性"的小说的特点，目的在于"使读者社会化——教会他们，在一个文明的、商业化的、越来越适者生存的社会中应该具备的待人处事和文雅作风的确切含义"⑥。可以说，在《重情者》中，麦肯济表达了一名贵族兼灵活变通的成功者对时代变革的感触，利用哈里这一没落贵族形象呼吁适时

---

① 刘意青主编：《英国18世纪文学史》，外语教学与研究出版社2006年版，第261页。

② Maureen Harkin, "Mackenzie's Man of Feeling: Embalming Sensibility", *ELH*, 1994（2），p. 317.

③ Susan Manning, "Post-Union Scotland and the Scottish Idiom of Britishness", *The Edinburgh History of Scottish Literature*, Susan Manning（ed.），Vol II, Edinburgh: Edinburgh UP, 2007, p. 53.

④ Nicholas Phillipson, "The Scottish Enlightenment", *The Enlightenment in National Context*, Roy Porter and Mikulá? Teich（eds.），Cambridge: Cambridge UP, 1981, p. 30.

⑤ Henry Mackenzie, *The Works of Henry Mackenzie*, Susan Manning（ed.），Vol. I, London: Routledge/Thoemmes, 1996, p. 174.

⑥ John Mullan, *Sentiment and Sociability: The Language of Feeling in the Eighteenth Century*, Oxford: Clarendon Press, 1988, p. 129.

顺应潮流、调整自身思想，以及必须依靠智慧审慎、适应时代并接受不可逆转的历史变迁，这才是明智的世间之道和与时俱进的美德。

　　麦肯济接受休谟的看法，认为美德并非植根于人的本性，而是由外在的社会习俗和观念所决定。他在《闲逛者》的一篇文章中曾经写道：

　　　　美德准则的阐释必然以文明时代所产生的风俗习惯为根据——就像财产观念使得偷窃成为犯罪，宣誓行为使得谎言成为伪证罪；因此，高度文明的国家必然在风俗习惯方面进行精炼提高，从而创造出各种责任和义务，这些是生活在更粗陋、也可能（对此我不做论断）更幸福的社会阶段里的人永远无法想象的。①

麦肯济的美德观再一次印证了上述启蒙思想者"灵活变通"的特点。在小说中，麦肯济对这一问题也进行探讨。一个老乞丐诉说自己如何迫于无奈以算命行骗为生之后，

　　　　哈里此时已经从口袋里拿出了一个先令，可是德行（virtue）叫他先考虑一下他要施舍的这个人。——德行拦下了他的手：——但是一种更柔和的东西，不如德行那般苛刻强烈，也不似同情那般严肃庄重，那是德行的小妹妹，向他嫣然一笑：他的手指一松；——钱脱手而落，德行也不再追究。钱一落地，就被那警觉的恶狗（有人教会它这个把戏）猛然咬住；立即交到了它的主人手里，这倒是和时下最盛行的管家行事那一套截然相反。②

老乞丐靠欺骗过活，德行上有污点，严格来说不值得多少可怜。况且在他讲述自己的故事以前，哈里已经施舍过他六便士了。然而他年老体衰，疾病缠身，迫不得已才走上邪道，似乎又情有可原。于是道德与感情交汇融合的产物作为不那么苛刻、严肃的某种情感——德行的小妹妹——决定了哈里的施舍行为。

---

　　① Henry Mackenzie, *The Works of Henry Mackenzie*, Susan Manning（ed.），Vol. V, London：Routledge/Thoemmes, 1996, pp. 36 – 37.

　　② Ibid. .

如果没有麦肯济的情感观和美德观作为背景，此处极容易读作哈里的慷慨大方和一颗柔软的心获得了麦肯济的赞美和提倡。情感和美德之间的关系一直是麦肯济揣摩的问题。他曾在《世故者》中指出：道德应该包含两个层面，"一在心有所感，二在头脑明辨是非"①。他还在《闲逛者》的一篇文章中敦促年轻人，在情感的迷宫或是感伤的梦境之中，不要忘记理性的真理以及道德的准则。何为道德的准则？麦肯济认为：对父母、朋友、国家、公正、审慎、节俭的责任是由社会所确立的美德，因此比施行慷慨、仁慈、同情更为重要。②

不难发现，上述哈里的行为与麦肯济的道德准则恰恰相反：他视施行慷慨、仁慈、同情优先于对公正、审慎、节俭的责任。与社会所确立的美德规范背道而驰，哈里的没落消亡显得顺理成章。正如哥尔德斯密笔下的李安济所感慨的那样，感伤之人一味施舍他人，成了只会"怜悯的机器"（machines of pity），有"散财千万的本事"，却不具备"赚得分文的素质"③。遗憾的是，只出不入总会散尽施舍的本钱，继而丧失扮演救世主的机会。哈里本来期待"令人尊敬的贫穷"（honorable poverty）④，这既说出了当时没有社会身份的暴发户所享受的奢侈生活，也反映了经济地位下降的没落贵族渴望继续保有社会身份的愿望。但财富一直是贵族的一个重要标志。早在 16 世纪，人们便有这样的观念：贵族一旦贫困到不能维持贵族的生活方式，就不再有资格成为贵族。在有些国家，这点甚至还见诸法律明文规定。因此，失去经济权力的贵族势必失去政治、宗教权力。另外，只识怜悯的机器称不上有美德之人，只能说是"由挥霍伪装成了慷慨，愚蠢伪装成了博爱"⑤。另有论者指出，这段文字中的标点也有其特殊用意："那些破折号和分号，暗示了对……理性……的违

① Henry Mackenzie, *The Works of Henry Mackenzie*, Susan Manning（ed.）, Vol. I, London：Routledge/Thoemmes, 1996, p. 289.

② Ibid., pp. 181 – 187.

③ Oliver Goldsmith, *Collected Works of Oliver Goldsmith*, Arthur Friedman（ed.）, Vol. II, Oxford：Clarendon Press, 1966, p. 112.

④ Henry Mackenzie, *The Works of Henry Mackenzie*, Susan Manning（ed.）, Vol. I, London：Routledge/Thoemmes, 1996, p. 190.

⑤ Oliver Goldsmith, *Collected Works of Oliver Goldsmith*, Arthur Friedman（ed.）, Vol. II, Oxford：Clarendon Press, 1966, p. 114.

背，……反映了哈里所作所为出于感情用事。"① 值得注意的是，哈里感
情用事，脱手而落的 1 先令首先落入的是"恶狗"之口。将"德行的小
妹妹"与"恶狗"并置，互成因果，麦肯济不动声色地暗示了情感的险
恶处境。更巧妙的是，"时下最盛行的管家行事那一套"比"恶狗"还居
心叵测，情感的处境更加堪忧。因此，在不同的情境当中人的行为处事
仅仅服从情感是远不够的，还必须依赖清醒的头脑、睿智的判断，只有
这样，才能免去沦落衰颓之苦。

哈里的遭遇隐讳地展示了耽于情感哀伤势必难逃衰败没落的命运。
司各特曾经概括麦肯济小说的创作主题："故事中的人物应该都天性善
良，……灾难不幸并非由有预谋的阴险恶毒导致，而是源于过分沉溺情
感和激情。情感和激情本身无可厚非，甚至值得赞扬，但是，一旦被推
到病态的极致，经偶然而致命的汇合，则会导致最不幸的后果。"② 因此，
虽有批评者认为麦肯济的小说抨击的是贸易财富以及种种社会变迁破坏
了哈里所代表的乡村美德和理想的社会关系，从另一个层面讲：

> 通过将旧有的社会关系和经济关系刻画成不切实际、陈旧过时，
> 麦肯济的叙述以微妙的方式拥护了新兴的资本主义秩序。通过将主
> 人公哈里刻画成极端敏感、过分脆弱，麦肯济质疑了哈里的行善举
> 动，将之归于常规男性行为的边缘。通过将哈里的仁慈刻画成离奇
> 古怪、过分放纵，麦肯济削弱了他施舍姿态的价值，暗示他的仁慈
> 之举存在于常规经济关系界限之外。在《重情者》中，麦肯济描写
> 了旧有家长制秩序的腐朽解体，以及一个新兴经济秩序的上升发展。
> 虽然人们为这些变迁而哀悼悲痛，然而变迁本身却是不可避免、顺
> 应自然的发展过程。③

的确，重情者的没落衰败只能表明：哈里过于丰富的情感、生活中的软

---

① Liz Bellamy, *Commerce*, *Morality and the Eighteenth-Century Novel*, Cambridge: Cambridge UP, 1998, p. 152.

② Sir Walter Scott, *Sir Walter Scott on Novelists and Fiction*, Ioan Williams (ed.), New York: Barnes and Noble, Inc., 1968, p. 81.

③ Beth Fowkes Tobin, *Superintending the Poor: Charitable Ladies and Paternal Landlords in British Fiction*, *1770 - 1860*, New Haven: Yale UP, 1993, p. 9.

弱无力，断然不是理想的美德观。论及麦肯济的感伤小说时，马兰认为这些小说毫无例外地给出了一个范例，"即一种简单的美德，但是，若想在世上存活，就必须纠正这种美德"①。可以说，《重情者》这部感伤小说昭示了重情者和商业时代的冲突，以及多情善感远不足以成为社会的道德准则和世间之道。

五　结语

《重情者》的写作开始于 1767 年，彼时麦肯济正在伦敦研习法律。对事业的专注决定了文学仅能成为他的业余爱好。他曾在一封信中讲述《重情者》"奇特的"创作过程："为了让我免受事件发展的历史性影响，同时又能满足不时袭来的写作念头，我着手写了这篇《序言》，此后偶尔有时间和闲心就接着写下一章。"②《重情者》的写作于麦肯济来说实在是扰攘世间生活的调节剂。在他的笔下，"重情者"是一个惯于养尊处优、无所事事的有闲者，在积累社会财富和社会权力重新分配的变迁时代，他既无心又无力为生计奔波操劳，反而一味沉溺于哀怨世态炎凉、人心不古的感伤之中，其向下的社会流动和衰败的命运不能也不可能避免。因此，"重情者"无与伦比的天真素朴、柔靡伤感不能建立起一个有秩序、有仁义的世界，只能作为竞争残酷而激烈的商业社会的缓冲剂，引来读者的片刻唏嘘或至多某种程度上的钦佩，却绝不能奉为世间之道。

① John Mullan, *Sentiment and Sociability: The Language of Feeling in the Eighteenth Century*, Oxford: Clarendon Press, 1988, p. 117.

② Henry Mackenzie, *Letters to Elizabeth Rose of Kilravock*, Horst W. Drescher (ed.), Munster: Aschendorff, 1967, p. 16.

历史小说家司马辽太郎笔下的冲绳①

——以《冲绳·先岛之路》为中心

关立丹

司马辽太郎（1923—1996）作为日本第二次世界大战之后最著名的历史小说家，拥有众多的读者，包括政治家、企业家、公司职员等社会各个阶层的人士。他的作品引起社会的广泛关注，很多作品被搬上影视屏幕。其中长篇历史小说《坂本龙马》《国盗物语》《花神》《如飞一样》《德川庆喜》《功名十字路》《坂上之云》分别于1968年、1973年、1977年、1990年、1998年、2006年、2011年被拍摄成电视连续剧搬上电视屏幕。其中大多数为"大河剧"，每部大河剧在日本唯一的国家电视台——日本放送协会（简称：NHK）播放一整年，受到广泛关注，可见其影响力之大。

除了历史小说，司马辽太郎还撰写了多达43部的游记《街道行》，一直写到去世的那一年——1996年。1996年1月，也就是去世的前一个月，司马还以72岁的高龄专门赴名古屋进行了未写完的游记《浓尾参州记》的材料搜集工作。如果没有去世，司马辽太郎的《街道行》应该还会继续创作下去。

所谓"街道"指的是日本古代的交通驿道。因此《街道行》就是历史追溯性质的游记。其第六部《冲绳·先岛之路》② 创作于1974年。是司马辽太郎于当年4月1日赴冲绳旅行后的所思所感。

---

① 2011年教育部人文社会科学研究一般项目"司马辽太郎研究——日本历史小说家的东亚观"相关研究成果。（项目号：11YJA752003）
② 司馬遼太郎『沖縄·先島への道』，朝日新聞出版2008年版。无中译本，书名与引文为笔者译。

冲绳，在其回归日本前我曾去过两次，回归后去过一次。回归前去时曾以焦虑的心情盼望其回归日本，但是回归之后再去时，看到日本本土的房地产开发商在那里抢占土地又感到十分茫然。曾思考过到底是为了什么才回归日本。①

冲绳，对于司马辽太郎来说并不是第一次考察，纪行中这次考察是司马辽太郎的第四次冲绳旅行。引文中的"回归"指的是 1972 年 5 月 15 日冲绳的管理权由美国移交给日本。司马是极力支持"回归"的，但是对"回归"后日本本土为了自身利益而在冲绳的开发又持怀疑和批判的态度。

书名中的"先岛"指的是冲绳的"先岛诸岛"，包括西南部的"宫古列岛"和"八重山列岛"，钓鱼岛也包括在内。此次旅行司马到冲绳最南端的与那国岛考察。因为那里最靠近台湾，晴天可以从那里眺望到台湾。所以，司马辽太郎本次冲绳行不是把重点放到首府那霸，而是更多地把篇幅留给了属于八重山列岛的石垣岛、竹富岛、与那国岛。

冲绳在 14 世纪末至 1879 年称为"琉球"，曾经是一个独立王朝，接受明朝的册封。其中，1609 年被日本九州的萨摩藩入侵，被迫归属于萨摩藩。但是萨摩藩为了让琉球继续通过进贡来从明、清政府获得高额物品回馈，从中谋得巨额的利润，要求琉球隐瞒自己已经屈服于萨摩藩的事实，命令琉球继续与明、清保持贸易往来。1872 年，琉球被日本明治政府正式收归日本，设定为一个行政区划——"琉球藩"，1879 年被更名为"冲绳县"。1945 年 4 月 1 日美军对冲绳发动进攻，进攻持续了两个半月，日本战败。冲绳被迫接受美军管制，直至 1972 年被美军"返还"给日本。

司马的《冲绳·先岛之路》除了提到以上内容之外，还包含对冲绳风土人情的分析。

一　冲绳文化

司马指出地理上的距离导致了冲绳独立性相对高的文化，冲绳人"拥有独特的文化，拥有独特的古典，拥有自豪于世界任何民族的民俗文

---

① 司馬遼太郎『沖縄・先島への道』，朝日新聞出版 2008 年版，第 16 頁。

化。作为一个堂堂正正的独立圈拥有被外界尊重和尊敬的权利"①。司马辽太郎对冲绳文化主要有以下几点认识。首先，司马认为冲绳人和善。比如他在那霸机场洗手间看到一名冲绳青年乘客主动在清理别人没有冲洗的便池，嘴里抱怨着：肯定是日本本土人没有冲洗。旁边的中年清扫女工看到司马，顾及到司马的面子没有回应青年的话。司马为此赞赏道："冲绳人的善解人意在明代的文章和朝鲜李朝的文献里面都有记载，在亚洲是受到公认的。"② 其次，冲绳人的时间观念与众不同。与那国岛村庄里的剧场上演节目的时候，到开演时间的晚上七点钟，还没有一名观众，也没有一名演员；到八点钟再去看时，还没有；到十点钟才看到观众坐满观众席的盛况。这就是剧场隔壁家主人说的"冲绳有冲绳的时间，很少准时准点开始"③。冲绳人不紧不慢地享受生活，这是他们与众不同的生活方式。最后，司马提到冲绳人的节俭意识，冲绳人很善于资源的再利用，并制作成精美的艺术品，司马认为"很难获得物质资源的'孤岛苦'在人们心中培养了这种敏锐的美意识"④。也就是说冲绳是一个个岛屿组成的，物资资源并不丰富，所以他们充分利用现有的资源。

冲绳拥有自己独特的文化，但是冲绳的文化一直受到周边文化的影响，是复合型文化。对此，司马持肯定意见。

首先是关于冲绳与南部国家的关系。司马在撰写游记时，本着科学的态度，参考了《冲绳史的发掘》等大量研究资料；拜访了大阪"冲绳关系资料馆"的设立者西平守晴先生；在冲绳与首先提出"琉球弧"这一理念的作家——岛尾敏雄见面并进行了交流。司马极其赞赏岛尾提出的"琉球弧"观点。所谓"琉球弧"指的是琉球列岛向西南延伸而画出来的一个大大的弧形。从冲绳县厅所在地那霸所在的冲绳岛以及周边小岛组成的冲绳列岛开始，向西南经过宫古列岛，再到八重山列岛，并到达八重山列岛最南端的波照间岛。琉球弧的概念还包括"南波照间岛"。由于最南端的波照间岛附近波涛浩淼，到处是一望无际的大海，令岛上的人们心里极不踏实。于是，岛上的人们幻想在其更南边还存在一个岛

---

① 司馬遼太郎『沖縄·先島への道』，朝日新聞出版 2008 年版，第 36 頁。
② 同上书，第 48 页。
③ 同上书，第 231 页。
④ 同上书，第 236 页。

屿，并为其命名"南波照间岛"。因此，南波照间岛是一个并不存在的虚幻岛屿。实际上，南波照间岛传说的成因有多种。还有一种说法：海上生活的人们认为神来自于大海，这样就需要有一个神出发的岛屿，于是想象出了"南波照间岛"。另外，南波照间岛的说法还可能与四百多年前的饥荒有关。当时，琉球王朝受到萨摩藩的控制，岛上的人们必须每年上缴相当数量的贡粮，某一年收成不好，人们陆续逃离波照间岛，向南奔赴所谓的南波照间岛。由于南波照间岛是一个虚无缥缈的概念，所以奔赴南波照间岛就包含舍生奔赴观音净土的意思。另外，还有说法认为人们在考虑日本人的起源问题时，意识到一部分祖先是从南方航海来的海洋渔民。而波照间岛是一个海上入口，其南侧还应该存在岛屿，那就是南波照间岛，人们从那里过来。司马辽太郎认为，早期很多亚洲南部人种就是由此进入冲绳并进入日本本土，与亚洲北部来的其他人种共同生活，经过漫长的历史时期，形成了现在的日本人[①]。司马对于"琉球弧"的说法深为认同。

关于中国对冲绳的影响，司马在游记中提到过几次。比如在石垣岛著名古建筑"宫良殿内"的中国式庭院；冲绳人特殊的厚葬形式来自于江户时期中国福建一带的影响等。另外，琉球历代相传的"泡盛"这种蒸馏酒的制作方式很可能是明代时由于向明朝廷进贡的原因而从中国广东一带传入冲绳。关于中日关系的描述司马使用的篇幅不多，甚至有错误的认识。比如在石垣岛"宫良殿内"，司马一进门就看到一个很不实用的巨大石墙"ヒンプン（hinpun）"。他回忆起在本土萨摩藩的武士宅邸绝大多数都设置一个这样的石"屏风"。虽然司马看不出石屏风的用途所在，但是认为这是冲绳与日本本土相通的一面。而实际上众多专家认为这种普遍存在于冲绳人家宅院的屏风，是来自于中国的影响，其音取自"屏风"二字。它和中国的影壁一样是为了遮挡外人的视线而设[②]。在材料方面，除石头外，还有竹编的以及土垒的[③]。

关于人种问题，司马辽太郎认为冲绳应该是日本人的一支。

---

①　司馬遼太郎『沖縄・先島への道』，朝日新聞出版2008年版，第10—14頁。
②　池澤夏樹《オキナワなんでも事典》，新潮社2003年版，第335頁。
③　比嘉政夫《沖縄からアジアが見える》，岩波書店1999年版，第73頁。

　　　　冲绳人和津轻①人、长州②人、肥后③人一样，是倭人的一支，
这是不容置疑的。④

司马认为冲绳是日本的一部分。在游记中，谈到冲绳与日本本土关系的
内容比较多，并举了一系列的例子加以佐证。从历史的视角，司马借用
比嘉春潮的论文，认为日本本土人在绳文时代早期就已经登陆冲绳诸岛，
经过多次民族的迁移在冲绳形成了一个语言、习俗与日本本土相通的日
本民族的一支——冲绳民族⑤。从宗教的角度，司马认为"冲绳的神道可
以说是本土的原始神道"⑥，因为司祭者与本土原始时代一样都是女士，
女士比较接近神灵，男士距离神灵相对遥远，在祭祀活动中女祭司具有
至高无上的威严。另外，在冲绳那霸机场转机时司马看到很多冲绳人，
他们个头比较矮。司马感觉他们极其像原始的日本人——"倭人"，与个
子高的中国东北少数民族以及华北的中国人外表上就存在不同⑦。在那霸
机场搭乘出租时，同行的西洋画家须田尅太先生说司机很像蒙古人，司
马表示赞同。

　　　　冲绳县人应该说是原始日本人，是纯粹的日本人。如果这样，
必然属于蒙古人种。相似是理所当然的。⑧

须田先生经常与司马结伴考察，前一年——1973 年 8 月司马在须田的
陪同下赴蒙古考察并撰写了《街道行》第五部《蒙古纪行》，因此须田
对蒙古人的特征比较了解。很明显司马认为日本人主要来自于蒙古人
种。在建筑方面，冲绳采用独特的红瓦房，虽然建筑结构与日本本土有
所不同，但是在房屋里边出现了本土日式房屋中的壁龛⑨。游记还三次

---

①　日本东北部的青森县西部。——笔者注
②　日本本州山口县西部、北部。——笔者注
③　日本九州熊本县。——笔者注
④　司马遼太郎『沖縄・先島への道』，朝日新聞出版 2008 年版，第 26 頁。
⑤　同上书，第 32 页。
⑥　同上书，第 156 页。
⑦　同上书，第 47 页。
⑧　同上书，第 18 页。
⑨　同上书，第 142 页。

谈到日本古音与冲绳语言的关系。日语中的"H"音在古代读为"F"，在古代更早时期读为"P"。而冲绳个别地区的老人还有发"P"音的习惯①。司马还进一步提到琉球语与本土语的分歧开始于奈良时代，认为这说明冲绳人和本土人拥有奈良人这一共同的祖先，因此司马认为冲绳人一路小跑赶着登飞机的做法是本土祖先奇异遗传基因所导致的②。除此之外，冲绳自古以来就有把所思所想写成诗歌的习俗，以表达恋情以及与旅途中人们的交流等，这就是"琉歌"。司马认为这种习俗与日本本土古老和歌集《万叶集》时期具有共同的特征③。综上所述，游记中以上一系列关于冲绳和日本的类似之处就是司马辽太郎认为冲绳人是日本人的例证。

　　与司马不同的是，很多专家认为虽然冲绳受到了亚洲南部的很多影响，但是大陆文化的影响多于南方文化。

　　　　近些年来，旧石器时代暂且不论，冲绳文化从弥生时代开始正式进入历史时代，其中大陆系文化和南方系文化的比重，以语言学专家为首，考古学、历史学、民俗学等不同领域专家都认为前者相对浓厚，而且是经由日本九州传入的大陆系文化为主流，加上之后从本土传入的文化以及直接从中国传入的文化、从南方诸区域传入的文化等，展现出了各种各样的重叠复合型文化，这种看法应该是最贴切的吧。④

所谓大陆文化就是中国文化，中国与冲绳在历史上有很多交集。冲绳从中国直接受到的影响大多数来自于福建、广东等地，这已经是不争的事实。对此不少作家都有作品问世，第一位获得芥川文学奖的冲绳作家大城立裕（1925—　　）就是其一。他的作品《再见福州琉球馆》⑤描写了1879年琉球被日本强行"废藩置县"后，对此不满的琉球人为了向清王

---

① 司馬遼太郎『沖縄・先島への道』，朝日新聞出版2008年版，第187—188页。
② 同上书，第170页。
③ 同上书，第233页。
④ 外間守善『沖縄の歴史と文化』，中央公論社2000年版，第12页。
⑤ 『さらば　福州琉球館』，朝日新聞社1994年版，原连载于《别册文艺春秋》1980年夏・秋号。书名笔者译。

朝求救来到福州。当时内忧外患的清王朝即将面临中日甲午战争，无暇顾及琉球人的要求，而 100 多名琉球人近 20 年抱着对故乡的怀念仅靠琉球王朝时期的官费几乎不劳作勉强生活。在极其困窘的情况下，大多数人决定回琉球接受明治政府的统治。本作品描写了琉球人最终从明、清两个朝代共居住了 400 多年的福州琉球馆撤走的过程。从作品可以看出中国对于琉球的影响是很大的。

二　冲绳方言

由于冲绳在历史上曾是独立王国，因此一直存在着冲绳独立的论调。对此，司马辽太郎在游记中谈到了自己的看法：

> 冲绳回归时，这种声音虽然是少数但是还是听得到。这件事，在近几年每次考虑冲绳的事情时就像肺的内侧被扎了刺一样，不能从大脑中离去。①

司马辽太郎认为冲绳人是日本人，因此他反对冲绳独立。可以想象得出司马形容的"肺的内侧扎了刺"一样的感觉是一种很深很强的痛感，这说明司马对冲绳独立的论调是深感痛心的。冲绳独立的是与非在此暂且不论，由此可知司马把冲绳看作日本的一部分。司马的观点也反映在对冲绳普及普通话政策的认识上。

> 在冲绳的普通语（曾被称为标准语）教育从二战之前就很有争议。本土，特别是东京的知识分子把冲绳放在被害者的立场，不断地争论至今，认为那是国家主义对方言的压制。为什么只是冲绳要这么争论不休？我实在不理解。据我所知，无论是在鹿儿岛，还是在高知的小学，"二战"前后都进行了同样的工作。②

冲绳的语言现在被称为日本方言，但是它自古被称为"琉球语"，具有其独立性，与本土的日语存在极大的不同。司马把琉球的方言与鹿儿岛县、

---

① 司馬遼太郎『沖縄・先島への道』，朝日新聞出版 2008 年版，第 26 頁。

② 同上书，第 78 頁。

高知县的方言同等对待，认为冲绳不需要特殊对待，必须同样普及普通话。

回顾历史，普通话普及在冲绳是一大难题，为此，当时的冲绳采取了一系列普通话推广政策。"方言札"就是其中一项措施。

> 由于冲绳县曾经形成独立的王国，17 世纪以后在萨摩藩的统治之下，受到了相当于"异国"的对待，所以"废藩置县"等被组合进日本国家体制中相对其他藩比较晚。对于标准语教育的抵制是比较强的。因此，政府要求把"方言是不好的"这一观点不仅在学校教育，在地方社会也扩展开来。在学校甚至出现为了惩罚说方言的学生的"方言札"。就是给每个年级一个用厚纸制作的方言札，挂在学校说过方言的学生的脖子上。被戴上方言札的学生必须一直挂着，直到找到说方言的其他学生。①

冲绳作家金城朝永（1902—1955）就是深受方言札伤害的一个人。他学习成绩优异，被批准免除学费，是一名优等生，但是因为反抗废除琉球方言的做法，在学校坚持使用琉球方言，长期触犯"方言札"制度。最终于 17 岁那年被迫从冲绳县立一中退学②。日本之所以如此彻底地进行标准语教育，与日本的近代化相关。

> 通过言文一致、汉字平假名混合文、共通语、标准语的设定等，以确立作为国语的日本语（文体），这是日本为了实现近代化的必经之路。日本近代文学是在这种语言文体的共通化、标准化的潮流中发展起来的，这一点不容置疑……在国语、国文学＝日本文学的成立的过程中，琉球语（琉球方言）、おもろさうし③、琉歌、组舞等琉球文学被实实在在地遗忘了。④

由此可见，在日本近代化的进程中冲绳的古代语言文化受到本土的极大

---

① 比嘉政夫『沖縄からアジアが見える』，岩波書店 1999 年版，第 17 頁。
② 仲程昌徳『近代沖縄文学の展開』，三一書房 1981 年版，第 131 頁。
③ 琉球叙事性古代歌谣，分布在冲绳本岛以及周边岛屿。
④ 川村湊『現代沖縄文学作品選』，講談社 2011 年版，第 252 頁。

忽视。

1945 年由于日本战败，冲绳被美军接管，地方方言得以复活。但是由于冲绳方言不容易被人理解，为了获得日本本土的认可，冲绳作家不得不进行众多尝试。冲绳第一个获得芥川文学奖的著名作家大城立裕（1925—   ）采用"实验方言"的形式进行文学创作就是一个例子。

> 大城创作了以"采用实验方言的一个风土记"为副标题的小说《龟甲墓》（1966）。这来自于他的这样一种认识："用标准话很难描写出地方上的现实感，但是方言别人又不懂。"因此，作为实验"采用方言的语调和语法上的特色而形成的共通语"被他编制出来。在这里，重要的是大城认为别人不懂冲绳方言的想法，由此可以看出大城在小说创作上意识到了需要在"日本文学"上进行展示。①

这里的"日本文学"指的是本土文学。大城为了体现冲绳的特色部分使用了冲绳方言，但是又为了被本土接受而对冲绳方言有所调整，进行了"实验方言"的尝试，创作了短篇小说《龟甲墓》。他之所以编制出"实验方言"就是为了本土人能够读懂冲绳的文学作品。可见，大城是抱着把冲绳文学推向本土的强烈愿望才这样做的。但是，令大城立裕失望的是《龟甲墓》没有被本土关注，直到第二年他的中篇小说《鸡尾酒会》才获得了本土的文学大奖——芥川文学奖。而大城本人认为《龟甲墓》更成功，只是其文学价值本土不能理解而已②。在方言创作实践方面，冲绳作家东峰夫获得了成功。1971 年东峰夫带有冲绳方言的作品《冲绳的少年》获得了芥川文学奖。1972 年冲绳的管理权由美国移交给日本，标准语在冲绳进一步普及，现在冲绳已经很少有年轻人会说流利的冲绳话，冲绳方言面临失传的境遇。冲绳拥有独特的语言，司马积极赞成普通话普及的观点是有一定的局限性的。

---

① 武山梅乘『不穏でユーモラスなアイコンたち——大城立裕の文学と〈沖縄〉』，株式会社晶文社 2013 年版，第 25 页。

② 同上书，第 78 页。

三　司马视角

关于冲绳题材的创作，不少近代作家采用了不同的视角。

日本诺贝尔文学奖得主大江健三郎（1935—　）于 1969—1970 年创作了游记《冲绳札记》。大江在《冲绳札记》中写道，第二次世界大战期间，尤其是美军进攻冲绳期间，日本本土军人要求冲绳民众绝对服从军队利益，甚至要求民众"集体自杀"。这给冲绳人带来了极大的痛苦。大江对此表示了极大的愧疚与不安，对近代冲绳人争取权益斗争表示了钦佩。大江苦苦地思索："日本人是什么？能不能把自己变成不是那样日本人的日本人？"① 他对当时本土人的所作所为表示极大的失望，对其原因加以深思，以此反省近代日本对冲绳犯下的种种罪行。不仅如此，大江认为在核时代的今天冲绳仍然被迫做出牺牲。他所认识的美国核战略专家给他描绘出的远东地图中，日本列岛竟然小到不到冲绳的十分之一。这意味着冲绳战略地位的重要性，也意味着冲绳被日本和美国抛到核战争的前沿，它所付出的牺牲与所受的歧视远远超过日本列岛。由此，大江发出感慨："在我的地图里，日本也属于冲绳。"②

在谈到冲绳时，日本列岛往往被称作"本土"，这是为了避免"冲绳—内地""冲绳—日本"产生对立而采用的说法。慢慢地，"本土"变成了通用语。大江对"本土"一词的含义加以剖析。"由于所有人都认为'本土'是同质化的，以至于说'到本土去'，就意味着到本土的哪里去都不成问题"③。大江赞成东江平之在《冲绳精神风景》中的观点，认为"本土"一词把日本各地同一化，实质上归根结底还是一个与冲绳对立的概念，这种意识本身就是一个问题。所以，"本土"实际并不应该存在④，去除"本土"意识才是与冲绳平等沟通的正确姿态。大江健三郎一针见血地指出了被日本"本土"牺牲的冲绳的命运以及被异类化的倾向，大江健三郎对日本政府的批判是显而易见的。

---

①　大江健三郎：《冲绳札记》，陈言译，生活·读书·新知三联书店 2010 年版，第 12 页。

②　同上书，第 11 页。

③　转引自大江健三郎《冲绳札记》，陈言译，生活·读书·新知三联书店 2010 年版，第 171 页。

④　同上书，第 154 页。

　　对以上谈及的第二次世界大战期间冲绳的悲惨命运，司马辽太郎也深表遗憾，都城首里的古迹受到极大的损害；大多数居民无家可归，死亡人数高达 15 万人。司马对冲绳在战争中受到的伤害深感痛心，"就冲绳来思考问题的时候，一涉及这件事，总是有自己活着就是罪过的一种忧郁袭来，头脑中一片空白。经常如此，至今也没有办法"①。"二战"期间，司马本人在坦克兵部队服役。1945 年从中国东北经朝鲜半岛被调往南方。在釜山登船时以为将会被调往南部，没有想到被调回了日本关东地区。结果包括东京在内的拥有 500 万居民的关东平原没有成为战场，日本本土得以幸免，而拥有 50 万居民的冲绳却饱受了战争的折磨。司马深深地感慨："冲绳成了替身。"② 司马在游记中写到不少有过"二战"经历的人和他交谈时都尽量避开战争这一沉重的话题。这可以说是人们对待过去痛苦的一种态度。司马的作品与大江有所不同的是大多数内容侧重在当地的宗教、风俗、人情。

　　著名历史小说家陈舜臣 1992 年创作了长篇历史小说《琉球之风》③。作品主要描述了冲绳在琉球时代与明清时代的中国的朝贡关系，以及日本萨摩藩④对琉球的占领与压榨。陈舜臣把侧重点放在琉球与中国明朝的交流上。作品的开头就用大量的篇幅描述了 1606 年琉球政府如何重视明朝派来的册封使，以及对接待准备工作的重视、接待的隆重程度。但是之后不久的 1609 年，琉球被萨摩侵占。萨摩也十分重视向中国的朝贡。因为附属国每次到中国朝贡，中国朝廷都会以大国身份把大量的物品回馈给使节，价值远远超过朝贡品。朝贡被琉球当做一种贸易往来加以重视。萨摩为了经济利益，要求琉球隐瞒被侵占的事实，在表面上以独立王国的名义继续保持朝贡关系，保持与明朝、清朝的往来。作品以琉球人经过努力于 1663 年迎来清代第一届册封使而结束。《琉球之风》强调了册封贸易对琉球经济、萨摩经济举足轻重的作用，以及萨摩对朝贡贸易的重视。本作品在第二年被日本 NHK（日本放送协会）拍成"大河"电视连续剧，登上电视屏幕全年播放。

　　由以上分析可知，关于冲绳的认识以及认识的侧重点，司马与其他

---

① 司马辽太郎『沖縄・先島への道』，朝日新聞出版 2008 年版，第 20 頁。
② 同上书，第 22 页。
③ 『琉球の風』，講談社 1992 年版。书名笔者译。
④ 现鹿儿岛县。

作家有所不同。司马更侧重于冲绳的风土文化，而不是关于问斩、关于琉球王朝。司马认为冲绳属于日本文化圈，对冲绳与中国的历史关系以及文化、贸易关系的描述篇幅不多，对近代日本给冲绳人民的伤害也很少触及。

难以忘却的故土情怀

——论东欧犹太移民在美国的文化适应①

傅　勇

　　近年来，许多西方学者逐渐把美国犹太文学研究的关注对象由
"二战"后涌现出的诸如辛格和贝娄等一流作家转向早期作家。早期
美国犹太作家指自 19 世纪 80 年代至 20 世纪 20 年代之间的三次移民
浪潮中来自东欧国家的犹太移民。他们大多出生于波兰和俄罗斯，因
生计所迫历经颠沛流离的漫漫迁徙来到美国，其赖以生存的文化根脉
已然从故土文化中剥离，却又因异域文化的排斥而无法在异国生根萌
芽。当根深蒂固的犹太传统为客国异质文化所鄙薄时，失落、虚空和
焦虑就如影随形；他们自称为无根的一代，彷徨地游离于故土与异乡
之间，缺乏归属感。由于浸淫犹太文化多年，他们继而产生对故国的
深度思念与依赖。这种对故土的眷恋，随着时间的推移和境遇的变
迁，可以使故土成为一种形而上的隐喻，也就奠定了美国犹太小说
"流放情结"的自然表现方式。

　　本文从三位颇具代表性的早期美国犹太小说家的著作中分别遴选出
几部经典作品，分析隐匿在东欧犹太移民自身的文化映射，从他们身处
犹太传统和异国主流文化的尴尬境遇中反观东欧犹太移民挥之不去的故
土情怀。

一　《戴维·莱文斯基的发迹》：回归理想的家园

　　亚伯拉罕·卡恩（Abraham Cahan，1860—1951）是 20 世纪初期最重
要的美国犹太作家。他不仅用意第绪语写作，而且经过 5 年学习也掌握

　　①　本课题为北京语言大学英语语言文学北京市重点学科经费专项资金资助（院级项目）。

了用英语创作的技巧。学界普遍认为卡恩对美国文学的最大贡献是他的长篇小说《戴维·莱文斯基的发迹》（*The Rise of David Levinsky*, 1917）。这部小说在当时被誉为是一部记录东欧犹太移民"伟大历程的绝无仅有的纪录"，生动地刻画了莱文斯基由一个一贫如洗的俄罗斯裔犹太移民跻身美国纽约上层社会的传奇历程。从 19 世纪 80 年代开始，大批犹太移民迫于沙俄的残酷迫害，远渡重洋来到美国，期望在这块"没有郁金之树和引诱之蛇的伊甸园"里重塑属于自己的一片新天地①。少年时期的莱文斯基正是在移民美国浪潮的吸引下，只身前往美国，开始了自己新的人生之旅。

初到美国时，莱文斯基兜里只有 4 分钱，然而，时隔数年，他凭着自己的才干一跃成为一个资产高达 200 多万美元的美国服装业大亨。那么，究竟是什么原因促成了他的"发迹"呢？只要结合美国移民史的时代背景来仔细研读文本不难发现，莱文斯基的发迹正是犹太传统与美国清教文化相互影响、融会贯通的历史见证。美国清教主义提倡勤劳、俭朴和节制的信条，相信在美国只要吃苦耐劳，克服困难并善于经营，就能实现自己的梦想。众所周知，本杰明·富兰克林就是从印刷所的穷学徒变成富有的企业家、科学家及政治家，成为在美国这片土地上靠自己的努力实现"美国梦"的成功典范。而犹太的传统思想也强调一种竞争和苦干的人生哲学，鼓励"上帝的选民"发挥个体潜能，奋发图强，成为竞争的胜利者。从这个角度上讲，莱文斯基的故事可以说是犹太文化传统与美国清教价值观高度融合之后在蛮荒的新大陆收获了繁荣和富足的形象阐释。

多数评论家倾向于认为，莱文斯基在美国的发迹是一个犹太人背叛犹太教传统精神的人生经历，背叛的种子早在他离开俄国前就已处于孕育状态②。然而，从更深的层次上看，这种人生经历实际上是犹太教传统和美国文化夹缝之间透视出的"双重人格"。"双重人格"概念并非卡恩的发现，追溯历史，重视分裂人格的描写一直是欧美的文学传统，德国的 E. T. A. 霍夫曼，俄国的陀思妥耶夫斯基都写过"双重人格"主题的小

---

① Melville, Herman, *White-Jacket*; *or*, *The World in a Man-of-War*, Oxford, New York: Oxford University Press, 1850.

② Gigues, Sam, *The New Covenant*: *Jewish Writers and American Idea*, Chapel Hill, N. C.: University of North Carolina Press, 1984.

说，然而，不可否认，作为一位少数族裔作家，卡恩开启了美国犹太小说"双重人格"主题的先河。在阅读莱文斯基的发迹史过程中，我们总能感受到索尔·贝娄的《赫索格》或辛格的《肖莎》等。虽然贝娄和辛格在表现这一主题上使用了更加娴熟的叙述策略，更加深刻地剖析了人物的心理特征，但是他们都曾以不同的方式和口吻表示过自己从卡恩小说人物的双重性格中寻找到了一个方便入口①。这个入口使我们当今的读者能够站在美国犹太文学的总体框架下全面透视犹太移民在美国的普遍境遇。

在卡恩的小说中，莱文斯基的发迹恰恰是他人格分裂的形象阐释。莱文斯基出生在俄国西北部的一个犹太社区小镇。他的母亲是一个传统的犹太妇女，丈夫去世后，她饱受异教徒的欺凌和生活的磨难，却为生活拼命挣扎，以自己的辛苦劳作供养莱文斯基到塔木德神学院接受犹太传统教育。当看到莱文斯基沉迷于上帝的神性世界中时，"她抑制不住心头的喜悦，时不时地感叹一声，似乎喜悦的暖流从她的胸中自然流淌出来"②。为了使儿子不受异教徒的伤害，母亲与异教徒发生争执，惨遭毒打致死。母亲的死让莱文斯基开始意识到犹太人的生存和犹太人的身份问题。

雷伯·森德是一个正统的犹太教学者。他对莱文斯基关爱有加。莱文斯基母亲去世后，森德领养了他，并传授给他《塔木德》教义："你能测量海的深度吗？你当然也无法测量塔木德的深度。"森德曾对莱文斯基这样说，"戴维，学习上帝的神谕吧，再没有比这更幸福的了。财富算什么？痴人说梦。这个世界算什么？过眼烟云。唯有另一世界更为真切实在，唯有善行和神学才有切实的价值"③。森德孜孜不倦地对他灌输善行与仁爱。他还说："如果一个人不善言词，不要讥笑他而要同情他，你要与傲慢、嫉妒及各种邪恶的心理倾向作斗争。记住，所有学问的精华可以用'爱邻人如己'一言以蔽之。"④

在森德的影响下，莱文斯基培养出忠于犹太传统、热爱家庭、待人

---

① Shatzky, J. & Taub, B., *Contemporary American Jewish Novelists: A Bio-Critical Sourcebook*, Greenwood Press, Inc., 1971.

② Cahan, Abraham, *The Rise of David Levinsky*, New York: Harper & Row Publishers, 1917.

③ Ibid..

④ Ibid..

真诚等一些优良品质。这种优良品质表现出东欧犹太人与东欧故土以及
与上帝之间的永恒关系。即使在他功成名就之后，莱文斯基仍然念念不
忘逾越节，对他来说，逾越节不仅是犹太人的传统节日，也是他悼念母
亲的日子。所以，他每年至少去犹太会堂两次以示纪念。与范妮订婚之
时，正是他春风得意之际，出于对母亲的怀念和对自己事业成功的喜悦
之情，他又去了犹太会堂，这说明作为美国公民的莱文斯基对民族和故
土仍有一种宗教式的依恋之情。

　　但是，美国的功利主义和实用主义也对莱文斯基产生着很大的影响。
在达尔文的进化论和斯宾塞的社会学理论的影响下，他逐渐形成了一套
弱肉强食、你死我活的人生哲学。同时，他的好友纳夫塔利不断向他灌
输自由主义思想，他开始偏离民族文化传统与信仰，"现在我与上帝的交
流已极为稀少，我读书时，上帝的荣耀不再"①。美国与东欧有天壤之别，
森德曾教导过的善行与仁爱显然已经过时，这里是"一个大的养鸡场，
所有的鸡互相抓啄，为了抢得一份有限的谷粒"②。美国为东欧犹太移民
提供了政治和人身自由，也为他们步入商业成功之路提供了机遇。因此，
莱文斯基的经历隐喻着他源自东欧犹太传统却接受美国世俗文化这一分
裂的人格特点。

　　莱文斯基的形象血肉丰满，身世传奇。他的传奇性与日常性如同一
个硬币的两面，令人惊讶又令人信服地自然统一在他的感情寄托和精神
追求之中。他在美国服装行业大展身手，却又要时时警惕早于他们移居
美国的德裔犹太商人的监视打压，与美国商界各路实力派虚与委蛇，与
同行竞争对手斗志斗勇，纵横捭阖。然而，在他那左右逢源、圆滑处世
的外表下却依然保留着东欧犹太人的至情至性的本色。卡恩以旁观者的
超然全方位地展示了莱文斯基发迹现象背后的那个本真："当我默察内心
的自我时，却发现自己骨子里与三四十年前还是一个样。我现在所拥有
的地位、权力以及唾手可得的世俗欢娱等等对我来说似乎都毫无意义。"③
莱文斯基在卷首的喟叹揭示出他坎坷而又辉煌的一生中的矛盾纠结，他
无法用过去宗教层面上的"我"解释当下世俗生活中的"我"，更不能联

---

① Cahan, Abraham, *The Rise of David Levinsky*, New York：Harper & Row Publishers，1917.

② Ibid..

③ Ibid..

结自己理想中的美国与世俗的美国。对于卡恩来说，"双重人格"概念不只是谋篇布局、贯穿全书的叙事技巧，更是洞悉人心的角度和剖析人心的路径。小说的结尾与卷首相互呼应，莱文斯基在事业顶峰时更多了些真心的忏悔和矛盾的流露，而鲜有以飞黄腾达为荣的炫耀：

> 我永远不会忘记过去的痛苦生活，不能逃脱过去的自我，我的过去与现在很不相称。戴维那个曾经在一个犹太会堂前仰后合地诵读《塔木德》的穷小子，好像在深层次上与如今路人皆知的车衣业主戴维·莱文斯基有更多的相同之处。①

这个巧妙的首尾安排映射出一个与万众瞩目不同的莱文斯基——这是一个饱受矛盾心理煎熬的两面体。莱文斯基的这种思考导致了关于小说"双重性格"主题的疑问：人的外部成就与人的内部思想是否一致？莱文斯基身在美国，却梦绕魂牵于俄国的故土；他对美国的世俗文化有着强烈的渴望，但仍虔信《塔木德》教义。他对自我的质疑给他的发迹增添了更大的戏剧性。如果说他是擅长营私、热衷实力的企业家，他也是崇尚理想、注重感情的思想家。正是在这个意义上，莱文斯基的发迹并不是传奇故事，他的成功之路宏观地展示了 20 世纪初期丰富多变的移民潮流中的历史具象，深刻地折射出人性的复杂与坚韧，真实地揭示了东欧犹太移民融入美国社会的趋势及其内在的秘密。虽然传统文化为世俗文化所取代的进程不可逆转，但人类对故土的眷恋却历久常新。在更高的历史阶梯上回归和重现传统观念是人类的一个现代梦想。

二 《养家的人》：父女情未了

安斯阿·伊捷斯卡（Anzia Yezierska, 1885—1970）是 20 世纪初期美国犹太文学中最为耀眼的女性作家。经历了艰难的童年时光和失败的婚姻之后，她发现自己不可能从家庭生活中得到幸福。然而，在公众的眼里，她仍是一位面容秀丽、充满激情的女性作家。美国文学评论界把她比作"具有移民身份的灰姑娘""一个介于美国和犹太两种文化之间的使者，并以亲身经历向美国新世界演绎犹太女性敢于冲破旧传统，寻求自

---

① Cahan, Abraham, *The Rise of David Levinsky*, New York：Harper & Row Publishers, 1917.

由、平等与自立的作家"①。综观其一生创作，伊捷斯卡对于这种评价当之无愧。在父权文化主宰的背景下，作为一名女性作家，她感悟到了她以及其他女性所面临的不能理解且难以超越的种种传统戒律和道德规范。在她的小说里，我们不仅可以读到 20 世纪前半个世纪女性意识觉醒的真实写照，而且还能感触到一位东欧犹太女性作家自己深刻的生活体验。

　　《养家的人》（*Bread Givers*，1925）是伊捷斯卡的代表作。从她对自身甘苦的叙述中，我们不仅能体悟到犹太女性寻求自我身份的心路历程，还能感受到她们对故土的深切情怀。小说描写斯莫林斯基一家在美国的现实处境。在这个传统的东欧犹太移民家庭里，斯莫林斯基作为父权文化的化身俨然是一家之主，他奉行男性中心主义，在家里拥有绝对权威。他恪守犹太教伦理，整日浸沉在希伯来经文里，不问世事，不理家政，把读经和祷告看成是自己人生中最崇高、最神圣的事情。他认为自己只要精通了律法，就尽到了做父亲和丈夫的责任。他曾直言不讳地对全家人说："《托拉》里说过，只有依靠男人，女人才能生存；只有通过男人，女人才能进入天堂。"②

　　在斯莫林斯基的威严之下，妻子和四个女儿逆来顺受，不敢有半点儿反抗之意，她们没有属于自己的生活，完全成为了没有主体性价值的劳动工具。"我们的祷告从来都是于事无补的"，小说的女主人公萨娜痛苦地哀怨道，"因为上帝听不到我们的声音。天堂与来世是属于男人的，女人进不了天堂，因为她们是男人的妻女。女人天生不能研习《托拉》，她们只能帮助男人研习《托拉》。她们洗衣做饭，让男人安心研习《托拉》，只有这样，她们才有可能和男人一起升入天堂"③。

　　美国犹太裔学者一直认为小说中的母亲是犹太传统父权制下的一个顺从、僵化的女性，一位可以被犹太父权标榜为"才德"的女性典范④。她未到美国前就操持着家庭的生计，同所有的犹太女性一样，她没有学习宗教经典的权利，也不可能在犹太会堂中占有一席之地。她羸弱的身

　　① Neidle, Cecyle S., *America's Immigrant Women*, New York: Hippocrene Books, 1976.

　　② Yezierska, Anzia, *Bread Givers: A Struggle between a Father of the Old World and a Daughter of the New*, New York: Persea Books, 1925.

　　③ Ibid..

　　④ Henriksen, Lousie, *Anzia Yezierska: A Writer's Life*, New York: New York State University Press, 1940.

体承受着"血汗工厂"里繁重的体力劳动和无休止的家务。她那被冬日吹得"椿红的脸颊"[1] 和那由于过度劳累而"压弯的腰背"[2] 印证着一个贤妻良母的"才德"。"她在迅速衰老",萨娜痛苦地回忆着,"长期的劳累使她眼皮下垂,眼下露出黑圈儿"[3]。母亲默默维系着一切,以从容的态度面对陌生的新世界。在她那慈爱、温顺和自我牺牲的妇道"才德"中透露出犹太男权思想的丑陋和冷酷。

斯莫林斯基的男权思想直接导致了女儿的婚姻悲剧。他把大女儿贝茜"卖"给了一个年近花甲的鱼贩,一个有着六个孩子的鳏夫;他把二女儿玛莎嫁给了一个钻石商,而这个所谓的钻石商不过是个挥霍无度的骗子;他把三女儿范妮娅许配给了一个阔商,而这个阔商也最终堕落成一个赌徒。在父权制的紧箍咒里,三个女儿相继顺从了父亲为她们安排的命运。她们明知摆在面前的是火坑,却不得不往里跳,因为她们都把婚姻当成逃避父权囚笼的唯一出路,结果,都成为父权制下的牺牲品。只有萨娜敢于挑战父权的压制。在她的血管里流淌着勇气、智慧、自信和反叛的脉搏。尽管她的反叛是自发的,却在一定程度上促成了她的自我意识的觉醒:

> 我越来越发现,这个鬼迷心窍动辄以律法来教训我们的父亲原来是一个与沙皇别无两样的暴君。他赶走了贝茜的未婚夫,又吓跑了玛莎的情人。每当他伤害了我们感情的时候,他训斥的嗓音就变得愈加高亢而响亮……仿佛从我们出生那一刻起,他就牢牢地记下我们的一切过失,然后,就以这些过失为借口,对我们百般挑剔,直至我们痛哭流涕为止。[4]

在萨娜眼里,这个穷途末路的家庭代表着一种让人日益沮丧、绝望的文化传统。作者用近半部书的笔墨来书写父亲一度令萨娜感到羞耻的缺陷:专制、家暴、自恃与潦倒——这些看似自曝家丑的做法,奠定了本书浓

---

[1]　Yezierska, Anzia, *Bread Givers: A Struggle between a Father of the Old World and a Daughter of the New*, New York: Persea Books, 1925.

[2]　Ibid..

[3]　Ibid..

[4]　Ibid.

厚纪实色彩的基础。

对于渴望自由与平等的萨娜来说，父权毁掉了几个姐姐的幸福也预示着自己命运的无盼无助。她要走出"家"的四堵墙，依靠自己的力量实现自身的价值。她选择了读书作为实现自身价值的目标。她坚信女人必须有知识才能抗争传统的伦理秩序和生活模式，赢得独立与自由的生活。她白天在洗衣店打工，晚上走进公立学校读书。尽管形单影只，备感离家后的孤独无助，但她没有被逆境压垮，始终保持着积极乐观的生活勇气和韧性。住在一间狭窄龌龊的小屋里令她感到压抑窒闷，但这毕竟是属于她自己的私人空间。她在这里读书学习，做她自己想做的事情。这个狭小的房间为她拓展自己的心灵世界提供了无限空间，"这里有我的生活，我的事业。这里是我自强自立的开端"[1]。

萨娜渴望读书，"想学习，想体验一种新的生活，想进入学校"[2]，这正是当时很多东欧犹太女性的心声。在东欧犹太社区，妇女被《犹太法典》禁锢，得不到接受正规教育的机会。在美国，公立学校不存在这种性别歧视，从客观上为犹太女孩提供了教育机会。在美国自由气息的影响下，许多犹太女性将教育自由列为美国自由精神最重要的部分。萨娜凭借着自己的勤奋和刻苦的钻研精神向世人证明女性不仅可以研习《托拉》，而且能与男性一样取得事业上的成功。她学业优异，不仅毕业论文荣获学校嘉奖，而且被学校聘为终生教师。

西方不少学者倾向于把《养家的人》与传统女性主义小说相提并论，其实这是对文本进行字面化阅读的结论。伊捷斯卡通过一家之主的父亲形象来映射其对故土的残存印象，进而抒发自己对故土情节的复杂心理。该小说以萨娜和父亲的重聚做结尾说明作者并没有彻底颠覆对传统父权的定义。在不惑之年，萨娜与父亲在街头不期而遇，此时的她已经光辉灿烂地漫步于幸福的家庭生活，而看着老迈的父亲走在人生的边缘，她的骨肉之情油然而生：

> 我得回到二十年前自己为争得自由而不得不出走的家。当时在

---

[1]　Yezierska, Anzia, *Bread Givers: A Struggle between a Father of the Old World and a Daughter of the New*, New York: Persea Books, 1925.

[2]　Ibid. .

我反叛的幼小的心里，只有出走才能摆脱这个家。而现在我却意识
到一种责任感时时追赶着自己，而我必须面对这个责任感。①

这种平白、质朴的叙述真挚而扣人心弦，它表达了萨娜对苦难中的父亲
的同情与理解。时光穿梭，流年飞逝，母亲已不在人世，父亲白发稀疏，
弯腰驼背，更显得苍老无助，但他却依然固守着犹太传统。正如伊格尔
顿指出的，"民族主义……在一定程度上属于我们所谓的道德问题"②，萨
娜的犹太身份让她意识到道德上的责任，她发现父亲的"劣迹"不仅情
有可原，而且身上还有很多难能可贵的品质，这些使她对父亲童年的
"恐惧"记忆转变为如今的愧疚。她把父亲接到自己家里，让他在安宁和
谐中度过自己的晚年。作者在塑造萨娜这个女性形象的过程中阐释了自
己对"美国化"这个老生常谈却永不过时的话题的理解：当儿女们羽翼
渐丰，翱翔在自己的天空中，凝视着老境的父母，可否冷静地想过自己
对家庭的责任？萨娜对父亲的关注与爱心不仅说明她对家的依恋，更展
示了她难以忘却的东欧情结，这种本土文化的心理决定她只能在犹太思
维基础上接受美国化，也预示着在美国犹太人的生活中犹太传统与美国
文化相互交融的可能性。这是伊捷斯卡的个体记忆与种族经历的契合点，
也正是在这种契合点和现实层面之间的张力使得小说的叙事结构得以
延伸。

三　《就说是睡着了》：话语间的对抗

亨利·罗思（Henry Roth，1906—1995）是美国文坛上一位颇受争议
的作家。《就说是睡着了》（*Call It Sleep*，1934）取自他个人的生活经历，
也是使他声名鹊起的唯一作品。这部小说于1934年出版，当时的研究界
对它的热情相当有限。30年后，美国文学批评界又重新提起这部作品，
并将其视为美国现代经典之作。究其原因，主要是因为小说反映了犹太
人对逝去的东欧岁月和传统价值的深深眷恋之情，而这恰恰迎合了当时
美国广大读者的怀旧情绪。对此，罗思颇有感触地说："如果我们断然抛

---

① Yezierska, Anzia, *Bread Givers: A Struggle between a Father of the Old World and a Daughter of the New*, New York: Persea Books, 1925.

② Eagleton, Terry, *Crazy John and the Bishop, and Other Essays on Irish Culture*, Cork: Cork University Press, 1998.

弃犹太人的怀旧情绪，我们就无法理解与自己有关的一些重要方面，也就无法致力于在美国创建属于我们的真正的精神家园。"但他同时又告诫自己的犹太同胞警惕过分的伤感情怀，"如果过度陷入客居身份，我们就会拒绝美国所赋予我们的机遇而成为新的应许之地的新人"①。

正如罗思所言，该小说通过一个犹太儿童从焦虑彷徨到重铸信念的精神历程表现出东欧犹太移民的怀旧之情，映射出少数族裔群体身份作为主观构造物具有的想象性和可变性。戴维在两岁时由母亲金雅从东欧带到美国，与先期到达的父亲阿尔伯特团聚。父亲脾气暴躁，冷酷无情，这使戴维渐渐形成了懦弱无助而又无以名状的恐惧心理。在一个强势文化掌控的社会里，他经常受到一些异族子弟的欺侮，这使他变得更加郁郁寡欢，焦虑重重。作为东欧移民的子弟，戴维无论从地理空间上还是心理情感上都已疏离了祖先生息的故土，但是，故土情感的纽带却依然存在。他的成长经历正是犹太人从古老的东欧来到美国新世界，开始新生活的历史记录。

很多批评家试图用弗洛伊德主义或新精神分析理论研究戴维的心理困境和精神境遇，而罗思本人并不认同用这种批评方法阅读这部小说，他否认自己在小说中运用的意识流、内心独白和顿悟等手法是受到了弗洛伊德的影响，而且强调戴维的神经质的内心世界是宗教和象征主义的一种建构模式。早在1936年，也就是在《就说是睡着了》出版不到两年，美国犹太裔学者哈娜·沃斯内撒提及了该小说中东欧移民对故土的依恋感和归属感的特征，但是，沃斯内撒的观点在当时并没有引起批评界的关注，因为他忽略了少数族裔在异域文化语境中自我同构式情绪的固有矛盾性②。笔者认为，同其他涉及东欧犹太人生活的作品相比，《就说是睡着了》的独特之处在于，该小说从宏观语境历史地反思犹太人自身的人格化和自我同构倾向之间的矛盾，从犹太移民所面临的精神文化困境中，不断强调对本土因素的爱和信任。

小说以"地窖""图画""煤炭"和"铁轨"四个意象为章节标题，搭建叙事框架，这四个意象分别成为了不同语境的外部投射，反映的是人物内心现实的两个方面：一是作为流散移民的现实；二是获得崭新体

---

① Lyons, Bonnie, *Henry Roth: A Critical Study*, New Orleans: Tulane University, 1973.

② Wirth-Nesher, Hana, *New Essays on Call it Sleep*, Ramat Aviv: Tel-Aviv University, 1996.

验的现实。在这样的心理作用下，出现了两种感情的纠结：流放感与罪恶感。对于早期的东欧犹太移民来说，英语是立足美国、融入异域文化的必经阶段，也是融入美国的最大障碍。他们只有在与美国人打交道时才使用英语。因此，罗思笔下的犹太人说出的英语结结巴巴，含混不清。比如，当得知戴维因迷路而被带到警察局的消息后，金雅急忙跑去向警察道谢："T-tanks so—so viel…Herr—Mister. Ve—er—ve—go?"① 金雅说话吞吞吐吐，这不只是语言问题，更说明她在与美国人接触时缺乏自信，这种带有意第绪语腔调的英语使读者体味到了犹太人的边缘地位。为了削弱边缘化的地位，罗思在文本叙述中尝试性地混用了多种语言——希伯来语、意第绪语、波兰语、德语、意大利语和英语，目的不仅是为了凸显人物性格，更希望从犹太人与自己的母语以及欧洲语言的亲缘关系中挖掘犹太人对故土的认同感，同时彰显不同语境对戴维的成长所产生的心理作用。

　　19 世纪赫尔德、施莱格尔等人提出用语言来定义民族，这种"语言民族主义"同样是美国犹太小说的一个重要模式②。然而，选择何种语言作为文本的叙事话语却一直困惑着美国犹太作家。早期的东欧犹太移民大多居住在犹太社区，工作和日常活动都在社区中，彼此之间交流的语言仍然是希伯来语、意第绪语或波兰语，使用这些语言与其说是犹太少数族裔群体在美国的存在，不如说是他们对民族古老历史的回忆。他们处于社会边缘，根据自己群体的特定集体记忆，述说着有别于主导文化语境的故事，构成了一个语言上的对抗空间。比如，当玉溪与金雅发生争吵后，戴维故意用意第绪语冷落玉溪，表示自己站在母亲一边。在此状态下，戴维具有了独特的"存在"感，这个存在"不借助自己之外的任何事物"获得意义。此外，希伯来语也对他的身份起着界定作用。在犹太语法学校他开始领悟到希伯来语是上帝的话语，"一个人一旦会说希伯来语，便可以和上帝交谈"③。他虽然不会说希伯来语，但每当听到有人说希伯来语，他就仿佛听到了一曲优美的音响。他还发现，"自从走进

---

①　Wirth-Nesher, Hana, *New Essays on Call it Sleep*, Ramat Aviv：Tel-Aviv University, 1996.

②　珀尔塔·查特吉：《民族主义思想与殖民世界———一种衍生的话语?》，范幕尤等译，译林出版社 2007 年版。

③　Roth，Henry，*Call It Sleep*，New York：Farrar，Straus & Giroux，1991.

犹太语法学校，他的生活开始发生了奇妙的变化，仿佛自己正在接近上帝"①。希伯来语构成了戴维成长过程中的话语核心——东欧故土——的本质所在。

在小说的第二章，罗思重点描写了一幅盛开的矢车菊的风景画。这幅画是金雅在奥地利买下的，一直挂在她卧室里，每当看到这幅画，金雅便回想起自己在奥地利时的那段过往。她曾爱过一位教堂里的管风琴演奏师，但遭父亲反对而被迫解除婚约。在模糊景物的衬托下凸显的是忧郁消沉的金雅。在给波莎讲述画的意境时，她有意用波兰语回避在一旁的戴维，"每当我走进田野，看到脚下绽放的蓝蓝的矢车菊时，心情激动不已，我还记得正是在那里，我和他最后一次相遇"②。对金雅来说，这幅画隐含着自己过往经历中的诸多遗憾，而戴维却不必对此知根知底。戴维虽然听不懂其中的内容，却可以感受其中的情感和情绪，犹太人的波兰语依然包含着犹太人"内心的、私密的主旋律"，戴维能够把犹太人的情感、语调、感觉等与波兰语结合在一起，从而将波兰语犹太化。按照当代美国批评家西奥多·格劳斯（Theodore Gross）的说法，这幅画是记忆中的过去在现实中的重现③，金雅"把过去作为现实的镜子，从画中提炼出其本身具有的故土情怀"④。她特意买下这幅画就是为了能够重温过去的时光。时光易逝如白驹过隙，萦绕于金雅心头的流放者情结被悬置起来，对流放身份的确认无法消解对欧洲故国的依附和对客居之地的排斥心理。从这个意义上讲，罗思使用这种表现手法来透视人物的内心现实，其引人注目之处不在于对实际景物的偏离，而在于根深蒂固的东欧故土的意象。作家心中激荡的是回归过去的渴望和对故地的依恋。对幼小的戴维而言，画中呈现的陌生的异域风情激起了他的猎奇之心，他只能基于自己所处的环境以平静心态去理解它。

小说中一个令人玩味的地方是有关"煤炭"的宗教指涉。"煤炭"象征着黑暗，对戴维来说，它与"肮脏"直接联系起来。为了准备成年礼仪式，一个名叫门戴尔的犹太学生背诵了《圣经·以赛亚书》上的一段

---

① Roth, Henry, *Call It Sleep*, New York: Farrar, Straus & Giroux, 1991.

② Ibid. .

③ Gross, Theodore L. , *The Literature of the American Jews*, Glencoe, Illinois: Free Press, 1973.

④ Roth, Henry, *Call It Sleep*, New York: Farrar, Straus & Giroux, 1991.

话："那时我说：'祸哉！我灭亡了！因为我是嘴唇不洁的人，又住在嘴唇不洁的民中；又因我眼见大君王万军之耶和华。'有一撒拉弗飞到我眼前，手里拿着红炭，是用火剪从坛上取下来的，将炭沾在我的口，说：'看哪！这炭沾了你的嘴，你的罪孽便除掉，你的罪恶就赦免了。'"（《圣经·以赛亚书》，6：5—7）戴维对煤炭的神力深感敬畏。他思忖道："干净？光明？想知道如果？但愿我能问他犹太人为什么脏？他们干了些什么？"① 戴维对"煤炭"意象的挖掘预示着他宗教意识的提高，而且真切地代表了犹太人初到美国时的那种消极无望的流放心态。当他的基督教小朋友列奥·杜格乌卡告诉他犹太人是杀害基督的凶手时，戴维感到极度困惑，以致他在列奥家看到基督画像和十字架后便表白基督的光环比以赛亚的大，这反衬出犹太人在异域主导文化下的焦虑和不安。戴维努力思考着这些问题并试图挖掘自身的民族性。格劳斯称"戴维要挖掘的是自己的血源，自己的根和在成长的自我"，正是在这个意义上，他的成长具有了寻找身份的价值②。罗思将个人的、群体的、宗教的等各种因素放在同一水平面上，把戴维的个人精神之旅与民族身份之旅重合在一起。

　　在第四章中，戴维站在自家的房顶的阁楼里，看到阳光透过阁楼窗户直射进来，他仿佛由此得到一种新的启示："静谧的阳光照耀着雪地，天地间跃动着白炽的光芒，他顺着白炽的光向上攀登。"③ 此时，《以赛亚》书上的那段话再次浮现在他的脑海里，那段话使他在精神上得到了提升："过去的光芒在他的头脑中重谱新篇。"④ 他还想起当时拉比对这段话的解释："我，一个不洁的犹太人见到过他（全能的神）！看，我的唇部干净，我住在一个不干净的地方。对犹太人来说，那时是罪孽深重的。"⑤ 此时，戴维不由得联想到母亲的那幅画，母亲的过去带给他的是"罪恶感"，而且，这种"罪恶感"深埋在他的潜意识中。

　　罗思为戴维的成长不断地调和着不同的语境：多数犹太人为了生存

---

① Roth, Henry, *Call It Sleep*, New York：Farrar, Straus & Giroux, 1991.

② Gross, Theodore L., *The Literature of the American Jews*, Glencoe, Illinois：Free Press, 1973.

③ Roth, Henry, *Call It Sleep*, New York：Farrar, Straus & Giroux, 1991.

④ Ibid..

⑤ Ibid..

的需要而开始学习说英语，意第绪语是德国犹太人的语言，希伯来语是犹太教的宗教语言。戴维生活在这样一个混杂的语境中，颇感困惑。他时而说英语，时而说意第绪语，时而接触自己听不懂的希伯来语和波兰语，对他来说，不同语言蕴含着不同的文化意义：英语是立足美国的工具，意第绪语是故土语言，波兰语对他来说是外语，希伯来语是"奇特而又神秘的上帝话语"。在不同语境中他被迫扮演着各种文化身份。在小说的结尾，戴维遭电击昏迷，当他被一位医生和警察抬回家后，他在恍惚中听到满屋子的人说着不同的语言。金雅用意第绪语低声沉吟着，医生用德语告诫金雅如何护理他，阿尔伯特吞吞吐吐地用英语和警察解释着什么。刹那间，戴维仿佛回到了《圣经》中的巴别塔的世界里，在多种语境的笼罩下，他努力地找寻自己的声音，追寻能够表达自己的话语。

从总体上说，早期美国犹太作家笔下的东欧故土情结有其积极的历史意义。他们的出发点在于维护本民族的文化尊严，消解西方文化的话语霸权。东欧故土不仅保存着犹太历史的符号，也保存着犹太民族的文化记忆，既属于地理空间，也存活于犹太人的心间。自 19 世纪 80 年代至 20 世纪 20 年代数十年的移民迁徙和身份追寻固然给犹太人带来了新的生存机遇，但这并不意味着几千年的文化遗产的丧失。当然，在文化融合这一大的趋势下，固守文化的本原固然不再可能，犹太文明面临新的挑战，犹太教和犹太传统必然经历理念和形态的转型。然而，宝贵的民族文化传统不能在异域文化的旋涡中销声匿迹，如何保持民族文化传统，并海纳百川地吸纳世界文化的精华，这应该是早期美国犹太小说给予世界各民族的深刻启示。

从话语功能看话题标记的实质[①]

刘林军

一 引言

话题标记的研究始自国外，主要针对玛雅语、美洲土著语、日语、韩语等进行。一般认为，日语的 wa 和韩语的 -（n）un 都是典型的话题标记，但 20 世纪 90 年代以来，许多研究表明日语的 wa 和韩语的 -（n）un 不是或者不纯粹是话题标记。Gundel[②] 认为日语和韩语的专用话题标记都常用在引进新话题的时候；Tomlin[③] 认为日语的 wa 不是话题标记，而是新信息标记，wa 标记的体词性成分通常是将一个新的实体引入或重新引入语篇；Jun[④] 发现韩语的话题不仅经常不用 -（n）un 标记，-（n）un 还常用于标记焦点。除日语和韩语外，郑恒雄（1992：110）发现布农语的话题标记主要标识新引进的话题或具有对比性的话题。

至于话题标记使用的强制性问题，黄成龙[⑤]指出羌语的后置话题标记都不是强制性的。具体到汉语更是如此，有关话题研究的争论颇多，但

① 本文已发表在《语言教学与研究》2013 年第 3 期。本课题为中央高校基本科研业务费专项资金资助（院级项目）及北京语言大学青年自主科研支持项目（10JBG03）。

② Gundel, Jeanette, "Universals of Topic-comment Structure", In Michael Hammond et al. (eds.), *Studies in Syntactic Typology*, Amsterdam/ Philadelphia: John Benjamins Publishing Company, 1988, pp. 209 - 239.

③ Tomlin, Russell S, "The Cognitive Bases of Functional Interaction", Paper presented at the *Colloquium on Discourse: Linguistic, Philosophical and Computational Perspectives*, University of Pittsburgh, 1995.

④ Jun, Jong-sup, *Korean has no Unique Topic Marker*, Language and Linguistics 39, 2007, pp. 199 - 218.

⑤ 黄成龙：《羌语的话题标记》，《语言科学》2008 年第 6 期。

就话题标记可省一点却是惊人的一致①。

从上述讨论中我们可以看出两点：第一，话题标记的存在不是单纯为了标记话题，其主要功能是组织语篇，即将话题引入或者重新引入语篇；第二，在有形态的语言中，话题标记的使用也并非强制性的。由此可见，从话题标记的形态到功能还缺少应有的共识。一般来说，话题标记的主要功能在篇章方面，这是由话题在语篇中的地位决定的。基于此，本文将重点考察自然生成的汉语语篇中话题标记的运用情况，从而一探话题标记的实质。

二 文献综述

话题标记可以分为前置和后置两类，前置话题标记主要指"至于、关于"等介词和"说到、再说"等谓词性结构，后置标记主要是指语气词。因本文只涉及后者，故将主要回顾有关后者的研究。

首先，方梅②认为，北京话里语气词可以用在句子的当中，有关句中语气词的性质和作用有两方面的共识：（1）句中语气词是停顿标记；（2）句中语气词有引起听话人注意的作用，同时表示某种语气③。与此类似，张伯江、方梅④认为北京话句中语气词是句子主位的标记，是主位和述位之间的分界线，也就是说，句中语气词是个信号，说话人利用它来引起听话人对下文即重要信息的重视。

上述基于北京话的研究是在功能语言学的框架下进行的，也很好地揭示了话题标记的分界线作用，但正如徐烈炯、刘丹青⑤所说，主次信息分界不宜有多个。那么话题标记的实质又是什么呢？

---

① Li, Charles N., and Sandra A. Thompson, *Mandarin Chinese: A Functional Reference Grammar*, Berkeley/Los Angeles: University of California Press, 1981.

Tsao, Feng-fu, *A Functional Study of Topic in Chinese: The First Step toward Discourse Analysis*, Taipei: Student Book Co, 1979.

Tsao, Feng-fu, *Sentence and Clause Structure in Chinese: A Functional Perspective*, Taipei: Student Book Co, 1990.

徐烈炯、刘丹青：《话题的结构与功能》，上海教育出版社 1998 年版。

② 方梅：《北京话句中语气词的功能研究》，《中国语文》1994 年第 2 期。

③ 张伯江、方梅：《汉语功能语法研究》，江西教育出版社 1996 年版。

④ 同上。

⑤ 徐烈炯、刘丹青：《话题的结构与功能》，上海教育出版社 1998 年版。

　　史有为①通过分析和描写现代汉语中主语后停顿与话题的关系，得出了几个结论，其中与本文直接有关的有如下三点：（1）话题是在信息交流动态过程中的陈述对象，是先知信息；（2）通常情况下，主语后停顿具有指明话题、强化话题并使话题带有表述意味的作用；（3）按主语后有无停顿，主谓句可分成三类，即必然话题句（主语后必有停顿）、可能话题句（主语后可有停顿）和无话题句（主语后必无停顿）②。其中第一点对话题信息属性的描述与普遍认为的"已知信息"有所不同，与 Haiman③ 提出的"说出既为已知"倒颇为接近；其次，史有为承认主语后停顿的话题标记作用："主语后的必有停顿是成句的一个要素，缺少该种停顿则无法成句，或将改变主语身份，使整个片断成为偏正结构或同位结构。"④

　　徐烈炯、刘丹青在研究话题的结构与功能时指出，间接激活的信息作话题常常会带有形式标记，主要是停顿或提顿词，而提顿词的作用之一就是预示话题后必有更重要的信息即述题出现，提请听者注意，简言之就是"提顿词有强化话题性的作用"⑤。

　　综上所述，有关话题标记的功能概括起来主要有两点：一是凸显前面的话题成分；二是提示后面的述题焦点。可以说两点都是从听话人的角度出发的，都是为了给听话人以某种提示，而说话人的需要则没有得到必要的关注。本文试图说明，话题标记不仅具有指向标记前后成分的双向性，这种双向性还体现在话题标记的使用既是为了服务于听话人，同时也是说话人的认知需要。

　　史有为曾指出，话题后停顿有时是一种"心理停顿"⑥，但何时使用话题标记，使用话题标记后又对所传递的信息有怎样的影响，还是需要进一步探究的问题。考虑到汉语中话题种类繁多，且在话题的定义和判别等方面仍存争议，本文将集中考察逻辑主语⑦充当话题的情形，并与语

---

① 史有为：《主语后停顿与话题》，《中国语言学报》1995 年第 5 期。

② 同上。

③ Haiman, John, *Conditionals are Topics*, Language 54, 1978, pp. 564 – 589.

④ 史有为：《主语后停顿与话题》，《中国语言学报》1995 年第 5 期。

⑤ 徐烈炯、刘丹青：《话题的结构与功能》，上海教育出版社 1998 年版。

⑥ 史有为：《主语后停顿与话题》，《中国语言学报》1995 年第 5 期。

⑦ 即 Li and Thompson（1981：87）提出的与谓语动词有"做"或"是"关系的名词短语。严格说来，这里所谓的名词短语不够严谨，因为汉语中与动词构成这两类关系的主语不仅限于名词短语，如动词短语也是很常见的。

法主语进行对比,研究主语后何时使用话题标记及标记的话语功能。为此,本研究将分两步走。首先考察带话题标记的主语所采用的编码形式,然后考察人称代词带话题标记后,其后面述题的信息量大小。如果带标记的主语话题编码形式复杂,而简单编码话题后的述题又刚好承载较多信息,那么我们就可证明,决定话题标记使用与否的根本动因是交际双方的认知诉求。

三 研究与发现

(一) 研究方法

本研究从北京语言大学语言研究所的《北京口语语料》抽样 20 万字作为语料,共包括 45 个说话人的录音转写。语料体裁是叙述体的独白,即说话人对给定话题进行陈述。45 位说话人的年龄从二十几岁到八十几岁不等,教育程度、职业也各不相同。

该语料属生语料,即缺少有关标签,需要研究者根据研究目的对语料进行贴标签等加工工作。具体到本研究,首先要对转写材料进行断句切分。因为汉语中的小句缺少明确的定义,口语语篇尤其如此,故本文采用一个比较可行的折中:谓词连同其核心论元作为一个切分单位,并被称为小句,修饰成分则可有可无①。考虑到汉语中主语等核心论元成分也不一定出现在句中,本文将把作谓语的动词、形容词以及名词短语也算作小句,但嵌入的关系子句例外,因为其属次一级的成分,主要起修饰限制作用。

得到小句之后,我们依据停顿和提顿词的使用情况,把主语和后面谓语动词有"做"和"是"关系的小句标识出来,并根据逻辑主语后有无标记区分出主谓结构和主语话题化结构,② 进而对两个结构中的主语和话题的编码形式进行分析和统计。

(二) 数据统计与分析

其实上面提到的主谓结构和主语话题化结构组成一个"最小对立对":这两个结构除后者在逻辑主语后有停顿"及/或"提顿词之外,结

---

① Dixon, Robert M. W., *Ergativity*, Language 59, 1979, pp. 59 – 138.

Du Bois, John W., *The Discourse Basis of Ergativity*, Language 63. 4, 1987, pp. 805 – 855.

② 这样做的更多依据请参照刘林军、高远 (2010) 的有关论述。

构上没有其他区别。这里我们需要研究的问题是：话题标记的使用是随机的吗？有没有什么规律可循？如果有，其遵循的又是什么规律？

表1　　　主谓结构和主语话题化结构中主语和话题的主要编码形式①

编码形式	主语	话题	合计
人称代词	880	56	936
光杆名次	185	47	232
名词短语	644	411	1055
介词短语	26	44	70
动词短语	49	47	96
的字结构	73	40	113
关系从句	20	11	31
主谓结构	16	17	33
合计	1893	673	2566

表1给出了我们对抽样语料中逻辑主语和话题化主语的统计结果：共涉及主谓结构1893例，主语话题化结构673例，其中前者是后者的2.8倍；从两个结构的编码来看，主语倾向于以更为简单的形式出现，话题则要相对复杂一些。比如：人称代词出现在主语中的次数是出现在话题中次数的15.7倍；到光杆名词则明显回落，次数比为3.94，尽管仍高于两个结构的总数之比，但已没有那么悬殊。转折点出现在名词短语的使用上，如表1所示：充当主语的名词短语只有充当话题的名词短语的1.57倍，也就是说只有两个结构出现次数比的一半左右；介词短语的使用情况更为极端，使用于话题的绝对次数已超出使用于主语的绝对次数，而且几乎高达后者的2倍。主谓结构也以使用于话题中的次数为高；至于动词短语、"的"字结构和关系从句，虽然总次数不及使用于主语的，但如果考虑到主谓和话题化这两个结构的总数之比为2.8:1，那么这些相对复杂的编码形式就都以使用于话题中的比例为高了。

数据统计结果表明，尽管主谓结构和主语话题化结构的区别仅在于逻辑主语后是否有停顿"和/或"提顿词，但两个结构中逻辑主语的语言

---

① 表中的编码形式基本按由简到繁的次序排列。

编码形式确实存在差异：主谓结构中的主语倾向于使用较为简单的语言形式，如人称代词和光杆名词，而话题化结构中的话题则更经常采用较为复杂的编码形式。根据 Givón① 提出的象似性原则，指称事物越难以处理，语言形式就会越趋复杂。史有为②认为，句内停顿在汉语中兼有句法功能和语用功能，而主语后停顿就属于这种情形；徐烈炯和刘丹青也强调，"正因为间接激活的信息话题性不如直接激活的信息，所以更加需要提顿词来强化"③。正因话题表达的信息不一定是激活信息，其后的停顿"和/或"提顿词的使用就给了说话人和听话人处理信息的时间，以确保话题的顺利确立。这点可以很容易找到跨语言证据。如 Hinds④ 研究了日语中带 wa 标记的话题的信息属性，发现这些话题表达的多是半激活状态的信息，而非完全激活的信息。因此，从话题的信息属性来考虑，停顿"和/或"提顿词的使用也可谓交际双方认知上的需要。

那么又该如何解释我们的语料中存在编码形式非常简单却带有标记的话题呢？既然前面的话题本身不能给我们以合理的解释，就只能从其后面的内容来探究了。下面我们将重点考察人称代词做话题的小句中述题所承载的信息量。

如表 1 所示，我们的语料中共有 56 例人称代词被停顿或提顿词标记为话题，其中位于篇章开头的有 3 例，段落开头的 1 例，句子开头的 39 例，作为后续小句的 13 例。下面我们先看位于篇章开头的 3 例。

（1）我啊，算，按现在算大专。（099 – T27：1）⑤

（2）哎，我呢是，哎，没有是受过什么高等教育，（015 – D25：1）

（3）嗯我呢是一九六〇年哪，这个初中毕业以后呢，就响应这个国家的号召呢，（162 – H37：1）

常言道，万事开头难，对语篇组织恐怕同样适用。心理学家 Ander-

① Givón, Talmy, *Topic Continuity in Discourse: A Quantitative Cross-Language Study*, Amsterdam/Philadelphia: John Benjamins Publishing Company, 1983.

② 史有为：《主语后停顿与话题》，《中国语言学报》1995 年第 5 期。

③ 徐烈炯、刘丹青：《话题的结构与功能》，上海教育出版社 1998 年版。

④ Hinds, John, "Topic Continuity in Japanese", In Talmy Givón（ed.）*Topic Continuity in Discourse: A Quantitative Cross-Language Study*, Amsterdam/ Philadelphia: John Benjamins Publishing Company, 1983, pp. 43 – 93.

⑤ 括号内冒号前的部分为说话人的代码，冒号后的数字为例句出现的段落序号。下同。

son① 曾提出言语产出的三个阶段模型，即构造阶段——依照目的来确定要表达的思想、转换阶段——应用句法规则将思想转换成言语的形式、执行阶段——将言语形式的消息说出或写出来。在语篇开头，除必要的转换和执行任务外，说话人比在语篇中段要承受更大的篇章组织压力，因此往往需要比较多的时间来整理思路和组织语言。其实这一点从该位置上人称代词的相对高频率使用就可见一斑。具体到例（1），说话者决定把自我介绍作为语篇的起点，并想把自己的学历交代得清楚准确一些，一个"算"字揭示了说话人大脑中在进行某种运算，从而在自指的人称代词后使用了话题标记"啊"；（2）中有表示感叹的"唉"，说明说话人除了想表达的命题外，还有附加的情感表达，也无疑加重了认知负荷；（3）似更能说明问题，说话者首先是回顾过去，先后给出了两个时间，然后才是具体所做的事情，即述题当中的响应国家号召，不表达任何实质意义的"这个"的使用也表明说话人在边想边说，此外，句尾"呢"的使用表明该句话还没有完结，也就是说，说话人此时处理的语言片段相当长，因此也需要给自己多一些时间。简言之，这三例中物化了的停顿（即话题标记）更多的是关照说话人的认知需求。

下面是出现在其他语境中的三个例子。

（4）我，去年，啊，三年了吧，带这一个班，（246 – L23：3）

（5）嗯，她呢，也是那什么，和他们同学一块儿到那个，嗯，内蒙古去插队。（176 – N38：3）

（6）他呢，就是因为这个，因为打架可能是，就是，被公安局逮着了，逮进去了，（309 – X12：5）

（4）是出现在段首的一个语句，述题部分中，后一时间是对前一时间的修正，二者的不统一非常清楚地解释了"我"后面为什么要停顿：说话人在努力地思考。（5）和（6）虽然出现的语境有所不同，一个在句子开头，一个在句子的后续小句当中，但不难看出两个语句都比较长，其中都有插入成分，从而对说话人的认知能力构成挑战，需要有停顿来减轻认知负荷。

更为有趣的是，我们注意到，当说话人一时无法组织起像样的述题时，他们会说一些没有实质性内容的言语来填充述题的位置，如（7）。

---

① 王甦、汪安圣：《认知心理学》，北京大学出版社 1992 年版。

（7） 自己家里的子女是这样儿啊。

<u>在学习上啊，目前来说呢，从自己子女上看呢，有很多的想法儿。</u>
<u>尤其做父母的，对于子女的看法儿呢</u>，什么呢？（043 - N50：2）

这个语段包括三个小句，出现在一个段落的开头，此时说话人正把话题转到子女教育上。仔细观察这三个小句，不难发现说话人没有就新话题给出任何实质性内容，与其说是讲给别人听，还不如说是在自言自语。第一句中"是这样儿啊"可以归为前指成分，指向下面语篇的内容；第二句在连续给出三个话题性成分（加下划线的部分）之后，说话人依然没有组织好思路，于是说了个非常模糊的"有很多的想法儿"；此时语篇还要继续，但说话人依然没有理清思绪，不得已说了个问给自己修辞问句，目的无疑是争取时间，继续组织思想和言语。

此外，这个例子还表明话题—述题组织具有强制性，话题后需要述题出现，即便只是个形式上的述题也要出现。徐烈炯、刘丹青[①]对此也有解释，他们认为"由于提顿词有或强或弱的话题焦点作用，因此，也不可能有太多的成分在同一层次成为话题焦点，所以我们最常见的是两个带提顿词的话题相继出现在同一句子中的情况，而该句中话题数目不一定只是两个"。我们倾向于认为这是受限于人类的认知能力，特别是短时记忆能力，我们不能在大脑中同时储备太多的信息片段，具体到这里就是太多的话题成分，而一旦述题出现，我们的大脑就可以把单个或多个话题连同其述题一并处理，此后就可以作为一个信息单位来存储了。

（三）跨语言佐证

其实这种现象不仅局限于汉语这样所谓的话题突出型语言，下面我们就来看在所谓的主语突出的英语中，停顿是如何来体现说话人的在线信息组织的。

这里我们选用一个名为 Pear Stories（梨子的故事）的在线语料。该语料大约 17 000 词、2 000 个小句，与上述北京话语料在体裁上一致，都是独白体的叙事故事，由 20 名母语为英语的人讲述一个默片中的故事。故事的大意如下：一个男孩趁果农在树上摘果子，偷了他一筐梨，男孩骑车驮着梨离开时不小心摔倒，几个路过小孩帮他拾起，为表示感谢，男孩送给每个小孩一个偷来的梨，这些小孩吃着梨大摇大摆地从果农面

---

① 徐烈炯、刘丹青：《话题的结构与功能》，上海教育出版社 1998 年版。

前经过，果农很是起疑，但又缺乏证据，于是做出颇为困惑的样子。

　　仔细观察语料，我们发现英文中人称代词主语后也可以有停顿，与汉语不同的是，英文中缺少类似于提顿词的话题标记。陈国华和王建国①指出，各种语言都有话题标记，只是话题标记的形式各有不同，语法化的程度也不同而已。经过统计分析，我们发现，整个英文语料中共有48例②人称代词主语后有比较长的停顿（另有一些短停顿，但根据语料撰写说明，那些停顿太短，不好计时），涉及全部20位说话人当中的15人，说明这一现象并非个别说话人所独有，而是颇为普遍存在。下面我们就通过实例来推测停顿发生时，说话人的大脑中在进行什么样的活动。

　　（8）E19：

1　　1.1　　All right,

　　　1.2　　［0.35］it［0.8］starts,

　　　1.3　　［0.15］it seems to be morning. ③

　　从序号可以看出，该例位于整个故事开篇之处。选择从哪里开始本来就不是容易的事，因此说话人首先来了个引起注意但缺乏实质性内容的"All right"，接下来稍做停顿（0.35秒）以代词it开篇。需要注意的是1.2和1.3分别都以it开始，但其所指是不同的：1.2中的it指的是故事，而1.3则泛指时间。其实，这里我们可以看出，在讲1.2句时，说话人还没有想好到底从何讲起，主语前后各有0.35秒和0.8秒的停顿可作为辅证。该例刚好与汉语中位于开篇的例子相对应。

　　（9）E17：

29　　29.1　　［1.3［0.65］A——nd］they see what's happened to the
　　　　　　　l. . little boy,

　　　29.2　　and they come over sort of very calmly,

　　　29.3　　［0.5＋［0.5］a——nd］…help him get on his feet,

---

①　陈国华、王建国：《汉语的无标记非主语话题》，《世界汉语教学》2010年第3期。

②　这里的48例与我们北京话语料中56例从数字上比较接近，如果再考虑到英语语料远远小于北京话语料，貌似这一现象在英语中更为常见。其实不然。众所周知，英语中主语不可或缺，而汉语中无主句则非常普遍。就我们选用的约20万字的语料来看，无主句多达1 600余例，如果补足主语，恐以代词为多，但因在这些句子中主语根本没有出现，因此也就无所谓其后是否有停顿了。

③　英文例句中，第1行为讲故事人的编号，下面各行的序号表明各句出现的语境。具体说明可见在线语料库的介绍。

29.4　pick up his pears for him,

29.5　［1.1? ［0.6］a——nd..］put them back in the basket,

29.6　［0.15 + ［0.15］and..］brush him off, …

29.7　and everything,

29.8　［2.5 ［0.55］a——nd u——m ［0.7］tsk］thenthey ［0.9］u——m ［1.2］put him ［1.5］tsk u——m ［0.15］back on his bike,

29.9　and he goes off. ［0.35］

本例是第 17 个说话人描述一个场景时的一个片段，其中包含了一系列动作，大部分都非常明确，但加下划线的 29.8 小句当中的动作就不是根据电影短片能完全确定的了，也就是说，其中有部分是说话人的演绎，因此造成更多的认知负荷，需要说话人停下来，争取更多的时间来整理思路和组织语言。有时，这种不确定性在语言上可以有显性的表现，如下面例句中加点画线的部分：

（10）E10：

13.4　Like he ［0.45］he um ［1.5］drops …he does a thing and he comes down to ［0.9］he drops a pear,

这个句子比较长，说话人不确定农夫做的到底是什么，于是选择了非常模糊的 a thing。有时说话人会闪烁其词，使用诸如 sort of（如语料中的 E11 30.2）、kind of（E15 30.1）等模糊限制语（hedges），有时说话人干脆明确承认这种不确定性，如例（11）中的 I don't know。

（11）E09：

26　26.1　［0.35］Or he ［0.4］I don't know,

26.2　and he goes and takes it,

与汉语类似，英文中在话题转换的时候，语法主语后也会有停顿，如下例中第一小句的主语是 the other boy，到第二小句时换成了 they，0.2 秒的停顿一方面提示听话人谈论的对象发生了变换，同时也给说话人自己更多的时间来组织语言。

（12）E17：

39　39.1　［0.4］And then the other boy rides off,

39.2　and they ［0.2］continue walking in the ［0.15］in the—— …the direction they were walking in.

综合以上各例，我们不难发现，尽管英语不是话题突出型语言，但其并不缺乏手段来实现话题突出型语言中话题标记的功能，如这里我们讨论的停顿。陈国华和王建国①指出，话题的形位和句法标记都是在话语的基础上形成的，如此看来，包括停顿在内的话题标记应该说都是源于交际的需要。当标记前的成分过于复杂，或后面的成分不易于处理时，就往往会运用标记。从这个意义上讲，话题标记存在于各种类型的语言当中，如主语突出型的英语，其不同仅在于语法化程度不一，如英语中缺少专用或半专用的标记。因此，沿着话题标记这一轴线，各种语言很可能呈现给我们一个连续统。

四　结语

本文从有关话题标记的各种不同意见谈起，运用不同类型语言的真实口语语料，从话语功能的角度探究了话题标记的实质，首次明确了话题标记有双重作用。一方面，话题标记可凸显话题，特别当话题的编码形式比较复杂时，这时话题标记的运用可关照听话人的认知需要；另一方面，当述题部分比较复杂、难以处理时，话题标记的运用又可为说话人赢得时间，因此关照的主要是说话人自己的认知需求。话题标记这种"瞻前顾后"的作用都是为了实现语言的交际功能，因此，尽管世界上各种语言类型不同，在实现这一功能方面却有着很多共通之处。

---

①　陈国华、王建国：《汉语的无标记非主语话题》，《世界汉语教学》2010 年第 3 期。

致使句的语义推衍：以"使"字句
和"把"字句为例①

吴 平

一 问题的缘起

吕叔湘在讲到（1a）中的"把"字句时，认为这句话"循规蹈矩"
的说法是（1b）。②

（1）a. 一个春节把孩子们的心都玩儿野了。

　　　b. 一个春节使得孩子们玩儿得心都野了。

吕先生并没有具体地解释为什么（1a）与（1b）之间存在替换关系，
也没有进一步说明为什么（1b）的说法与（1a）的相比显得"循规蹈
矩"。但是，我们至少能够由此看出两点：一是（1a）与（1b）之间存
在语义相近的句式转换关系，二是（1a）与（1b）在语义上并不是完全
等同的。

"使"和"使得"通常在词典中被列为两个独立的词条。它们表示致
使义时，不同词典对它们用法的描述并不一致。例如，《现代汉语八百
词》的说法是"使"带兼语，"使得"带宾语③；《动词用法词典》则说
"使"和"使得"都做兼语用④。根据吴平对于相关语料的调查，表示致
使义的"使得"和"使"的用法分布是基本重叠的。⑤ 因此，"使得"可

① 本课题为北京语言大学英语语言文学北京市重点学科经费专项资金资助（2012 年）。

② 吕叔湘：《汉语句法的灵活性》，《中国语文》1986 年第 1 期。

③ 吕叔湘：《现代汉语八百词》，商务印书馆 1980 年版，第 432—433 页。

④ 孟琮等：《动词用法词典》，上海辞书出版社 1987 年版，第 657 页

⑤ 吴平：《汉语特殊句式的事件语义分析与计算》，中国社会科学出版社 2009 年版，第
157—164 页。

以看作是"使"的变体形式，这两个词在词典中能用同一个词条来描写。这就是说"使得"句可以合并到"使"字句之中。

本文将在形式化的事件语义理论框架中对表示致使义的"使"字句和"把"字句的句式语义进行对比分析，以期对吕叔湘先生所提出的语言现象做出说明。具体地说，后文将首先对"使"字句和"把"字句的事件结构进行描写，在此基础上对两种句式可替换原因进行探讨，进而对它们的语义差异做出分析。

二　事件语义结构的分析方法

在分析方法上，形式化的事件语义理论遵循了经典逻辑语义学的意义的组合性原则（Principle of Compositionality of Meaning）。这条原则有多种阐释方式，我们采用的是当代形式语义学家 Barbara H. Partee 的表述方式。

（2）一个表达式的意义是其各个组成部分的意义和它们的句法组成方式的函数。[①]

从（2）的定义可以推断出，句子的意义是由句中的词汇意义以及这些词汇的句法组成方式共同构成的。

事件语义学不仅继承了经典逻辑语义学关于意义组合性原则的思想，而且把句子的意义解释为事件结构。Rothstein 研究了从词汇语义到句子语义的推衍过程，改变了以往只关注句子层面意义平面的、静态的形式化刻画的做法。[②] 就表示结果义的句子而言，这一类事件结构可以看作两个具有合取关系的子事件所组成的复合事件。

（3）a. Mary painted the house red.　→

b. 子事件 1：Mary painted the house + 子事件 2：The house became red.

c. $\exists e$ [$\exists e_1$ [$\exists e_2$ [$e = e_1 \cup e_2 \wedge$ Paint $(e_1) \wedge$ Agt (e_1) = Mary $\wedge$ Th (e_1) = The house $\wedge$ Red $(e_2) \wedge$ Th (e_2) = The house]]]

---

① Partee, B. H., "Compositionality", In F. Landman & F. Veltman, eds., *Varieties of Formal Semantics*, Dordrecht: Foris, 1984, pp. 281 – 312.

② Rothstein, S., *Predicates and their Subjects*, Dordrecht: Kluwer, 2001; Rothstein, S., *Structuring Events: A Study in the Semantics of Lexical Aspect*, Malden, Massachusetts: Blackwell Publishing, 2004.

句子（3a）表示的就是一个复合事件。这个复合事件由（3b）中的两个子事件组成。（3c）是（3a）的事件结构。若用 α 和 β 分别代表两个子事件中的谓词 Paint 和 Red，那么这两个谓词的事件结构分别是（4a）和（4b），它们的合取式是（4c）。

（4）　a. $\alpha = \lambda y\,[\lambda e\,[\,\text{Paint}\,(e)\,\wedge\text{Agt}\,(e)\,=x\wedge\text{Th}\,(e)\,=y\,]\,]$

　　　b. $\beta = \lambda x\,[\lambda e\,[\,\text{Red}\,(e)\,\wedge\text{Th}\,(e)\,=x\,]\,]$

　　　c. $\alpha + \beta =$

　　　$\lambda y\,[\lambda e\,[\,\exists e_1\,[\,\exists e_2\,[\,e=e_1\cup e_2\wedge\text{Paint}\,(e_1)\,\wedge\text{Agt}\,(e_1)\,=x\wedge\text{Th}$
　　　$(e_1)\,=y\wedge\text{Red}\,(e_2)\,\wedge\text{Th}\,(e_2)\,=y\,]\,]\,]\,]$

按照上述的分析方法，一个事件结构的意义主要是由谓词来承担的。其中的 Agt 表示的是施事（Agent）的论元角色，Th 则表示的是客体（Theme）的论元角色。按照 Link（1983）的解释，（4c）的"$e_1\cup e_2$"中的符号"$\cup$"表示的是两个子事件合取关系的加合算子。因此"$e=e_1\cup e_2$"表示的是整个句子的事件 e 是由两个子事件 e_1 和 e_2 所组成的。

如果仔细观察（4a）的谓词词条描写方式，我们会发现 Rothstein 受到了 Kratzer 和 Marantz 提出的域外论元理论的影响。[①] 这一理论的核心思想是域外论元不是动词的论元，只有域内论元才是动词的论元，因此域外论元与动词的事件结构是完全无关的。

按照 Rothstein 的描写方式，（5a）—（5c）中的 break 类非宾格动词，如 break、fly 和 melt，其所对应的事件结构分别是（6a）—（6c）。

（5）　a. John broke the window.

　　　b. John flew the kite.

　　　c. John melted the ice.

（6）　a. $\lambda y\,[\lambda e\,[\,\text{Break}\,(e)\,\wedge\text{Agt}\,(e)\,=x\wedge\text{Th}\,(e)\,=y\,]$

　　　b. $\lambda y\,[\lambda e\,[\,\text{Fly}\,(e)\,\wedge\text{Agt}\,(e)\,=x\wedge\text{Th}\,(e)\,=y\,]$

　　　c. $\lambda y\,[\lambda e\,[\,\text{Melt}\,(e)\,\wedge\text{Agt}\,(e)\,=x\wedge\text{Th}\,(e)\,=y\,]$

但是，域外论元理论是有缺陷的，因为 break 类动词还有（7a）—（7c）的用法。这是否意味着此类动词都需要用一个以上的词条在词典中

① Kratzer, A., "Severing the External Argument from its Verb", In J. Rooryck & L. Zaring, eds., *Phrase Structure and the Lexicon*, Dordrecht：Kluwer, 1996, pp. 109 – 137；Marantz, A., *On the Nature of Grammatical Relations*, Cambridge, Mass.：MIT Press, 1984.

标注呢?

    (7) a. The window broke.

        b. The kite flew.

        c. The ice melted.

从语法描写的经济性原则出发,如果能用一个词条来概括就应该避免用两个词条。因此,我们所采用的描写方法是,无论在(5)中还是在(7)中,break 类动词的基本事件结构都是(8a)—(8c)的形式。

    (8) a. $\lambda x\ [\ \lambda e\ [\ Break\ (e)\ \wedge Th\ (e)\ =x\ ]$

        b. $\lambda x\ [\ \lambda e\ [\ Fly\ (e)\ \wedge Th\ (e)\ =x\ ]$

        c. $\lambda x\ [\ \lambda e\ [\ Melt\ (e)\ \wedge Th\ (e)\ =x\ ]$

与(7a)—(7c)不同的是,在(5a)—(5c)的语义推衍过程中是通过表示致使义的功能项引介进来另一个论元。依照这样的描写思路,前文(4a)中对 paint 的事件结构的描写应该由(4a)修正为(9)。

    (9) $\lambda y\ [\ \lambda x\ [\ \lambda e\ [\ Paint\ (e)\ \wedge Agt\ (e)\ =x \wedge Th\ (e)\ =y\ ]\ ]$

后文中对汉语"使"字句和"把"字句事件结构的描写都将采用我们对 Rothstein 描写方式的修正方案。

三 "使"字句的事件结构

"使"字句的句法结构概括起来能够描述成两大类:一类是 NP_1 + 使 + NP_2 + VP,另一类是 NP_1 + VP_1,使 + NP_2 + VP_2[①]。(10)属于前一类,出现在"使"字前的是名词词组;(11)属于后一类,出现在"使"字前的是小句。

    (10) a. 张三使李四为难。

        b. 这个消息使刘强很高兴。

    (11) a. 英·甘地被刺,使宗教纷争激化了。

        b. 王玮只做素食,使刘强很不满。

尽管"使"字句的句法表现形式有(10)和(11)两类情况,但是对于这个句式的语义解释通常是一致的:NP_1 或 S(= NP_1 + VP_1)致使 NP_2 出现某种结果,即一个个体或事件导致另一个个体出现某种结果。刘

---

    ① 吴平:《汉语特殊句式的事件语义分析与计算》,中国社会科学出版社 2009 年版,第 73—74 页。

利却对这样的解释提出了不同的观点,认为"使"有两个配价成分,"使"字之前的部分表示原因(或条件),"使"字之后的部分表示结果。① 刘利的观点对于解释(11)没有问题,但是如何解释(10)呢?

　　(12)a. 因为张三提出了过分的要求,李四感到为难。

　　　　　b. 因为王玮抽中了大奖,刘强很高兴。

　　(12)是我们尝试顺着刘利的分析思路来解释(10)。刘利分别用 X、Y、Z 表示 NP$_1$、NP$_2$ 和 VP,认为通过类似(12)的变化分析能看出,"由体词性成分充当的 X 在语义上其实与一个'事件'相当,或者说是一个'事件'的浓缩,就是说 X 所代表的实际上是由它参与而构成的一个事件,这个事件作为原因或条件造成了'Y·Z'这一结果"。② 我们想补充说明的是,X 不一定是事件的参与者,也可能是指代整个事件,如(10a)中的"这个消息"指代(12a)中的事件"王玮抽中了大奖"。

　　我们认为"使"字句的事件结构有两类——个体致使类"使"字句事件结构和事件致使类"使"字句事件结构,分别对应于句法结构(10)和(11)。我们这样处理的理论依据一方面是基于句法与语义关系相对应的思考;另一方面是考虑到"使"字句在由不同句式组成的连续统中所处的句式地位。尽管"使"字句的句式语义都是表示由原因(或条件)致使结果的出现,但是(10)的"使"字句是单句,表示个体形式的原因致使结果的产生,而(11)的"使"字句呈现的却是从单句形式向复句形式转化过程的中间阶段句式,以事件形式表示致使结果出现的原因(或条件)③。

　　个体致使关系类"使"字句属于复合事件结构,两个子事件之间是致使关系。前一个子事件表示致使事件,谓词是"使",它带有一个致事论元和一个客体论元;后一个子事件表示结果事件,其施事与前一个子事件中的客体同指。

　　(13)个体致使关系类"使"字句的事件结构

---

① 刘利:《现代汉语使役句的语义分析》,《徐州师范大学学报》(哲学社科版)2006 年第4 期,第53 页。

② 同上。

③ 吴平:《汉语特殊句式的事件语义分析与计算》,中国社会科学出版社 2009 年版,第80—81 页。

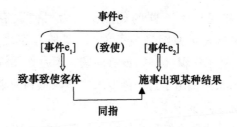

陈宗明对于（10a）的语义刻画采取了（14）的逻辑表达式。①

（14）张三∧使为难（李四）∧［张三→使为难（李四）］

我们认为（14）的逻辑表达式至少存在两个问题：首先是由于把"使为难"处理成复合谓词，由此缺失了对"使"独立的语义解释；其次是"张三"是个体，"使为难（李四）"和"张三→使为难（李四）"却是命题，若用合取连接符来描写个体和命题的关系，这样的处理方式有悖于逻辑表达式的基本描写要求。

按照我们的分析思路，对（10a）的事件结构所做的完整语义推衍过程应该是（15）。

（15）$\exists e\ [\exists e_1\ [\exists e_2\ [e =^s (e_1 \cup e_2) \land 使(e_1) \land Causer(e_1) = 张三 \land Th(e_1)$
$= Agt(e_2)$

$\land 为难(e_2) \land Agt(e_2) = 李四 \land Cause(e_1,\ e_2)]]]$（引入"存在量词封合"规则）

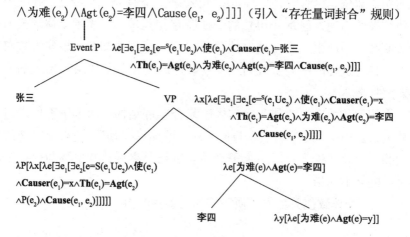

在个体致使关系类"使"字句的事件结构中，"使"的词汇事件结构是（16），其中的前一个子事件 e_1 是致使事件，后一个子事件 e_2 是结果事件。在这一类"使"字句中两个子事件之间的致使关系是包含在

①　陈宗明：《汉语逻辑概论》，人民出版社 1993 年版，第 165—166 页。

"使"的词条信息之中的。这就是说,虽然"使"只是前一个子事件的谓词,但是它的词汇事件结构表明整个"使"字句的句式语义是含有两个子事件的复合事件。致事致使客体只构成表示致使的子事件,所以"使"的完整语义必须加上该客体作为施事出现在结果事件中产生某种结果。

(16) 个体致使关系类"使"字句中谓词"使"的事件结构

$\lambda P [\lambda x [\lambda e [\exists e_1 [\exists e_2 [e =^S (e_1 \cup e_2) \wedge 使 (e_1) \wedge Causer (e_1) = x \wedge Th (e_1) = Agt (e_2) \wedge P (e_2) \wedge Cause (e_1, e_2)]]]]]$

(16) 中对"使"的事件结构的描写是对吴平前期相关论述的修正。吴平把"使"的事件结构描写为$\lambda y [\lambda e [使 (e) \wedge Causer (e) = x \wedge Th (e) = y]]$。这种描写方式的问题在于没有反映出"使"的词汇语义实际上不仅关涉第一个子事件,而且也关涉第二个子事件。①

(16) 所呈现的语义推衍过程完全遵守语义的函项应用(functional application)原则。

(17)

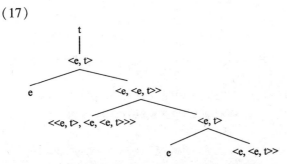

从 (17) 可以看出,表示个体致使关系的谓词"使"的语义类是<<e, t>, <e, <e, t>>>。

与个体致使句不同,事件致使句表示的不是事件 e_1 内部个体之间的致使关系,而是子事件 e_1 与子事件 e_2 之间的致使关系。在这种情况下,事件 e_1 的内部不一定要有致使关系。

---

① 吴平:《"使"字句事件结构的语义分析》,《浙江大学学报》(人文社科版) 2009 年第 3期。

（18）事件致使关系类"使"字句的事件结构

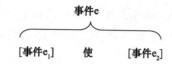

针对以（11a）为例的事件致使关系类"使"字句，樊友新所提出的描写方式是（19）。①

（19）（∃E）（∃e₁→∃e₂）［（e₁）［刺（∃e₁）∧受事（e₁，英·甘地）］∧（∃e₂）［激化（e₂）∧施事（e₂，宗教纷争）]]

（19）的事件结构在表达方式上有不少值得商榷之处：其一，逻辑关系的描写欠规范，受存在量词约束的 E 在逻辑式中并未出现，…（∃e₁→∃e₂）…的表达恐怕是∃e₁［∃e₂［（e₁→e₂）…]]之误；其二，符号→确切地讲表示的是 e_1 与 e_2 之间有因果关系，它与致使关系的概念并不完全重合，作者对此未加区分和说明；其三，更重要的是，这种平面、静态的描写方式没有能够刻画出"使"字本身的语义内容。

（20）∃e［∃e₁［∃e₂［e=ˢ（e₁∪e₂）∧使（e）∧刺（e₁）∧Th（e₁）=英·甘地∧激化（e₂）

∧Agt（e₂）=宗教纷争∧Cause（e₁，e₂）]]]（引入"存在量词封合"规则）

EventP λe[∃e₁[∃e₂[e=ˢ(e₁∪e₂)∧使(e)∧刺(e₁)∧Th(e₁)=英·甘地∧激化(e₂)∧Agt(e₂)=宗教纷争∧Cause(e₁, e₂)]]]]

λe[刺(e)∧Th(e)=英·甘地]

VP λP[λe[∃e₁[∃e₂[e=S(e₁∪e₂)∧使(e)∧激化(e₂)∧Agt(e₂)=宗教纷争∧P(e₁)∧Cause(e₁, e₂)]]]]

V

λQ[λP[λe[∃e₁[∃e₂[e=S(e₁∪e₂)∧使(e)∧P(e₁)∧Q(e₂)∧Cause(e₁, e₂)]]]]]]

λe[激化(e)∧Agt(e)=宗教纷争]

从（20）可以看出，"英·甘地被刺"和"宗教纷争激化了"两部分都是独立的命题形式，"使"字的功能就是连接这两个命题，表达两者的致使关

　① 樊友新：《从事件结构到句子结构——以现代汉语"被"字使用为例》，博士学位论文，华东师范大学，2010 年，第 196—197 页。

系。这一类谓词"使"的事件结构应该是包含连接两个命题关系的表达式。

（21）事件致使关系类"使"字句中谓词"使"的事件结构

$$\lambda Q\left[\lambda P\left[\lambda e\left[\exists e_1\left[\exists e_2\left[e=^S(e_1\cup e_2)\wedge 使(e)\wedge P(e_1)\wedge Q(e_2)\wedge Cause(e_1,e_2)\right]\right]\right]\right]\right]$$

（21）中的 P 代表的是做致事的命题，Q 是表示结果的命题，这两个命题是整个事件的子事件，它们之间存在致使关系。

（20）的语义推衍过程也符合函项应用的原则，如（22）所示。

（22）

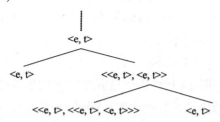

从（22）能够看出，事件致使关系类"使"字句中"使"的语义类是＜＜e，t＞，＜＜e，t＞，＜e，t＞＞＞。与表示个体致使关系的"使"相比较的话，它表现出的是联接不同事件的语义特征，而后者却更具有典型的谓词的语义特征。

在本节中我们把"使"字句区分为个体致使关系类和事件致使关系类两种情况。这两类"使"字句的语义推衍过程有所不同，分别见（15）和（20），并且其中"使"的事件结构也是有差异的，分别见（16）和（21）。

四　"把"字句的事件结构

"把"字句的句式语义可以分为表处置和表致使两大类，表示致使的"把"字句又能够进一步分为两种情况①。

（23）a. 爆炸声把刘强震晕了。

　　　　b. 爆炸声把刘强吓晕了。

（23a）中的动结式短语"震晕"可以分析为两个事件谓词：前一个是活动事件"爆炸声震刘强"，不是"＊刘强震爆炸声"；后一个是结果事件

---

① 吴平：《汉语特殊句式的事件语义分析与计算》，中国社会科学出版社 2009 年版，第114—123 页。

"刘强晕了"。我们称这类句式为致事指向"把"字句。（23b）中的动结式短语"吓晕"与（23a）的有所不同：前一个活动事件表示的是"刘强吓（坏了）"，不是"＊爆炸声吓（坏了）"，后一个结果事件则是一样的，即"刘强晕了"。我们称（23b）类的句式为客体指向"把"字句。与致事指向"把"字句相比，客体指向"把"字句是更加典型的致使句式。

Williams 提出，汉语动结式短语可以视为方式加结果的复合谓词。① 若以"踢断"为例，"踢"是方式，"断"是结果。按照 Williams 的分析方法，整个动结式短语可用 α 表示，其中的前一个谓词称为方式谓词（means predicate），表示做 VM；后一个谓词称为结果谓词（result predicate），表示做 VR。"踢断"的词条信息是：$[[\alpha]] = [[VMVR]] = [[踢断]] = \lambda e [\exists e_1 [\exists e_2 [CAUSE (e, e_1, e_2) \wedge 踢 (e_1) \wedge 断 (e_2)]]]$。需要注意的是，Williams 把汉语动结式中谓词的事件结构都描写为既不带域外论元也不带域内论元的表达式。Williams 把这类复合谓词统一地处理为不带论元，但在我们的描写中这类复合谓词都是带有一个论元的谓词，如（24）中的 $\lambda e [吓晕 (e) \wedge Agt (e) = 刘强]$。

（24）$\exists e [\exists e_1 [\exists e_2 [e =^s (e_1 \cup e_2) \wedge 把 (e_1) \wedge Causer (e_1) = 爆炸声 \wedge Th (e_1) = Agt (e_2)$

$\wedge 吓晕 (e_2) \wedge Agt (e_2) = 刘强 \wedge Cause (e_1, e_2)]]]$（引入"存在量词封合"规则）

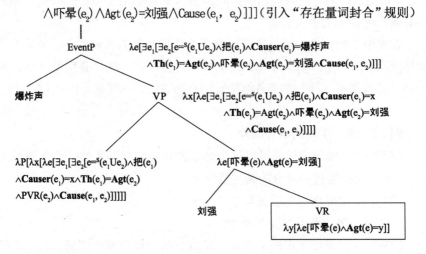

① Williams, A., "Patients in Igbo and Mandarin", In Dölling, J. & T. Heyde-Zybatow & M. Schäfe, eds., *Event Structures in Linguistic Form and Interpretation*, Berlin: Walter de Gruyter, 2008, pp. 3 – 30.

语义的刻画可以有精细和粗糙之分。（24）中对于"吓晕"的刻画显然是比较粗糙的。事实上（24）中的第二个子事件"刘强吓晕了"本身又是一个复合事件，可以进一步地分析为由两个次子事件构成，即"刘强吓（坏了）"和"刘强晕了"。

（25）客体指向"把"字句的事件结构

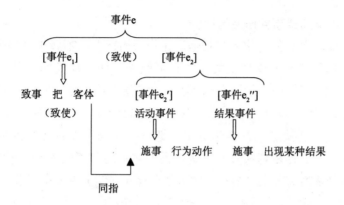

从（25）的图示能够看出，这类"把"字句的事件结构是合取加嵌套的复杂事件结构。整个句式的事件由两个子事件组成，"把"虽然是前一个子事件的谓词，但是它的词条信息也关涉后一个子事件的事件信息。后一个子事件本身又是由活动事件和结果事件所组成的——这表明后一个子事件具有完成事件的性质。有必要再次说明的是，所谓客体指向的"把"字句指的是事件 e_2' 中谓词表达的行为动作是由事件 e_1 中的客体而不是致事所发出的。

从（24）所呈现出的事件结构的推衍过程看，客体指向"把"字句的函项应用情况与（17）所示的个体致使关系类"使"字句的情况是一样的，这就意味着"把"的语义类与表示个体致使的"使"是一样的，即 $<<e, t>, <e, <e, t>>>$。

前文已提到，尽管（23a）和（23b）都是表示致使义的"把"字句，由于句中动结短语的性质不同，致使的方式也不同，因此这两个句子中"把"的词条信息会有所不同。

（26）a. $\lambda P\ [\lambda x\ [\lambda e\ [\exists e_1\ [\exists e_2\ [e =^s (e_1 \cup e_2) \wedge 把 (e_1) \wedge Causer (e_1) = x \wedge Th (e_1) = Th (e_2) \wedge PVR (e_2) \wedge Cause (e_1, e_2)]]]]]$

　　b. λP [λx [λe [$\exists e_1$ [$\exists e_2$ [$e =^{S}$ ($e_1 \cup e_2$) $\wedge$ 把 (e_1) $\wedge$ Causer (e_1) $= x \wedge$ Th (e_1) $=$ Agt (e_2) $\wedge$ PVR (e_2) $\wedge$ Cause (e_1, e_2)]]]]]]

　　第一个子事件的客体在 (26a) 中是与第二个子事件的客体同指，但在 (26b) 中则是与第二个子事件的施事同指。

五　两类句式事件语义的比较

　　事件致使类"使"字句严格地讲在句法构造上已不属于单句的形式。能够与"把"字句形成替换关系的只可能是个体致使类的"使"字句。"使"字句第二个子事件所描述的结果总是指向第一个子事件中的客体，却不能是致事，因此致事指向的"把"字句是不能够与"使"字句形成替换关系的。这就是说，客体指向"把"字句和个体致使关系类"使"字句之间有可能存在替换关系。这两类句式中的"把"字和"使"字的事件结构已在前文分别分析过，为方便对比在 (27) 中重新列出。

　　(27) a. λP [λx [λe [$\exists e_1$ [$\exists e_2$ [$e =^{S}$ ($e_1 \cup e_2$) $\wedge$ 把 (e_1) $\wedge$ Causer (e_1) $= x \wedge$ Th (e_1) $=$ Agt (e_2) $\wedge$ PVR (e_2) $\wedge$ Cause (e_1, e_2)]]]]]]　　[与 (26b) 相同]

　　　　　b. λP [λx [λe [$\exists e_1$ [$\exists e_2$ [$e =^{S}$ ($e_1 \cup e_2$) $\wedge$ 使 (e_1) $\wedge$ Causer (e_1) $= x \wedge$ Th (e_1) $=$ Agt (e_2) $\wedge$ P (e_2) $\wedge$ Cause (e_1, e_2)]]]]]]　　[与 (16) 相同]

　　拿 (27a) 与 (27b) 进行比较的话能够看出这两个事件结构之间最显著的不同是第二个子事件的性质，即"把"字句的必须是表示动结义的，或者说是表示完成事件的，因为完成事件由活动事件加结果事件组成。然而，"使"字句却有所不同。吴平提出，"把"字句与"使"字句之间的替换条件有两个：一是"把"字句第二个子事件的复合谓词，其行为发出者不能够指向第一个子事件的致事，只能够指向第一个子事件的客体；二是这两种句式的第二个原子事件都具有完成事件的性质。①

　　在满足了上述两个句式替换条件的情况下，为什么 (28) 中的"把"仍然不能够通顺地替换成"使"呢？是否还有其他的原因会影响到这两

---

　　① 吴平：《汉语特殊句式的事件语义分析与计算》，中国社会科学出版社 2009 年版，第140 页。

个句式的替换呢?

（28）a. 一瓶啤酒把刘强喝醉了。

　　　b. ?? 一瓶啤酒使刘强喝醉了。

（29）a. ? 一瓶啤酒把刘强醉得不省人事。

　　　b. 一瓶啤酒使刘强醉得不省人事。

（28）中的"喝醉了"表示由动作行为引发的结果,更适合用在"把"字句中。（29）中的"醉得不省人事"表示作为结果的状态,更适合出现在"使"字句中。

我们认为这两个句式中致事的性质是有差别的。从句式语义来看,"使"字句表示某种原因导致客体出现某种结果状态,而"把"字句则表示某种外力导致客体发生行为动作上的变化,并由此致使客体产生某种结果。正如刘利分析的那样,"使"字句的致事"可以表示原因,也可以表示条件,其中表示原因的属于多数情况"[1]。我们赞成"使"字句的致事通常是指原因（广义的原因包含条件）。沈阳、司马翎则指出,"把"字句的语义就是表示"外力 NP_1 使得 NP_2 这么样（VP）"[2]。我们支持将"把"字句的致事明确地分析作外力。原因与外力做致事的区别在于:原因与结果之间不需要有直接的联系,但外力与结果之间必然有直接的联系。

外力与结果之间的直接联系体现在,外力 NP_1 带给 NP_2 某种从无到有的变化,并使得 NP_2 通过某种动作行为产生某种结果。与"使"字句相比,"把"字句强调致使过程的变化属性和通过动作行为造成的结果。"使"字句强调作为致使结果的状态,不强调导致结果的动作行为。

（30）a. 爆炸声把刘强震晕了。

　　　b. 一瓶酒把刘强灌晕了。

致事指向的"把"字句更能说明外力与其造成的结果之间的直接关系。（30a）是说"爆炸声（外力）震刘强造成刘强晕了的结果",（30b）是说"一瓶酒（外力）灌刘强造成刘强晕了的结果"。典型的表示外力的致事是由类似"爆炸声"的"地震""暴风雪""大雨"和"子弹"等

---

　　① 刘利:《现代汉语使役句的语义分析》,《徐州师范大学学报》（哲学社会科学版）2006年第4期。

　　② 沈阳、司马翎:《句法结构标记"给"与动词结构的衍生关系》,《中国语文》2010年第3期,第51—52页。

充当的。但是，外力与原因之间的界限实际上并不是一清二楚的。"一瓶酒"孤立地看更像是表示原因的，但在（30b）这样的致事指向的"把"字句中，它应该被看作表示外力的致事。

在客体指向的"把"字句中通常允许在 VP 前插入标记词"给"，表示由外力引起客体发生变化并造成某种结果，如（31）。但在"使"字句中却不能这样做，如（32）。

（31）a. 爆炸声把刘强给吓晕了。

　　　b. 一瓶啤酒把刘强给喝醉了。

（32）a. * 这个消息使刘强给很高兴。

　　　b. * 张三使李四给为难。

王彦杰认为"把……给 V"的语义重心是表达一种结果意义，在我们看来这样的解释似不够全面。[①] 我们认为"把……给 V"表示的是给予某种动作行为的变化并造成某种结果。实际上，这就是"把"字句的基本句式语义，无论其中的"给"是隐还是现。

"使"字句的第二个子事件是描述性的，表示的是作为致使结果的状态，因此在描述性的 VP 前通常不能插入表示给予变化的标记词"给"。如果能够接受这样理解"使"字句的性质的话，（27b）中的"使"的事件结构应该重新描写成（33）。

（33）$\lambda P\ [\lambda x\ [\lambda e\ [\exists e_1\ [\exists e_2\ [e =^S\ (e_1 \cup s_2) \wedge$ 使 $(e_1) \wedge Causer$

　　　$(e_1) = x \wedge Th\ (e_1) = Agt\ (s_2)$

　　　　　$\wedge P\ (s_2) \wedge Become\ (e_1,\ s_2)]]]]]]$

Become $(e_1,\ s_2)$ 与 Cause $(e_1,\ e_2)$ 的差别在于，Become $(e_1,\ s_2)$ 是表示由事件 e_1 致使的状态 s_2，重在说明动作行为造成的状态，Cause $(e_1,\ e_2)$ 是表示由事件 e_1 导致另一个事件 e_2，强调的是动作行为的变化。[②] 于是，（10a）的"使"字句的事件结构可以相应地描写为（34）。

（34）$\exists e\ [\exists e_1\ [\exists s_2\ [e =^S\ (e_1 \cup s_2) \wedge$ 使 $(e_1) \wedge Causer\ (e_1) =$ 张

　　　三 $\wedge Th\ (e_1) = Agt\ (s_2)$

　　　　　$\wedge$ 为难 $(s_2) \wedge Agt\ (e_2) =$ 李四 $\wedge Become\ (e_1,\ s_2)]]]$

---

① 王彦杰：《"把……给 V"句式中助词"给"的使用条件和表达功能》，《语言教学与研究》2001 年第 2 期。

② Parsons，T.，*Events in Semantics of English：A Study in Subatomic Semantics*，Cambridge，Massachusetts：MIT Press，1990，pp. 107 – 123.

把致事区分为原因和外力至少还有另外两点理论上的价值。其一是如果说表致使"把"字句的致事是无意愿性外力的话，那么表处置"把"字句的致事就是有意愿性的外力。按照原来的分析方法，在表致使和表处置的"把"字句中对应主语的论元分别是致事和施事，这使得两类"把"字句的相互关系不明确。因此，若把"致事"与"施事"之分定义成"无意愿性外力"与"有意愿性外力"之分，就能够对表致使和表处置这两大类"把"字句的句式语义做出更加统一的解释。

其二是有助于对如（35）这类的"使"字句和"把"字句嵌套结构做出相应的语义解释。

（35）王玮的态度使刘强把提着的心放了下来。

为什么只能是"使"字句内嵌"把"字句，但反之则不能呢？

（36）a.　　原因 $\begin{Bmatrix}致使\\处置\end{Bmatrix}$ 外力　致使　客体　通过某种动作行为导致产生某种结果

　　　b. *外力　致使　原因　致使　客体　出现某种结果

从原因与外力的关系来看，可以是如（36a）所示的原因致使外力，但不能够是如（36b）所示的外力致使原因。这就是为什么只能是"使"字句内嵌"把"字句，反之则不行。

六　余论

前文中，我们对"使"字句和"把"字句的句式语义推衍进行了研究和刻画，能够概括成如下几个观点：第一，主张词汇的语义信息和句式本身的功能语义共同构成了这两类句式的句子意义；第二，解释这两类句式在从词汇语义到句子语义的推衍过程中是如何遵守意义的组合性原则的；第三，强调尽管表示致使义的"使"字句和"把"字句的句式语义相近，但是事件结构差异显著，因为"把"字句中的后一个子事件本身又是一个复合事件；第四，指出"使"字和"把"字的词汇语义信息关涉整个句式的语义，而不是仅仅关涉其中的一个子事件；第五，区分了"使"字句和"把"字句中致事的不同性质，前者的致事表原因，而后者的致事表外力，这样的区分有助于我们深化对两个句式的意义及它们相互关系的认识。这些研究观点是对吴平相关研究结论的补充和修订。①

　　现在让我们回到本文开始时所说的吕叔湘先生提出的（1a）和（1b）的替换问题。显然，（1a）的"把"字句属于客体指向"把"字句，（1b）的"使"字句属于个体致使关系类"使"字句。

　　"一个春节"位于致使句的句首更像是表原因，而非表外力。如果让它出现在"把"字句中表外力的话，第二个子事件的谓语则要求是表示由动作行为产生结果的完成事件。动结式短语"玩儿野了"恰好符合这样的要求。因此，（1a）是能说的。"一个春节"作为原因，其循规蹈矩的用法是出现在"使"字句中。"玩儿得心都野了"通常倾向于理解为对状态的描述，即"玩儿造成（孩子们的）心都野了的状态"。因此，在"使"字句中用"玩儿得心都野了"要比用"玩儿野了"循规蹈矩。我们由此推测，这就是吕叔湘先生认为（1b）是"循规蹈矩"的说法的缘由吧。

　　自然语言的一大特点是有歧义，这往往造成意义相近的句式是可以替换的。意义相近不是意义相同。以"使"字句和"把"字句为例，能够形成替换关系的句式，它们的意义并不一定是完全等同的。"玩儿得心都野了"也还是有可能解读成"（孩子们）一直玩儿，直至玩儿到心都野了的程度"，这就是为什么如果将（1b）中的"使得"替换成"把"，即"一个春节把孩子们玩儿得心都野了"，这也是能说的。在实际的会话中，说话人往往会强调语义的某一方面，这就使得其中的一个句式的说法听起来更加"循规蹈矩"。

---

　　① 参见吴平《汉语特殊句式的事件语义分析与计算》，中国社会科学出版社 2009 年版；吴平《"使"字句事件结构的语义分析》，《浙江大学学报》（人文社科版）2009 年第 3 期。

教学论文

英语语音教学中的发声训练法初探①

穆 杨

一 引言

以英语为母语的人在发汉语"爸爸"的音时让人感觉太费力。而以汉语为母语的人发英语"Bhabha"等音时又让人感觉太轻松，没有英语发音者的爆破感与力度。又如，在发字母"w"时，英语发声者耗时长，爆破有力，而汉语发声者则发得"轻松流畅"。不难发现［b］和［d］作为汉语的韵母和英语的辅音在发音上有很大差异，又由于母语语音的迁移作用导致两者在外语发音时都不到位。实际上，上述差异主要是由两种语言的不同基本发声方法造成的。汉语发音主要使用的是敞开式口腔前部发声方法，而英语则主要使用收拢式口腔后部发声方法。因此，学习收拢式后部发音是正确发出诸多英语音素的基础。本文将结合播音和歌唱中的一些发声技巧探索英语语音教学中的发声训练方法。

任何乐器发声都是由动力、振动体和共鸣器三部分组成，人体发声也不例外。人发声的动力是肺部呼出的气息，发声体是喉头内部的声带，共鸣器是喉腔、咽腔、口腔、鼻腔、胸腔等腔体。声带是两片能拉紧放松的韧带，呼吸时打开，发声时闭拢，因气息的冲击而振动发声。气息强，振动的幅度大，声音就强，气息弱，振动的幅度小，声音就弱。总的说来，声带振动发出的声音是很微弱的，只是在经过各个腔体的共鸣以后，声音才得以美化扩大，又由于我们的主要共鸣腔——口腔可以灵活改变形状，因而能发出种种不同的声音，形成有声语言的物质材料。

---

① 本文在北京语言大学外国语学院 2009 年科研项目基金资助下完成。

人们的声带虽略有长短厚薄等不同，但相差无几。发声能力的强弱主要取决于发声动力——气息的控制能力强弱，取决于共鸣的恰当运用。综上所述，本文将从口型、气息和共鸣三个方面探讨英语语音的发声训练法。

二 口型训练

在各个共鸣器的运动中，口腔控制是最主要环节。通过练习使口腔发声肌肉群能使各部肌肉得到充分的舒展，从而发出准确而清楚的声音。

1. 口腔的开合练习

音量大的人口腔开度大，反之则小。未经过发声训练的人通常开口小，口腔积储的气流少，发出的音自然也就干瘪无弹性。发音时正确的口型是半打呵欠时的口型或发［h］之前的口型，同时注意嘴角微微上扬。很多人一说到打开口腔就以为是张大嘴这是错误的。张大嘴时"前 > 后"，这样就会前开后不开。实际上口腔前后都应该打开。可通过"提颧肌、打牙关、挺软腭、松下巴"四个方面的配合来实现。在练习方法上，声乐和发音有很多共通之处。声乐学习中就有这么一条：唱歌时要求他们"将下巴放在钢琴上"，意思就是唱歌不需要下巴。英语发音练习也是如此不要用下巴用力，这样会使舌根紧张，口腔变扁。口腔中咬的力量主要在上半部，将下巴松下来，下意识地将它的存在忘掉，发声时不依赖它而着重强调上腭的使用，声挂上腭，真正做到上腭紧，下巴松。

张嘴像打哈欠，［h］，两嘴角向斜上方抬起，上下唇稍放松，舌头自然放平做这个练习，克服口腔开度的问题保持好这个口型，先进行简单的元音音标训练［iː］［i］［əː］［ə］。

2. 唇的圆展练习

英语的发音较之汉语有独特之处，这就要求学习者有意识地锻炼平时用不到的口腔肌肉，以便发出准确清晰的英语音素。其中下列音素可以帮助学习者掌握唇部的发声技巧，锻炼相关面部肌肉。当然任何一个音素的发音都和唇型相关，这里只举英语中较独特对以汉语为母语的人有难度的几个音，达到锻炼相关肌肉的目的。

［e］［æ］：在发［e］音时唇形要扁，唇间只能容纳一指的距离，口腔肌肉向耳侧拉，可用两个食指分别放在两侧笑肌中间，然后嘴角尽量向食指位置拉伸。在发［æ］音时，口腔上下打开，唇部成 O 形，这一

口型要求把上颌骨充分打开，可以用拇指和食指相对拉伸成八子然后竖置于下颌和额头之间，上下唇分别向两指方向拉伸。

［u:］［u］［o:］［o］：这几个音素被称为圆唇音，但发音时要求唇部形成圆形，其中［u:］［o:］称为紧口音，即发音时唇周围肌肉紧张，［u］和［o］则称为松口音，既要圆唇又要相对于紧口音来说放松唇部周围肌肉。

［au］：双元音发音时口型会变化，这是从一个元音滑向另一个元音的必然结果。发这个音时要求唇部肌肉先放松，顺畅地发出［a:］音再收紧成圆唇［u］。即先展后圆，但都需要到位。可以用单词"downtown"来巩固唇部圆展的训练。

此外，不应忘记的是，唇部肌肉练习必须结合此前的口腔开合练习，即所有的发音都是在口腔打开的基础上进行的。

3. 舌的灵活度练习

［t］［d］：软腭抬起，堵住到鼻腔的通道；是由舌尖与上齿龈形成阻碍，舌尖紧贴上齿龈、憋住气流，然后舌尖突然下降，气流冲出口腔，形成清辅音［t］或浊辅音［d］。练习这两个音可以帮助学习者练习舌的力量和灵活度，克服爆破拖沓、发音不清脆的问题。

［θ］［ð］：发这两个音时要求舌头放松，不紧张，自然平放，略探出口腔，气流从舌面摩擦产生声音。

［ʃ］［ʒ］：发这两个音时，舌的两侧要卷起，形成一个通道，气流从通道产生摩擦流出。

［l］：这是舌边音，很多中国学生在［l］音素位于词中和词尾时感到［l］发音困难。这主要是因为汉语当中［l］作为韵母只出现在词头。发这个音时，舌的两侧微微卷起，舌尖抵上齿龈，气流从舌的两边流出。重点练习：world、girl 等［l］位于词中和词尾的单词的发音。反复练习可以增加舌侧肌肉的力量，以及舌尖的灵活度。

三　气息训练

气息是一切发声方法的核心。没有足够的气息支撑，声音就会苍白单薄、穿透性差，声带容易疲劳。只有学会控制气息，声音才会响亮、清晰、流畅。更重要的是，对气息的掌握是发好许多英语音素的一个必要条件。比如文章开头提到的 Bhabha 和 w 发音不到位问题主要就是由气息运用不当，[b] [d] 爆破不充分导致的，在没有积蓄足够的气的情况下，释放时当然也不会有强烈的爆破感。

发声对于气息的要求可以概括为四个字：深、匀、通、活。深——吸得深，气的容量大；匀——出得匀，稳劲流畅；通——畅通无阻，行走自如；活——能随语音内容的变化而灵活运动。发声是在呼气过程中形成的。为了能够有充足的气息支持声音，那就必须蓄积充足的气息以利于发声。吸气的时间要缩短，呼气过程要延长。吸气速度要快，呼气要均匀，有节制。处理好呼吸的关系，就为更好地发声打下了基础。

正确的呼吸方法是胸腹腔联合呼吸。如果只把气吸到上胸部，就是胸式呼吸，又叫浅呼吸。由于这种呼吸吸入的气量小，难于控制，发声时总感到气不足，发出的声音单薄乏力。把气吸深，吸气时腹部隆起，这就是腹式呼吸。这种呼吸吸气量也不大，发高强音时吃力。胸腹腔联合呼吸使用的是丹田气——小腹紧缩的集中点脐下三指处称丹田，故这种气息控制法称丹田气。气息的"前松后紧"。"前松"指的是气沉丹田，小腹放松。"后紧"指的是两肋张开，后腰发紧。声音与气息是相辅相成的，发声之前，需要气沉丹田，再与声结合，从口腔送出。如果小腹紧绷，气息硬向上顶着声音送出，势必会造成气、声断裂的情况。正确的方法是吐字之前，深吸一口气，气息缓缓下沉，这时会感觉到后腰处发胀、发紧，逐渐撑起，前面小腹处开始慢慢放松，声音能够与丹田气息紧紧结合，找到发声的支撑点，这才是正确的气、声结合。

1. 快吸慢呼

吸气要领：一定要吸足气后再发声（腰、腹饱满凸起），口型呈打哈欠状，露出上牙，下巴自然松下，咽腔打开，喉头下垂吸足气后瞬间就发声。吸气时两肋张开，横隔膜用力向下坐，同时腹部及腰部的肌肉要向四周扩张。呼气时，也就是发声时，保持住这几种力量的对抗平稳，均匀而缓慢地吐出去，也就是要有控制。在练习呼吸时，应注意力集中，身体放松，鼻子深吸，吸入深处，越低越好（丹田之气）。可以想象闻花香的感觉，吸气把气吸到腰间，气入丹田，使腰间形成一个像充满气的气球。吸气后两肋扩大，横膈膜下降，小腹微收。

呼气要领：放缓，速度均匀，有节制。

具体练习如下：

（1）用吹蜡烛的感觉体会积聚在腰间的气息，像吹气球那样轻缓呼出英语元音［aː］［iː］。之后可以练习音节如［niː］［naː］［maː］等。

（2）用牙缝吐丝气，体会腰间吹气球似的膨胀感。可结合摩擦音［s］［z］［f］等来训练。理想的状态是做到"吸气一大片，呼气一条线，气断情不断，声断意不断"。吸气后要保持住，用腰间肌肉群及横膈膜控制，不能用声带控制气，然后用吹灰的感觉有控制地把气息吹出。

（3）用英语中短促的爆破音加后元音体会下部支撑的发力，如［baː］［buː］［daː］等。渐渐地，可边呼气边练习句子。如鼻子垂直吸气至下丹田的气稍稍收紧后，温柔均匀地一口气朗诵一个或几个简单的朗朗上口的句子。

2. 腹肌训练

在发声练习时用胸腹联合式呼吸法调节气息，达到呼吸顺畅、自由的状态。由于发声动力呼气的强弱急慢是由小腹控制的，而丹田被称作气根或气息支点。掌握胸腹联合呼吸要求腹肌有较好的弹性和力量。下面方法可有效地训练腹肌。

（1）仰卧起坐增加腹肌力量。将双手放在头下，仰卧，抬起上半身、或者仰卧举双腿至胸前。要求不停歇连续做30—50次。

（2）体会呼吸时腹肌的参与感。仰卧，小腹上放一本较有分量的厚书，体会腹肌随深呼吸的收缩、放松。坐在硬凳前端，双腿伸直，腰腹放松、上身自左向右或自右向左旋转，上身后仰吸气时腹肌或放松，或稍稍"绷紧"，上身前倾呼气时，腹肌有意识收缩送气。

（3）腹肌弹发练习。用腹肌爆发弹力将气集中成束送到口腔前部，口腔舌位可以用以下几个音来配合：［ha］［hei］［he］。开始需一声一声地发，注意腹肌弹发和舌根发［ha］时的配合。舌根、下巴均需放松，软腭需上挺，咽壁也需收紧挺直。发出的声音，应该有力度。配合有一定基础后可以连续发音。当你能连续稳定在一定力度状态发音后，可以再改变音强、音高、力度强弱等。

四　共鸣训练

共鸣的作用在于把发自声带的原声在音色上进行润饰、放大，从而使声音圆润、响亮优美。扬声器在没有共鸣箱协助共振的情况下，发出的声音只能是音色单薄而且音量很小，一旦装上共鸣箱，它的音响效果就大不相同了。有很多的人对于共鸣不能够正确地理解和使用，有的人总觉得自己的声音很钝，不够纯，还有的人觉得自己的声音特别尖特别刺耳，更有些人声音听起来像一张白纸，又白又干，这些都是因为没有合理地运用共鸣而直接或者间接导致的。声带所产生的音量是非常小的，只占人们平时讲话音量的5%左右，而其他95%左右的音量，就需要通过共鸣腔放大而得来。共鸣腔是决定音色的重要的发音器官，直接引起语音共鸣的是声带上方的喉、咽、口、鼻四腔，此外，胸腔和头腔也有共鸣作用。

掌握科学发声方法的关键是运用气息和几个腔体联合共鸣。经过发声方法的训练后可以达到音色改善、音量提高几分的效果。

发声中以口腔共鸣为主，胸腔共鸣和鼻腔共鸣为辅。口腔共鸣的控制主要是通过气息的支撑给字音加力度来实现的；胸腔共鸣在变化音色的时候用得多一些，使用也是灵活多样的；而鼻腔共鸣的运用只是在带鼻辅音发音过程中会出现，且要弱化，如果过多的气流进入鼻腔会让人觉得有点儿感冒的感觉。发声方法正确时，我们感到从鼻梁由下至双唇周围有自然出现的蜂鸣声，这就说明说话有了正确的声音焦点及采用了正确的音域。如果说话发声在喉咙下部形成共鸣，或在上咽部形成共鸣，都是一种不正常的说话发声状态。

共鸣训练前首先挺胸直腰，肩部放松，双臂自然，最大限度地发挥发声者的优势，协调发声器官，提高共鸣效率，使发声肌肉群兴奋。发音时双唇集中用力，下巴放松，打开牙关，喉部放松，提颧肌、颊肌、笑肌，在共同运动时，嘴角上提可以通过张口吸气或用"半打哈欠"感觉体会喉部舌根下巴放松，这时的口腔共鸣会加大。在打开口腔的时候，同时注意唇的收拢，然后依下列方法练习。

1. 嘟气法

打"嘟"［du］时，两嘴皮口腔都自然放松，在横膈膜的支持下，均匀送气，练习时声音使头腔振动，就像模仿汽车的马达声一样。

2. 哼鸣法

在哼鸣时，体会腰下部对气息的支撑，喉头放松，气息直达眉心处，口内打开像含着一个鸡蛋。保持口腔共鸣的发声状态，循序渐进地对英语语音中的国际音标英语单词、句子、段落、文章进行共鸣训练，体会共鸣和不共鸣状态下英语发音的差别，不断缩短两者之间的差距，渐渐养成共鸣状态下的英语发音习惯，提高英语发音的质感。运用哼鸣练习，寻找说话时正确的音高和声音集中的焦点。

3. 面罩共鸣

"面罩"原指养蜂人怕蜂蜇而戴在头上遮住面部的小网；声乐指人口腔以上的共鸣部位，内藏一个个小空室———上颌窦、腭窦、筛窦、蝶窦等。面罩共鸣：振动在上鼻咽腔两腮上面，两边太阳穴延至眉心处。声音位置：额面两眼下面一点，两口颧骨前，牙关的打开处，声音的位置必须始终保持在面罩共鸣里。共鸣位置只有一个，没有胸腔、喉腔、鼻腔、头腔之分，只有面罩共鸣点。

切忌刻意追求声音共鸣，将喉头明显下压，会使声音显得浑厚。为了追求声音的共鸣，有意将声音靠后，也就是"压嗓子"。这种做法，影响了声音的清晰度，也影响了舌头的灵活度。

五　结语

综上所述，在英语语音课的教学中，首先就应该是发声法的训练，通过口型训练、气息训练、共鸣训练，先掌握发声的正确方法，才会使之后的音素学习和超音段语音技巧的学习事半功倍。

参考文献

Cook，Ann，*American Accent Training*，New York：Matrix Press，2000.

白龙：《播音发声技巧》，中国广播电视出版社 2002 年版。

刘艺红：《借用播音发声技巧优化地方院校学生的英语发音》，《东莞理工学院学报》2007 年第 4 期，第 110—113 页。

孙颖：《英语辅音对比分析》，《长春师范学院学报》2008 年第 4 期。

翁成祥：《歌唱发声生理》，四川人民出版社 2000 年版。

张金生：《英汉元音对比与英语语音教学》，《解放军外国语学院学报》2002 年第 1 期。

以学生为中心的课堂教学研究

——以大学日语专业泛读课为例

单文垠

一 前言

传统的语言教学课堂极易陷入教师讲解为主、学生听练为辅的教学模式。这种教学模式中，教师成为课堂的主体，是主动施教者，传授语言知识并提供任务进行训练。而学生是传授的对象，是被动的知识接受者。但是近年来，外语教学理论的研究已经从传统意义上重点研究如何教逐渐过渡到研究外语学习的主体——学习者因素。也就是说外语教学界越来越重视以学生为中心的教学方法。第二言语习得的研究发展更是明确了一个事实：对学习最终结果起决定作用的是学习者本身，任何成功的教育必须充分考虑学习者的各项因素。因此，实现以学生为中心的课堂教学是未来语言类教学课堂的重要课题。实现该目标，教师需要从施教者过渡到语言知识技能与学生的中介者的角色。教师不再是直接将语言知识灌输给学生，而是分析学生在各个学习阶段所遇到的问题，引导学生学会自主学习，学会独立分析，学会解决问题，帮助学生获得最佳学习效果。学生自主学习之后，语言教师的作用不应仅限于提供任务，促进学习者之间的语言互动，而应通过教师自己的语言及教学行为，为学习者创造良好的语言学习与交际氛围，帮助他们理解语言任务的目标和意义，并对其做出积极、正确、恰当、得体的反应；同时还引导他们不断寻求、总结适合自己的最佳学习策略。这样会促进学习者形成控制自己学习行为的意识、自信心和能力，即健康的学习心理，最终达到较理想的学习效果。

本文将主要就如何在日语泛读课堂上实施以学生为中心的教学方法进行粗浅的探讨。在这门课程的教学中采用互动式的教学，调动学生的积极性。根据学生的水平、教材的难易，选用相互交流的阅读方式，提高学生的阅读能力，并使泛读课更有目标性。希望通过这些探讨，使泛读课能充分发挥作用，全面提高学生的日语水平。

二　日语泛读课的授课现状以及对策

传统的泛读课教学模式可以简单概括为"自下而上"的教学。即在教学过程中先解释单词，然后解释句子，并逐句、按顺序讲解文章，最后解释全篇文章。在这一模式中，始终是按部就班地从字到词，从词到句，从句到段落，最后到全篇文章这样一种理解顺序。这种模式对于水平较低的初学者来说，有益于记忆单词、理解句意，但是却达不到快速阅读、快速理解文章内容的目的。泛读课的内容较多，课时有限，在有限的时间内让学生尽可能阅读更多的内容，同时也掌握快速阅读的方法，这才是我们的目标。为了达到这一目标，这种自下而上的模式不太适合。

真正意义上的泛读应该包括以下三个要素：（1）对于文章中出现的文字、词汇的知识的掌握程度。（2）阅读方法、阅读策略。（3）阅读的目的，特别是源于社会观点方面的目的。在明确这三个要素的基础之上就会发现，实际上，阅读过程不单纯是从头至尾、逐词逐句这样简单的自下而上的模式，阅读的模式还应包括自上而下模式。

与自下而上的模式相反，自上而下的模式是指先把握全文的内容，再理解文章当中的字词。为了实现这种模式，要有一些理论和策略。如：预备知识理论、阅读策略等。也就是根据自己掌握的背景知识，利用不同的阅读方法去推测文章的内容。在这一模式当中，具体的阅读方法包括：把握大意阅读、把握特定的信息阅读、活用预备知识和推论等。应该说，这种阅读方式使得对于文章的理解不单纯停留在纸面上的文字，也使得不同的读者阅读同样一篇文章可能产生不同的理解方式。在这种阅读模式中，推测这一环节显得尤为重要。而推测不是凭空推测，要借助自己已经具备的外语知识、外国文化、综合信息等方方面面的知识与信息。如果是母语文章的阅读，采用这种阅读模式是比较适合的。在阅读外语文章时，由于母语的干涉、本国文化的影响，常常造成阅读障碍，妨碍对外语文章的理解。如果能够克服这些问题，可以说阅读能力就有了切实的提高。因而，可以认为，克服母语的干涉、充分理解外国文化、加快阅读速度、提高阅读质量正是泛读教学的目标。这种自上而下的阅读模式要求阅读者具有一定的外语水平，包括掌握了一定的词汇量、一定的语法知识，比较了解外国的文化风情、新闻事件等。我们培养学生的目标最终就是使他们能灵活自如地运用自下而上的模式，快速阅读，掌握大量信息。

三 学生的角色定位

那么，怎样实现泛读课自上而下的教学模式呢？根据学生的实际情况，发挥学生的积极性，让学生主动参与到阅读中是其中的关键。下面，本文将谈谈如何调动学生积极性，让学生成为课堂的主体。

（一）大胆推测

这类方式适用于一些故事性以及情节性较强的文章。阅读文章之前，根据文章的标题，大胆地展开想象，推测文章的内容；阅读正文时，也可以不断推测假设、提出问题、解决问题。另外，也可以培养学生通过文章的前后内容，对从未见过的单词进行猜测得到正确答案，推测出接下来作者将要叙述的问题，预测作者将要以怎样的内容结束文章。再者，也可以把一篇较长的文章打乱段落顺序发给学生，在规定时间内让他们判断出正确的排序；或去掉文章的某句话，让学生阅读后推测出被去掉的部分的大致内容，等等。

（二）讨论背景知识

笔者认为，对阅读材料的背景知识的掌握对于文章的深层次理解有很大的促进作用。这个环节中，教师对阅读材料的背景介绍自然不可缺少，但组织学生对阅读材料的题目进行讨论，最后引出文章的背景知识也可以调动学生对文章的兴趣与关注。这种方式比较适用于论说型文章。

（三）以读为中心

日语泛读课是大学日语教学中培养学生"读"的能力的重要科目。"以读为中心"，是泛读课堂应该遵循的最大原则。所谓"读"可分掠读、跳读、细读。掠读指的是快速浏览全文，尤其适合论说或者说明问题。掠读的具体步骤是：浏览标题，通读第一段，逐条读后续各段的首句，通读最后一段。跳读指的是检索读，读得很快，只需理解其中的部分信息，无须阅读全文去寻找最重要的信息。具体为：由教师找出一些关键词，找出某一个课文中陈述的事实，找出某一段的主题句。这种跳读任务可以以竞赛的形式在学生中进行，这样既可以激发学生的竞争意识，也可以逐步提高学生的阅读速度和准确度。细读是分析性地、批判性地精读、慢慢地认真地阅读，做到彻底理解、整体把握篇章结构文章内涵作者观点。这种层面的阅读教师的引导比较重要。

那么，教师在教学过程中怎样融入阅读技巧？具体可总结为以下几点：

A. 对文章结构的判断。比如，论说型文章的结构常见的是先提出问题，再扩展分析，然后再议论，最后升华。通过对结构的分析，让学生快速抓住文章的重点。

B. 确定每段的主题句。

C. 关注文章的每个段落开头的接续词。

D. 快速找出指示代词所指代的内容。

（四）小组活动

阅读过后，可以让学生总结文章内容，或者根据文章内容，谈谈个人感受。这些活动可以课下完成，如果课上时间充裕，可以通过小组活动来完成。总之，阅读后的这一阶段应尽可能地发挥学生的主观能动性，促使他们积极思考，主动参与，将接受的信息转化成实践的内容。

四　教师的角色调整

以学生为中心的教学模式并不意味着要弱化教师在教学中的作用。相反，教师的责任更大，灵活度的要求更高。教师既要适当地充当课堂控制者的角色，又要积极地参与到学生的讨论等活动中去。因此，恰当地调整教师的角色是实现"以学生为中心"教学模式一个不可忽视的侧面。

（一）点面结合的引导

教师应高屋建瓴，做到点面结合的引导。点即新的语言点与生词，教师应有所选择，对一些对全文理解有重要影响的关键词以及语法点进行解释，从而扫清学生在阅读中的理解障碍；所谓面是文章的大意、段落的衔接、写作的意图等，从篇章结构的交际功能去引导学生注意文章中词汇的衔接、段落的转合以及作者的思路，还有作者是如何组织文章内容和结构的，从而提高学生的自主阅读能力和写作能力。

（二）节奏的控制

当学生成为课堂的中心，尤其是通过小组讨论来完成课堂任务时，教师对课堂节奏的掌握变得尤其重要。一般日语专业的泛读课都是一周两节，即 100 分钟的课堂时间。在短暂的 100 分钟内，阅读前的热身最好控制在 15 分钟内完成，阅读文本以及组织小组活动来深入学习文本应该控制在 70 分钟，阅读后的讨论应该控制在 15 分钟内完成。其中，教师要尤其注意小组活动时的时间控制，包括小组活动的成果汇报在内，所以时间不能超过 20 分钟。

（三）提问技巧

课堂提问可以分为知识型提问和开放式提问。具体落实到泛读课上，可以如下操作：

A. 进入阅读前，教师可以根据阅读材料的主题，进行开放性提问，组织同学们展开对该话题的讨论；

B. 完成第一轮讨论后，在学生进入第一轮阅读前，教师布置几道与阅读材料具体内容相关联的问题，考查学生第一次阅读的成果；

C. 阅读时，可以通过一定的知识型提问，来确认学生对阅读材料的理解和掌握情况；

D. 阅读后，通过开放式提问，帮助学生进一步深入探讨主题，诱导深层次的思考。

（四）有效的评价

教师要针对不同学生的学习效果或者实践活动给予恰当的评价和鼓励。要针对不同的学生，运用不同的方法。要采取以表扬和鼓励为主、指出不足和问题为辅的方法，既不能打击学生参与活动以及展示成果时的积极性，也有必要帮助学生认清现状，找到问题所在，避免盲目自信，从而得到进一步提高。

（五）泛读课的特殊规定

在开课最初，作为教师，应该和学生明确几点泛读课堂的特殊规定：

禁止预习；

A. 阅读过程中禁止借助其他工具查阅生词；

B. 规定时间内完成阅读；

C. 泛读课的最终目的之一是要提高学生的阅读速度，从而扩大学生的知识面；

D. 对学生的以上特殊规定，可以保障学生思路的连贯性，并以富于挑战的方式促使学生提高阅读的专注力和速度。

五　结语

以上探讨的泛读课的各种教学模式，可以让课堂处于一种真实的交际性的氛围中。一方面，学生各抒己见，说的时间大大增加，口头表达能力得以提高；另一方面，学生通过完成这种富有交际性并能够解决问题的任务，加深了对课文的理解。总之，以学生为中心的教学模式突破了传统的泛读教学的樊篱，打破教师讲课、学生听课的框框，积极创设学生参与阅读活动的时间氛围。通过完成形式多样的阅读任务，学生不仅学会了怎么读，而且通过阅读来理解文章。在这样的泛读课堂里，读中有兴趣，读中有方法，读中有创造，阅读能力、创新能力、独立思考能力、解决问题的能力、沟通合作的能力都能得到进一步的提高。

参考文献

徐锦芬、占小海：《国内外"学习者自主"研究评述》，《外语界》2004 年第 4 期。

李嘉曾：《"以学生为中心"教育理念的理论意义与实践启示》，《中国大学教育》2008 年第 4 期。

陆巧玲、李翠英：《外语教学中教师角色的嬗变》，《四川外语学院学报》2002 年第 1 期。

学期中学习倦怠情况研究

丁　珏

一

国外从 20 世纪 80 年代开始就有学者、专家就学习倦怠（learning burnout）现象进行了专题研究。倦怠，或称学习倦怠是由工作倦怠（job burnout）这一词衍生而来的。工作倦怠，也被称为"职业精疲力竭症"，是 20 世纪 70 年代由美国临床心理学家弗洛登伯格（Herbert-Fredenberger）与社会心理学家马斯拉斯（Maslach）提出的一个概念。通过临床研究，弗洛登伯格发现工作时间过长、工作量过大和工作满意度过低会导致从业人员处于一种疲惫不堪的状态。经常处于助人状态的从业人员是这类疾病的高发人群，如教师、警察、护士、社工等。从事这类工作的人需要将情感投入到工作对象上，由于工作中的投入与获得的回报不一致，很容易出现情绪低落、态度消极、成就感降低等身心疲惫的现象。①

学习倦怠与工作倦怠并不完全一样。早在 20 世纪 80 年代，阿亚拉·派恩斯（Ayala Pines）就对这种因压力产生的倦怠体验（experience of tedium）进行了分析研究。派恩斯指出压力是一门"无形的课程"（invisible curriculum），会直接影响大学生在校的各种行为，最终作用于整个大学时期。倦怠体验是由压力产生，同时又是压力的一种特殊形式。大学生为了实现一个个不可能的目标进行着无休止的努力，长期处于种种琐碎的、不变的且不间断的压力中，此时，他们会经历身体、情感及心理上的倦怠体验。派恩斯将大学生与助人专业工作者进行了对比研究，发

---

① Herbert-Freudenberger & Richelson Géraldine, *Burn Out：The High Cost of High Achievement*, "What it is and how to survive it", Anchor Press, 1980.

现前者在学习中产生的倦怠程度高于后者在工作中产生的倦怠程度。① 两者不仅倦怠程度不同，产生的情境和具体的身心体验也有差异。

大学生学习倦怠产生的负面影响已经受到各方面的关注。对于大学生学习态度不端正、学习目标不明确、学习热情低的各种负面评价这些年一直困扰着各大教学单位，同时也是大学生群体需要面对的另一种无形的压力。2005 年 9 月 17 日，《中国青年报》以中国青年政治学院的学员为实验样本，进行了一项"当代中国大学生公众形象"的调查，据报道称，学习态度非常好的只占调查人数的 8.5%，大学生普遍精神萎靡不振，追求物质消费、享乐，有自杀倾向。② 从情节最轻的逃课、缺课到情节严重的自杀现象，大学生的学习倦怠问题已经是一个必须严肃对待的问题。

国内外对学习倦怠的研究多趋于模型量表辅助抽样/个案研究，将学习倦怠产生的原因归结为如下两点：（1）课业压力或课业负荷引起的倦怠；（2）缺乏学习兴趣产生的消极态度和行为。在这样的情况下，身心俱疲的学生因为情绪耗竭、个性缺乏、个人成就感低而对周围的同学和老师冷漠疏远，对集体活动消极否定，丧失学习动力，陷入一种持续的压抑情绪中。

而据研究显示，国内大学生的课业压力比中学生的课业压力轻。教改后，教材内容更加丰富，课程类型更加明晰，课堂内教师与学生的分工更加明确，大学生课后自主学习的时间更长。虽然一系列外在条件都更加科学、条理化，但是学生的厌学情绪却并没有得到有效缓解。

国内研究者对于大学生学习倦怠产生的主要原因虽然有分歧，但是总体的思路是大同小异的。③ 通过抽样调查得出的结论受调查问卷内容和制式的限制，让研究很难得以突破原有的假设论点。另外，抽样调查的样本与整体之间存在一个辩证的关系，会使结论本身有失偏颇。以性别、

---

① A. Pines & Ditsa Kafry, "Tedium in College", Paper presented at the Western Psychological Association Meeting, Honolulu, Hwai, ERIC Document Reproduction Service, No. ED192210, 1980.

② 《中国青年报》2005 年 9 月 17 日。

③ 在《大学生专业承诺、学习倦怠的状况及其关系》一文中，连蓉等研究者认为学习倦怠是学习压力或缺乏学习兴趣导致的；孙晓莉在《大学生学习倦怠的现状及成因研究》中表示现在国内的大学生学业压力并没有中学时期重，主要的原因是因为他们对所学专业并不感兴趣，缺乏动力，但是又不能不继续学业，在这种矛盾时刻，他们很容易产生疲倦心理，继而出现一系列不恰当的逃避学习的行为。

年龄、学校性质等为主要考量出发点的研究方式很难解决具体教学中面对的问题，导致这些只能分析问题成因，给出指导性建议，但建议本身的操作性有待商榷。本文拟以三种不同类型的英语课堂为研究目标，探讨大学生在学期中这个特殊时期表现出的种种倦怠行为背后可能的成因。

二

值得指出的是，本文中所指的学期中倦怠指的是新学期开始，大学生在进行过一段时期的调整后逐渐适应学校学习生活的节奏，此时各门课程选课已经结束，学期计划已经进行了三分之一或一半左右，师生之间经历了最初的磨合时期，学生已经熟悉了该课程的课堂组织形式。长假刚过，[①] 期中考试在即，此时学生有考试压力，对课程要求与难易程度已经有了一定判断，为了达到各自预设目标已经开始了各种课后学习。相较于学期初，此段时间大学生的出勤率会出现一个小幅的波动，课堂上注意力不集中的现象也比较明显，课堂参与度低，课后作业的完成情况也不如学期初理想，学生中开始出现比较明显的疲倦情绪。通过对比研究，我们发现这种疲倦情绪与不同的课程类型与学生类型直接相关。

以 2011 级二外英语、2010 级英国文学史、2012 级研究生文体学课程为例：二外英语属于技能操作性比较强的课程，针对的是非英语专业大二的学生；英国文学史属于知识传授型课程，针对的是大三及以上的英语专业学生；文体学属于专题讨论型课程，针对的是英美文学专业研一的学生。三门课程比较，研究生课程基本上是全勤，课堂气氛热烈，课后作业完成情况好，学生整体精神面貌积极。文学史课程基本上全勤，但会出现上课迟到的现象，课堂参与率比开学时低。二外英语课程是三门课程中课堂参与率最低的，有个别迟到和缺勤的情况。二外英语中，视听说课比综合英语课课堂气氛要更为活跃些。这些情况在学期中反映比较突出。

技能型的课程偏重于语言技能的讲解和反复操练，因学生层次不同，操作起来难免顾此失彼。新版英语教程配套练习十分丰富，练习量大，根据课程内容设置的技能训练，目的在于通过重复地训练让学生掌握基本语言点和重点词汇。在学习第二外语的过程中，学生会受到两种甚至

---

① 此处特指学年第一学期"十一"长假。

多种语言的干扰，学习进度偏慢。同时，技能课的习题偏难，很容易打击学生继续学习的积极性。这些问题在学期中都会集中反映出来。

同时，二外英语课程因为师资配备不足，往往需要两个甚至多个班合班上课。技能型课程的教学质量与学生的课堂参与度和学习的积极性直接相关，班级人数过多会直接影响教学质量和学习效果。目前，这类合班性质的技能型课程最为棘手的问题是学生学习积极性受挫而表现出普遍的学习倦怠。

在学期中期，以知识传授为主的课堂上也会出现学习倦怠的情况。本校的英美文学史课程是以本科英语专业三年级学生为对象，开设时间为一个学年，其中英国文学史与美国文学史课程各占一个学期。国内现在的英国文学史教材几经修订，信息量大，资料翔实，内容丰富有趣，学生对这门课程的积极性也比较高。按教学计划，这门课程需要在 36 个学时中完成。要在有限的时间内梳理整个英国文学史发展的脉络，对重要作家作品进行翔实的介绍，并对产生这些文学流派和动向背后的社会、政治、意识形态等原因进行仔细讨论几乎是不可能的。课堂授课主要是以讲授知识点、阐释关键概念、分析个别名作选篇为主，几乎很难有讨论时间。为了调动积极性而设置的问答环节，也因为学生对讨论对象了解甚少而很难进行下去。学期中期，为了完成既定的课程计划，课堂的组织比之开学初期要更为紧凑，相对而言，留给学生思考和反应的时间会越来越短。此时，学生的学习主动性减弱，越来越依赖于辅助学习的课件和老师的讲解，个别同学因为无法跟上快节奏的课程进度，阅读任务无法按时完成，从而产生消极倦怠的情绪。这种倦怠情绪很容易影响学生在课堂上的表现。因为是小班授课，课堂参与度降低，教学效果会受到直接的影响。

研究生文体学课程属于小班研讨课程，人数在 15—30 人之间。教学内容针对性强，教学材料可以根据课程安排和学生需求随时进行调整，教学对象有较强的自学和独立思考能力，课堂组织以文本讲解和提示讨论为主。前半学期以资料阅读为主，后半学期以实操和讨论为主。实操有固定的阅读文本，通常两到三人一组，以报告形式展示，每组有半小时展示时间。报告结束后，由同学和老师就报告内容和阅读文本提出相应问题，小组成员就问题进行回答，其他同学也可以就这个问题进行讨论，讨论结束后老师给出点评。这样的形式能够充分调动学生学习的积极性，通过主动思考寻求答案，通过提示性的问题进一步拓展思考的维度，取得较好的学习效果。随着学期中期教学安排的调整，学生参与度越来越高，最终实现学生自主讨论为主、教师引导教学为辅的这样一种教学模式。在这种教学模式之下，学生课堂上应对积极，课后表现出极大的学习兴趣和热情，没有出现所谓的学习倦怠现象。

课程类型不同，产生的疲倦程度不同。以技能型课程、知识传授型课程和讨论课程三门课程为例，以重复训练为主的技能课程容易让学生产生倦怠情绪，而以学生参与为主的讨论课程则容易调动学生学习的积极性，有效对抗学习倦怠。同时，班级人数、人员构成也会对倦怠程度产生影响。①

三

学习倦怠产生的原因不仅与学生有关，作为课程组织者和操作者的老师在其中的影响也是十分明显的。弗洛登伯格在早期研究中就指出教师属于职业倦怠高发人群之一。由于长期处于高强度、高压力的工作状态下，而且这种工作状态很多时候无法得到相应的回报。对于教师而言，最为直接的挫折来自于实际的课堂教学效果与预期课堂教学效果之间存在较大的差距，学生对老师和课程产生厌倦甚至是抵制情绪，经常迟到或逃学，课堂上注意力不集中甚至影响正常的教学秩序，课堂作业完成效果不理想，课后练习完成质量不高，教学任务无法如期完成等一系列问题。有经验的教师能够比较好地面对这些问题，调整自己的情绪，尽量完成正常的教学任务。但有经验的教师通常也会因教学时间过长，不断重复之前的教学内容而更容易产生职业倦怠。

学习倦怠是一个需要得到我们充分认识的问题，分学科、分阶段、分对象进行有针对性的调研能够在很大程度上提高一个大学整体的教学效果。值得注意的是，在考虑这个问题时，不仅要将课程类型、学生人员组成作为具体探讨对象，同时还应考量教师本身的职业倦怠对整个教学过程产生的影响。

---

① 小班与大班或合班上课之间的区别与不同课程类型之间的关系还需要具体论证。

论中日同声传译的教学设置[①]

关立丹

北京语言大学日语专业为教育部国家级特色专业建设点，北京市重点学科，是继英语专业之后第二个获得北京市重点学科资格的北京语言大学的外语专业。2003 年日语专业被获准建立日语语言文学硕士点，现有 12 位硕士导师。2013 年已经开始招收博士生。

日语专业在北京语言大学是除了英语专业以外最大的外语专业，师资力量雄厚。现有中国教师 13 名，外教 4 名，共计 17 名教师。其中，教授 3 名，副教授 8 名。两位博士在读的老师毕业后，本专业教师博士学位获得者所占的比例将达到 100%。博士学位分别在东京大学、庆应大学、御茶水女子大学、名古屋大学、北京大学、北京外国语大学等国内外著名学府获得。教师负责主持国家社科项目、教育部社科项目、教育部留学回国基金项目，获得了教育部国家精品课程一等奖、北京市教育成果奖，以及北京语言大学各类项目与荣誉。

在中日同声传译教学方面，北京语言大学日语专业做了大量工作，全国领先。在接受并安装了日本政府赠送的同声传译设备的基础上，于 2003 年设立了专门的同声传译教室，这对日语专业是一个新的挑战。日语专业于 2003 年 9 月率先开设了中日同声传译课程，并招收中日同声传译同等学历研究生班。

迄今为止，同声传译的课程开设分三个方面的内容：

(1) 本科同声传译课程；

(2) 中日同声传译同等学历研究生班；

(3) 中日同声传译研究生。

---

① 本文系教育部特色专业系列成果。

下边将谈一谈北京语言大学中日同声传译课程开设过程中的一些经验和困惑。

一　本科中日同声传译课程设置

由于社会的需要，如何培养具有一定的同声传译水平的本科毕业生成为当务之急。大多数大专院校的日语专业都沿用着多年以来的教学模式与课程设置。关于日语专业教学模式与教学计划的改进，多年来许多兄弟院校都在探讨这个问题。进入 21 世纪，北京第二外国语大学日语系对原有的课程设置进行了调整；北京师范大学日语专业还专门召开了教改研讨会；北京外国语大学日语系也有改变长期以来固定下来的课程设置和老的教学模式的想法。

北京语言大学日语专业已连续开办了二十余年。这期间，从参考数据极其匮乏到慢慢发展到一支具有丰富的教学经验的师资队伍，本科生已经发展到每年 3 个班，80 人左右。日语系的老师花费了大量的心血，送走了一届又一届毕业生，日语专业的毕业生现活跃在外交部、国际广播电台、高等院校、旅游行业、外资企业，毕业生听说读写全面发展，做事态度踏踏实实，获得了一致好评。

同时，日语专业不断扩大国际交流，在国内首家于 2001 年始专门开设"2 +2"中日合作办学班，经验丰富。学生前两年在北京语言大学学习，后两年在日本完成经济、经营、法律等专业的学习之后获得中国、日本两国文凭，同时获得日语和其他专业的两个专业学位。培养效果好，获得日本合作大学的高度评价。毕业生每一届多人考入日本以及欧美著名学府的研究生院，并有多人在中国或日本的大型公司、企业就职。以 2013 年 26 名毕业生考研情况为例：东京大学 2 名，京都大学 1 名，早稻田大学 5 名，一桥大学 1 名，大阪大学 2 名，筑波大学 1 名，神户大学 1 名……实践证明 2 +2 班的教学是成功的。

日语专业获得的成绩是长期以来在摸索中进行教学，需要根据社会需要不断调整教学大纲，挖掘日语教学的潜力的结果。日语是小语种，普及面不广，随着社会对外语类毕业生的要求不断提高，尤其需要较高水平的日语人才。考虑到教学的潜力，需要进一步提高本专业学生的综合外语水平和逻辑思维能力、认识能力。

北京语言大学是国际性大学，日本留学生人数较多，因此，日语专业本科生拥有得天独厚的外语环境，日语口语水平提高较快。这虽然是有利的一面，但同时也有其负面作用，即学生满足于达到能够与留学生交流程度的日语口语水平的初步提高，而忽视更深层次的表达能力、阅读、写作能力等方面的训练，影响了学生能力的均衡发展。

基于以上原因，北京语言大学日语专业为了配合四年级的同声传译教学，进一步挖掘潜力，加强学生综合能力培养的力度。2003 年申请了校级教学改革项目"日语人才培养的低、中、高阶段性研究及日语教学大纲的编制——向具有一定同声传译水平、高水平综合外语能力的目标靠拢"。随着此项工作的展开，日语专业进行了教学大纲的编写，同时对课程设置及教学模式进行了适当的调整。

首先，北京语言大学日语专业对各大专院校的日语专业课程设置、教学模式进行了调查，搜集国内外相关研究资料。并在此基础上进行课程设置及教学模式改革的初步尝试。

低年级教学参考了 2 + 2 班（前两年在我校打好日语基础，后两年去日本的大学留学学习法律、经营、会计等专业课程）的教学经验，调整低年级本科生的课程设置，增加一年级精读课节数（2 节左右），二年级增设阅读课，适当加快基础课学习进度，扩大词汇量。

在高年级阶段，三年级加强日语表述、阅读、写作等能力的训练；四年级改变灌输性教学模式采用讨论课的形式，活跃学生思想，增强学生学习的主动性，扩展学生知识面，并加强同声传译课程的教学，提高学生的翻译水平和反映能力。

综上所述，北京语言大学日语专业尝试在基本不改变日语专业总课时的情况下，采取开设同声传译课程、调整基础课程的设置以及教学内容的方式进行内部专业课程设置、教学模式的适当调整，进一步培养高水平的日语人才，以适应社会需要。

2003 年开展本项目之后，项目组成员进行了大量的工作。为了了解其他院系的情况，加强与其他院系的沟通与交流，参加了两次研讨会及一次展览会：

1. 2003 年 12 月北京外国语大学举办的全国高校日语专业教学大纲及课程设置研讨会

2. 2004 年 10 月北京大学举办的日本语言文化教育与研究国际学术研讨会

3. 2004 年 11 月在军事博物馆举办的中国翻译展

4. 2005 年 5 月在日本横滨国立大学举办的日本语教育年会

5. 2005 年 5 月在日本神户甲南大学举办的日本语学会年会

6. 2006 年 11 月北京第二外国语学院举办的同声传译、翻译与教学国际研讨会

7. 2011 年 5 月北京外国语大学举办的本科生教学改革国际学术研讨会

8. 2012 年 10 月在北京第二外国语学院举办的第六届翻译理论与实践及翻译教学国际学术研讨会 MTI（翻译专业硕士）2012 专题研讨会

9. 2013 年 11 月北京外国语大学举办的东亚文化交流的过去·现在·未来国际学术研讨会 MTI 教学与实践论坛

另外，做了如下工作：

1. 每年向毕业生征求对课程设置的意见。

2. 定期召开教学研讨会对每一门课程的教学安排展开研讨。

3. 进行切合实际的调整。

在教学计划上进行了调整：

1. 一年级下学期开设泛读课，增加学生的词汇量，扩大学生的知识面。

2. 为了提高写作能力，在低年级把会话课改为会话与写作课。这样使学生由低年级就有听、说、读、写全面发展的机会与意识。

3. 为了进一步为高年级学习同声传译做准备，提高学生的翻译水平，在基础阶段，把口语教材进行了调整，由一般的口语教材改为以会话形式为主的口译教程；在三年级增加了口译与笔译的学习时间。

4. 增加了高年级的新闻听力课程，以扩大学生词汇量与知识面。

5. 在原有课程的基础上，改进教学方法，如导入课堂演习的形式，提高学生的大段表达能力和自主能力。

但是，本科生毕竟没有实际工作的经验，水平不能完全达到同声传译所需要的程度，所以，本科生阶段的同声传译教学目的是对学生提出新的目标，使学生面临新的挑战。努力使低年级的同学较早地具有较高的学习目标，使高年级的同学尽量接近同声传译所需要的水平。同时，提高专业的教学效果，提高学生的学习能力与水平。课程设置的调整是具有极其大的积极意义的。

目前日语专业已招收 10 届正式的同声传译方向研究生，从历年保送以及考取的研究生来看，对本校上来的研究生我们更熟悉情况，可以提前培养，而且他们也因此具有一定的同传意识与知识，提高了整体水平，带动了全体学生。

当然，课程设置的调整也存在一定的难题。那就是目前由于课时学分有固定量的关系，不能再进一步加大口译、笔译、同传的课时。同时，为了适应社会上对中日英三语互译人才的需要，需要加强日语专业英语基础课的教学，并适当开设英汉翻译课程。

二　同声传译同等学历研究生班

北京语言大学的中日同声传译同等学历研究生班开始于 2003 年 9 月，共招收了 20 多名学生。为了进一步促进学生的学习，同时招收了中日双方的学生。北京语言大学客座教授、神田外国语大学（现任职于杏林大学）教授、日本同声传译培训界著名专家塚本庆一先生定期光临指导。2003 年 10 月 22 日的日本《读卖新闻》采访、报道了北京语言大学同声传译研究生课程，对北京语言大学中日同声传译的教学寄予了极大的期望。

本课程招收的学生基本都在公司、事务所等部门任职，他们具有日语的实践经验，具有相当的日语水平，甚至有的中国学生在日本生活多年。日本学生也有人拥有在中国生活多年的经历。这样的学生对同传教学的进行非常有帮助。

在课程方面，设置了作为同声传译的基础的翻译理论、高级笔译、交替传译，以及同声传译基础、同声传译中级、同声传译演习等方面的内容。

在同声传译的教学上，聘请了林国本先生等多位同声传译界的专家进行教学，学生接触到实际的、有实践价值的第一手资料，并学习到了同声传译的学习方法，学生受益匪浅。

除了同声传译课程设置之外，还开设了综合知识、比较文化和英语课程。同时，定期开设综合知识讲座，聘请了清华大学、中国社会科学院、驻华机构等专业人士进行讲座扩大了学生的知识面，加深了中日理解。英语课提高了学生的英语水平，以便于备考同等学历研究生的外语考试。同时在条件允许的情况下开设发音课，进一步提高学生的语音基础。

　　但是，同声传译同等学历研究生班也存在一些困惑。首先是外聘专家的邀请及联络工作。由于各位专家都有一定的工作，尤其是在有临时工作的情况下，只好在时间上进行调整，与其他专家的课程时间进行调换，还要通知每位学生，这增加了负责同声传译教学安排工作的专业教师的工作难度和工作量。

　　另外，关于中日同声传译，一直被作为翻译的难点，是人们期望达到的目标。对于北京语言大学开设的国内第一个中日同声传译的研究生班，学生寄予了很大的期望。甚至有的学生认为参加了同传班，就会达到同传的水平。但是实际上，并非如此，同声传译除了课堂的学习之外，还需要课下自己的大量练习，与相关资料的查阅。由于学员是一边工作一边学习，工作较忙，不重视课下的学习，或者不容易保证学习时间，这样的学生能力提高较慢。

　　但是，不难看出，入学时程度并不理想的学生如果按照老师的要求，加强练习，同声传译的水平会有明显提高。中日同声传译同等学历研究生班毕业的学生或成为翻译公司总经理，或成为职业译员，或在使馆担任翻译，活跃在翻译以及其他各个领域。

三　同声传译硕士研究生

　　北京语言大学日语专业从 2004 年开始正式招收中日同声传译方向的研究生。报考的人数年年增加，竞争十分激烈。

　　由于同等学历研究生中，日本学生在中日同声传译方向上取得学历难度很大，因此，鼓励日本学生报考正式的研究生。每年都有日本留学生考进来。北京语言大学汉语学院设有翻译系，也为同声传译硕士学位日本留学生提供了生源。中国学生和日本学生共同学习，互相补充不足。两届在"汉语桥"国内外比赛中获得冠军的日本留学生均在我校学习同声传译硕士课程。校园里经常可以看到中日学生互助学习的身影。

　　同时，由于是脱产学习，保证了学习时间。他们按照老师教的学习方法踏踏实实地学习，学生进步很快。同时他们认真学习的态度也影响到了本科生，成为本科生学习的榜样。

　　在加强教学的同时，积极与中日友协、团中央、国际台合作建立实习基地，加强学生笔译实践能力，近几年翻译出版了《与灵魂相遇》《宇宙原来如此有趣》等各类译著 30 部。

　　研究生的教学，由于理论基础的需要，比较同声传译研究生班，增加了理论课的学习。同时为了更好地进行同传教学，增加了同声传译实践的课程量。

　　但是，这里存在一个问题，就是如何提交毕业论文。研究生的时间毕竟有限，大量的翻译实践以及他们的校外实习占去了他们理论学习的时间；中国关于中日同声传译以及翻译方面的研究还不够，理论还不健全，供参考的资料比较少。因此写出比较理想的毕业论文有一定的难度。

　　大阪外国语大学（现合并为大阪大学）曾在研究生阶段开设同声传译专业。在毕业论文方面，采取了通融的方式，就是如果所选的课程超过一定的量可以代替毕业论文。也就是可以在一定条件下允许不提交毕业论文就获得毕业证书毕业。这种做法虽然在当时的中国硕士学历教育中还没有先例，但是现在翻译 MTI 硕士的培养实现了同样的教学模式。

　　在同声传译的教学当中，还存在教师难以保障的问题。同声传译需要大量的实践经验，所以一般学历不会太高，有硕士学位就很不错。但是，由于现今大学的需要，急需引进高学历、高职称的人才，所以调入新的同传的人才比较困难。

　　由于同声传译教学的特殊需要，担任教学的老师需要在实践中继续提高，这一点只能在排课过程当中用尽量减少任课天数的方法来解决。

　　同时，社会上急需中日英三语翻译人才，这也是口译教学的一个挑战。

　　十多年以来，北京语言大学的同声传译研究生课程的开设受到了日本大使馆、日本国际交流基金的支持，在北京语言大学客座教授、杏林大学教授、日本同声传译培训界著名专家、博士生导师塚本庆一先生的指导之下，取得了一定的成绩，目前同声传译研究生班已经有了三届学生结业，研究生也已经招收了 10 届学生。本科生积极踊跃地报考本校同声传译方向。本科生教学的改进，为研究生的招生输送了优秀的人才。

　　一分耕耘一分收获。2011 年、2013 年北京语言大学培养的学生均获得全国口译大赛中日同声传译、交替传译两个一等奖。2012 年我校日语系与国际广播电台成功举办第一届播音口译大赛。毕业生任职于外文局，担任自由译者，活跃在社会的多个领域。

　　从中国现在的实际情况来看，翻译专业毕业的学生形式很好。同声传译方面人才短缺，需要在人才培养上下功夫。如何进一步提高教学水平与质量，将是日语专业需要继续探讨的课题。

日语精读教材权衡选用标准探析

——《新编》和《综合》对比分析

朴贞姬

一 引言

课程建设是高等学校教学改革工程的重要组成部分。课程建设的水平直接关系到高校的教育教学质量及人才培养的水平。课程建设是一项系统工程，它包括教师队伍建设、教学内容建设、教材建设、机制建设、教学方法和手段建设等。其中，教学内容及教材的选用是课程建设的核心之一。更新教学内容，权衡选用教材，适当处理基础与理论的关系，能为学生不断开拓具备终身学习的能力打下基础。

那么，什么样的课程教材能说是好教材呢？我们认为只有与科研相结合，建立在研究基础上的课程教材，才有可能成为优秀的课程教材。课程建设并不是随便组织一批人马简单编写一本教材这么简单，而是一项重要的研究课题与任务。好的教材就像一部具有影响的学术作品，它能够影响一代人甚至几代人。另外，科研不仅能够将最先进的研究成果运用到课程内容，还能够将先进的教育思想融入课程体系，也能够将科研过程中的科学精神，如严谨求实创新存疑的精神带入课堂教学。外语教材也不例外。教材研究中我们应该注意处理好传统与特色、规范与创新、内容与方法、基础与专业、教学与科研、点与面的关系。

本论文本着课程教材理论，拟分析我校使用过的两套日语精读教材——上海外语教育出版社编的《新编日语》（以下简称《新编》）和北大日语系编的《综合日语》（以下简称《综合》）。旨在为今后的教材权衡选用、教材开发与研究提供理论根据与事实佐证。

下面，具体从教材的逻辑、编排体系、知识结构、内容选材、版面设计等几个方面，对两套教材进行对比分析，揭示两套教材的利弊点。

二　两套教材体系

（一）教材的三大核心

编写某一套或某一科的教材，首先，编写者要明确这一套教材所指向的培养目标是什么；其次，编写者要搞清楚科目内容；最后，编写者就要考虑好教材的展开顺序问题。总之，目标、内容、组织是研究教材的三大核心课题。在这个问题上，《新编》和《综合》相比，编写目标更明确，知识体系考虑得更周到，教材的展开更有头有序。

我们知道，作为科目内容的学科知识，是人类几千年文化的结晶，是已经发展成为一个系统化、结构化的严密的逻辑体系。要让学生学习这些抽象的、高度概括的学科知识，我们的教材将如何呈现这些知识呢？这是教材编写者要考虑的首要问题。知识的呈现方法上，《新编》比《综合》设计合理。各课的层次分明、结构严密，层次设计有针对性。如：每一课设计内容相连的阅读文和会话文，达到培养阅读能力和表达能力的目的。而《综合》的设计缺乏针对性，每一课的三个小单元，体裁相同、内容互不相干，很难把握教学目的。

（二）教材的编排体系

首先，教材编排顺序必须符合学生的心理发展顺序和学生的心理特点。按照这样的编排顺序学习，就能够实现所期望的目标。但是，如果这样的教材编排顺序与学生的心理发展顺序不相适应、不符合学生的心理特点，那么，学生按照这样的教材编排顺序学习教材，其学习结果就会不理想甚至学习失败，教育目标因此就会落空。在这种情况下，就不能照搬学科的逻辑体系，以此来设计教材编排顺序。这就使教材编写者在设计教材编排顺序时，碰到学科知识的逻辑体系与学生的心理发展顺序之间的矛盾，要求编写者按照学习者的需求和心理发展顺序去研究教材编排顺序。一般来说，大学教材就按照学科的逻辑体系编排教材顺序。且大学教材的科学知识内容是"一个系统化、结构化的，理性而严密的逻辑体系"，应该严格地按照知识的逻辑体系编排教材顺序。这样才能符合学生的心理发展顺序、符合学生的心理特点。学生按照这样的编排顺序学习，就能够实现所期望的目标。大学日语精读教材也不能违背这一规律，必须注重知识的逻辑体系，严格遵循语言规律，以循序渐进的方法，编排好顺序。

就教材的知识逻辑顺序而言，《新编》注重知识结构之间严密的逻辑关系，较合理地编排了文字、词汇、语法、表达等知识结构。第一册共出现1063个单词，103个语法点，其中相当于日语能力考试大纲（旧"日能大纲"）规定的3级、4级词汇有610个，占57.4%，语法点99个，占96.1%。而《综合》第一册里出现共1885个单词，153个语法点，其中相当于日语能力考试大纲（旧"日能大纲"）规定的3级、4级词汇有701个，占37.2%，语法点122个，占79.7%。

由此，我们可以说，在教材的逻辑排列上和教材知识体系的总设计上，《新编》比《综合》做得好。两套教材1—4册的知识体系与逻辑性具体比较请看表1。

三　两套教材的利弊点

（一）重视基础方面

随着时代的进步、社会的发展，"基础"的内涵也在变化，因此教材编写中都注意从学科自身的特点出发，在基础知识和基本技能上努力引进新的内容、新的技术、新的思想、新的观念。基础知识和基本技能也是与时俱进的。但新的内容、新的技术、新的思想、新的观念并不一定是基础知识。打好基础是培养创新精神和实践能力的"起飞跑道"，不能把打基础与创新、实践对立起来。

《新编》把打好基础作为编写教材的核心任务，在知识结构的编排上充分地体现了重视基础的理念，基础知识编排得非常合理。能看出来教材整体的知识体系较合理的排列。使用此教材能够打好日语语法知识体系。具体情况请看表1。

《综合》在新的内容、新的技术、新的思想、新的观念上虽然下了很大功夫，但是，词汇和语法知识的编排上，整体设计得不够严谨，先后顺序颠倒，给学习者和教师带来困惑。在词汇和语法的辨析方面明显下功夫不足，使学习者了解到的都是孤立的语法点，无法将学到的语法点与其他语法点联系进行记忆，同时也增加了教师备课的负担。

（二）知识结构方面

知识结构的合理编排是教材的关键之一。任何一种教材，总有特定的知识内容。如语言教材有识字认词、剖句析篇、语法逻辑、语用表达；编写教材首先把概念的内涵与外延、知识的联系与区别规划和梳理好。防止单词概念的循环、错位和矛盾，防止知识上的重叠、脱节和错漏。

《新编》采用了系统式的编排。例如，以语法体系组织单元，以求达到知识体系的逻辑性；以综述文、会话文、描写文等不同的三种文体形式组织每一课，以求达到培养听说读的能力；每一课均匀安排十个左右的语法与表达式，以求达到知识的传授与能力的培养。但是，由于出版时间早，已有近十八年，很多课文内容信息早已过时。如《新编》第三册共有 20 课，文章内容几乎都是 90 年代初期的。教材内容的选择上，没有考虑好读者对象，很多课文是从小学生国语课本里选的。所以，不符合大学生的心理发展顺序及特点。加上，对大学日语精读的基础词汇和基本技能的要求也有很大的变化，需要全面修改与补充。

《综合》按照"听、说、读、写、译"的总体理念和日语课程标准规定的改革目标，构建了日语精读教材的结构、体系。选材新颖，贴近社会以及生活，以中国学生和日本留学生的大学生活故事贯穿四册，比较容易给学习者以代入感，并且在生活用语方面比较实用。虽然1、2册有些阅读短文的选择跟会话单元相比偶尔存在脱节现象，但是总体上讲授起来内容还是比较实用并且容易接受的。

（三）加强实践方面

教材里，教学实践活动主要反映在练习题的设计上。练习题是教材组成的一个重要方面。

《新编》加强理论与实践的结合，在教材选编时就注意到知识内容来自于实践，又为实践服务，练习题中有相当丰富的实例来反映这种实践性内容。同时又设计了大量的学生实践活动，给学生进行观察、思考、应用等实践的机会，让学生在实践中去学习、去体验。如，助词练习形式为填空题；词汇练习形式为选词填空；语法表达练习形式为完成句子；课文内容的理解与复述练习采用问答式；综合练习为翻译句子或文章。总而言之，练习题的设计以求多给学生提供自由发挥的空间和观察、思考、应用等实践的机会。《新编》在习题训练系统的改造上做出了极大的努力。力求把习题作为培养学生创新精神和实践能力的舞台，为学生提供创新和实践的时间和空间，有利于学生的主动学习和主动发展。练习的题型、题量的适度和题质的好坏，会影响学习者的实践活动和学习效果即评价。具体情况请看表2。

《综合》偏重会话，课本的练习题构成方面过于单一，机械性重复，以按照所提供的句型或者会话框架进行替换的方式进行，学习者普遍反映容易厌倦，甚至要求自己课后适当完成即可。而《综合》的辅助练习册本身虽然相当不错，但因为存在与课堂所学语法有一定脱节（主要起因于语法解说部分的不足）的弊端，因此在教师使用方便的程度方面大打折扣。

（四）突出探究方面

为培养学生的创新精神，教材必须重视探究学习。探究活动丰富多彩，形式新颖，成为教材的一大亮点。教材有利于学生进行探究性学习，学生在获得知识的同时，养成提问、质疑、求异、创新的习惯和能力，从而使学生学会学习，学会探究，学会创新。知识的活力在于应用。面向未来、适应现代化需要的新教材，更必须在应用性、实践性、操作性上有一个新的面貌。

在这方面《新编》和《综合》都做得不错。《综合》在强调语言的交际作用和实用性方面做得相当好。

（五）形式方面

教材栏目的设计琳琅满目，文字教材、电子教材等各种手段一体运用，有利于学生对知识技能的体验和理解，促进学生学习方法和教师教学方法的转变。

《新编》最大的缺陷是形式方面。它已经落伍了一代。如开本太小（小32开）、字体过小（练习部分小5号）、书写方式陈旧（竖写文字）、缺少图解（一套教材里一张图片解说都没有）、封面和版面设计不雅观、音像教材残缺等。

《综合》教材图文并茂、版面活泼、色彩丰富，增强了趣味性和吸引力。教材开页见图，用大量的照片和图画说话，配以简单文字，做到图文并茂、一目了然。此外除图文为呈现形式的教科书外，还编制了以光盘为呈现形式的音像教材，印刷教材与电子教材两者结合，相得益彰，形成一体化的新型教材。

表1 　　　　　　　　　　　　　知识体系及逻辑性比较

	《新编》1			《综合》1		
	总数	3级、4级		总数	3级、4级	
词汇	1063	610	57.4%	1885	701	37.2%
语法	103	99	96.1%	153	122	79.7%

	《新编》2			《综合》2		
	总数	2级、3级		总数	2级、3级	
词汇	1668	1223	73.3%	1648	919	55.8%
语法	137	93	67.9%	150	102	68.0%

	《新编》3					《综合》3				
	总数	2级		1级		总数	2级		1级	
词汇	1254	604	48.2%	199	15.9%	585	251	42.9%	585	100%
语法	74	42	56.8%	8	10.8%	77	51	66.2%	3	3.9%

	《新编》4					《综合》4				
	总数	1级、2级		其他		总数	1级、2级		其他	
词汇	1276	735	57.6%	541	42.4%	1523	726	47.7%	797	52.3%
语法	107	51	47.6%	56	52.4%	58	37	63.8%	21	36.2%

表2 　　　　　　　　　　　　两套教材的结构与语法体系对比

	《新编》1（共二十课）	《综合》1（共十课）
各课结构及编排顺序	本文（综述文）	会话（会话文）
	会话（会话文）	应用文（描写文——记叙、论述）
	应用文（描写文——记叙、论述）	词汇（课文生词＋练习生词）
	词汇	发音解说
	语法解说	语法解说
	功能用语	口语表达惯用语
	练习题	练习题

续表

	《新编》1（共二十课）	《综合》1（共十课）
练习题型及编排顺序	文字词汇（注假名）	课文内容确认（问答）
	语法1（助词填空）	语法1（完成句子）
	词汇语义（选词填空、用词造句）	语法2：会话练习（形式练习、选择练习）
	语法2（完成句子）	变换练习
	文章理解（问答）	发展练习
	综合练习（翻译）	
语法体系	国语学校语法	日语教育语法

四　结语

外语精读教材是大学外语基础教育中最关键的教材。它跟其他专业教材不同，编写目标是培养听、说、读、写、译5个技能的综合人才。教材的选用直接影响到教学效果，教学内容及教材的选用是课程建设的核心。教学内容的更新，教材的合理选用，基础与理论的关系处理得当，能为学生不断开拓具备终身学习的能力打下基础。

几年来我们选用的《新编》教材，虽然存在一些问题。但是，《新编》教材的编写理念很正确，编写目标明确，词汇语法等知识结构系统化，编排顺序成严密的逻辑体系，参考书、练习册、录音带等配套教材也设计得很好。

从去年开始使用的《综合》教材，在新的内容、新的技术、新的思想、新的观念上下了很大工夫。形式上也图文并茂、版面活泼、色彩丰富，增强了趣味性和吸引力。《综合》教材还编制了以光盘为呈现形式的音像教材，印刷教材与电子教材两者结合，相得益彰，形成一体化的新型教材。但是，词汇和语法知识的编排上不够严谨，先后顺序颠倒，作为精读教材特色不突出。偏重场景会话，忽略知识的体系性，教学效果显然不佳。

需要肯定的是，《综合》教材另行编写的辅助练习册下了很大的功夫，内容充实，形式多样，包括"文字词汇（注假名＋日语汉字）"、"词汇语义（替换练习、选词填空、选择填空）"、"语法结构（助词填空、指定句型选择填空、回答问题等）"、"综合练习（翻译）"、"听力文章理解（问答）"等，为学生课后检查课堂学习效果提供了很好的素材。美中不足的是无法与教材本身的语法讲解完全挂钩，或者应该说教材本身的语法讲解不够细致，导致很多未能涵盖的知识出现在练习册中，给学习者带来了一定的困惑。

因为时间太仓促，没来得及整理两套教材使用后的效果，这将会降低教材评价的准确度，需要今后补充与完善。

参考文献

赵新平：《课程建设评估的几大理念》，2006 年 3 月 13 日，课程教材研究所网站。

周玉：《落实科学发展观提高人才培养质量》，《光明日报》2005 年 7 月 19 日。

张晓东：《地方课程评价的基本理念》，《教育理论与实践》2001 年第 6 期。

陆效用：《美国 21 世纪的"5C"外语教育》，《外语界》2001 年第 5 期。

潘璠：《语料库研究与外语教材编写》，《武警学院学报》2005 年第 5 期。

王承君：《外语课程论研究的六个核心问题》，《内蒙古师范大学学报》2007 年第 5 期。

韩艳梅：《语文教科书编制研究》，博士学位论文，华东师范大学，2004 年。

肖建芳、丁俊华：《中美两国当前外语课程标准比较研究》，《基础教育外语教学研究》2007 年第 4 期。

孙和英、李新春：《对高校教材的定位分析》，《张家口农专学报》2001 年第 2 期。

严京海、欧阳琼：《高校教材选用、评价管理中的问题与对策研究》，《技术经济市场》2008 年第 6 期。

赵庆华、赵妹玲、孟建国：《关于普通高校教材研究的几点思考》，《中国建设教育》2006 年第 12 期。

Dr. Wolfram Laaser：《网络教学环境评价》，《开放教育研究》2004 年，课程教材研究所网站。

研究生培养中的师生互动模式探讨

——以美国少数族裔文学中的"成长小说"研究为例

陆　薇

在英语语言文学的研究生教学中，我们经常会发现这样的现象：一些导师本人感兴趣的理论问题、文学文本、文学现象等经过在课堂上讲授、讨论，变成了一些学生（有时是一个，有时是几个，甚至是跨年级的更多学生）感兴趣的问题。学生把这些问题带到自己的毕业论文写作中，在导师的引导和双方的讨论过程中形成一些研究成果，这些成果逐渐累积，又会变成一个更大的集合或者研究方向。这个方向经过一些学生在论文中成功地实践之后，更多的学生被吸引过来，以新的理论视角或补充新的文本对问题进行讨论，最终在师生的共同努力下形成一个研究成果系列。根据近年来的实践和摸索，本文作者认为这是研究生教学中的一种值得探索和研究的教学模式。本文将以近年来笔者在研究生教学过程中形成的对"美国少数族裔文学中的成长小说研究"为例，试图具体梳理、总结、归纳这一现象，一方面可以供自己反思，另一方面也可抛砖引玉地为研究生教学和人才培养模式研究提供一个视角和一些思路。

近年来，在英语语言文学专业的研究生中，笔者发现每年都会有一些学生对美国少数族裔文学中的成长小说感兴趣，希望作为毕业论文的写作题材进行进一步研究。我们知道，成长小说最早是欧洲大陆，特别是德国文学的一个文学遗产，之后经过几百年的发展和传播在世界文学的研究中都占有重要的地位。在经济、政治、文化全球化的今天，寻找自己的文化身份已经成为了很多人共同关注的问题，尤其是对于生活在跨界的、带有连字符号的人群而言。所以，关注人的身份认同与身份建构的成长小说今天已经不仅是一个单纯的欧洲或者西方文学的概念，而是演变发展成了一个带有普遍意义的世界文学的概念。除了具备小说的一些核心的共性之外，成长小说在世界各国的发展都呈现出了一些独特的性质和形态。从小说的美学形式、叙事方法等方面来看，成长小说的概念模式范畴也有扩大，变成了作家寻求人与社会、主观与客观、理性与感性之间平衡、和谐发展的普遍关照，成为了人认识自我、认识社会、建立自我身份、实现人的价值的共性追求。所以，对于学生的这种学习、研究兴趣，教师的责任是从宏观的角度给予学生必要的指导和相关知识的介绍，并提供研究资料，引导学生更加深入地在这一领域中进行阅读、思考、研究，在毕业论文中做出自己的阐述。

众所周知，成长小说也被称为"启蒙小说"和"教育小说"，此概念最初源于德国，起始于 18 世纪末期的德国，是西方近代文学中十分重要也十分常见的一个文类。歌德的《威廉·迈斯特的漫游时代》被认为是这一小说类型的原始模型。简单来说，这类小说往往是在空间、时间的转换中描绘主人公从天真到成熟的经历和人格的完善。欧洲传统的成长小说的主人公都是男性，自幼年或少年至成年，自天真无知至成熟世故：或许进入社会吃亏、吃苦而逐渐明白世途艰难、人心险恶，或许经历某个或某些重大事件而使人生有所领悟、有所改变；而在这番"长大成人"的领悟和改变完成之际，故事中的主人公们完成了成人的洗礼。从原型批评的角度来看，我们熟悉的很多童话故事都是成长的故事，其中最典型的一个就是"小红帽"的故事。"小红帽"离开安全温暖的家，穿过黑暗的森林，战胜邪恶的大灰狼，成长成一个勇敢的少年。可以看出，成长小说的类别恰好吻合了西方文学传统上的"追寻"（quest）或者"身份追寻"（quest for identity）的主题。这大概可以称得上是整个西方文学传统中最重要的一个主题了。无论是童话中的"小红帽"还是"蓝胡子"，也无论是荷马史诗中的奥德赛还是莎士比亚戏剧中的哈姆雷特、奥赛罗，无论是马克·吐温的哈克·贝利芬还是《白鲸》中的亚哈船长，无数的文学作品中的主人公都是在这同一追寻模式中成长、成为、成就自己的。这恐怕就是这个文学主题从内容上和形式上受到一代又一代的文学研究者青睐的原因，也是文学课的教学和论文写作中不断有人提及、论述的原因了。

从成长小说的内容上来看，它从传统的男性人物的故事发展到了女性人物，在年龄段上从少年扩展到了青年，甚至是成年，从欧洲的白人的文学的传统发展到了其他族裔、族群。从个人的成长、个人身份求索也发展到了对一个族群、民族的自我探究与认识，也是建立民族文化属性的过程。从形式上看，欧洲传统的成长小说中所必备的一些因素，如引路人、出走、顿悟、成人仪式、成长的时间与空间、成长所经历的挫折、成长中在性别、种族、阶级上的差异、成长的方式都经历了很多变化。这里边当然蕴藏着古老、深厚的欧洲文学传统，但同时也包含着世界各国文学对这个文学传统的继承、发展和变形。在比较文学传统的影响研究、平行研究中它自然也是重要的研究题目。在全球化的今天，它还是比较文学跨文化的研究题材。其研究的意义和重要性是不言而喻的。

在美国少数族裔文学中，称得上成长小说的小说文本也不计其数。笔者发现，由于身份的寻求与建构这个主题是历届很多学生感兴趣的论文写作题目，而这个主题在成长小说这个文类中体现的最为充分、深刻，所以每年都有一些学生不约而同地选择了这个形式的小说文本，去研究其中身份寻求和建构的主题。笔者在教师和学生的共同研究兴趣的基础之上设计了这个领域中的一系列研究题目，以命题作文的形式提供给学生，让有兴趣的学生作为毕业论文题目选择，有意识地使这些论文形成系列，经过后期的修改、调整，期待形成研究生教育的一个系列的研究成果。

在美国少数族裔小说的创作中，基于作家个人的成长经历，几乎每位作者都有从不同的角度多多少少介入到过这个问题的讨论中。以华裔美国人为例，小说中男性的，女性的，在美国出生、成长的 ABC，儿时随父母移民美国的 FOB，父母为中国移民的，父母为跨国婚姻的，合法移民的和非法移民的，凡此种种全球化语境中跨界的、混杂的家庭背景和成长经历使得华裔美国作家们在"身份寻求""身份建构"的成长小说中有非常独特的言说方式。这些独特的言说方式构成了华裔美国文学风格各异的成长小说的面貌。现就近几年的教学与研究生毕业论文指导实践做一具体说明。

如上所述，少数族裔美国文学中的很多文本都可以从成长小说的视角来阐释，但与传统成长小说不同的是，这些文本由于上述诸多因素发生了一些明显的改变。比如，在这些小说中缺少传统成长小说中的一些重要元素，如引路人、出走、顿悟、成人仪式等。以"引路人"这一项为例，在美国少数族裔中，父母、长辈这些通常意义上的引路人因环境、语言、文化的转变而无力成为下一代的榜样。挣扎在生存线上的父母因无暇顾及儿女的成长而忽视了生活中本应该、本可以给予的帮助和指导，使得青少年的成长异常艰难。社会本应提供的引路人角色，如教师、年长一些的邻居、朋友等也因为语言、文化、阶级、种族等方面的隔阂而无法承担起这个角色。但是，虽然在上述方面有所缺失，少数族裔成长小说中也呈现出了更为多元、复杂的形态。据笔者的归纳，至少在以下一些方面少数族裔美国文学对成长小说原有的形态有所拓展。

第一，通过身份演现的方式寻求自我：移民和跨界的经历、生存方式，以及所受到的来自两种文化的挤压（主流文化和母国的传统文化）使得少数族裔美国人往往对自己的族裔身份表现出怀疑、排斥，产生深深的自我否定、自我痛恨的心理。他们中一些人以冒充、展现其他族裔身份的方式寻求能够被自己接受的身份认同。在犹太裔作家菲利普·罗斯的小说《人性的污点》中黑人对犹太身份的冒充、华裔对日裔身份的冒充（亚裔美国女作家温妮弗莱德·伊顿，Winifred Eaton）、日裔作家黑泽森（Toshio Mori）的短篇小说《日本哈姆雷特》（*Japanese Hamlet*）中日裔美国男孩对哈姆雷特的崇拜狂热到完全放弃自我的例子等都生动、充分说明了成长过程中美国的少数族裔不同的成长经历和艰难历程。

第二，通过讲故事的方式寻求自我：在很多女性作家创作的亚裔美国文学文本中，讲故事都是一种言说自我、构建自我身份的有效方式。经常是父亲或母亲讲述来自故国的故事去滋养、激励在美国社会寻求生存的下一代。讲故事使得年轻一代华裔美国人在慢慢了解、理解父母文化背景的过程中逐渐寻找到自我身份，找到与两种文化和社会之间取得平衡、和谐相处的方法，从两种文化中汲取滋养自己的养分。这样的成长经历在《女勇士》《喜福会》《唐老鸭》（*Donald Duck*）这样的小说中尤其明显。

第三，通过饮食的隐喻寻找自我：作为文化和家庭成员之间交流、沟通、表达关爱的一个重要方式，饮食在美国少数族裔美国文学文本中无一例外都占据重要位置。父母对儿女的关心、关爱，子女对父母所代表的母国文化的认同，与父母的关系的亲疏很大程度上都体现在饮食上面。这样的例子在很多美国少数族裔文学作品，尤其是在华裔美国作家的作品中都十分常见。厨房的空间、生理与心理的饥饿感、对爱的渴望、餐桌上的交流和碰撞无不散发着巨大的隐性话语的张力。几乎所有的华裔小说中都有这方面的刻画和体现，典型的文本有邝美琴（Mei Ng）的《裸体吃中餐》（*Eating Chinese Food Naked*）、伍慧明（Fae Myenne Ng）的《骨》（*Bone*）等。

第四，通过与父母、家庭的关系寻求自我：虽然在世界文学范围内成长都是在协调自己与父辈之间的关系中进行的，但对于少数族裔美国人而言，代际关系缺失是成长过程中所要面对的一场痛苦的一个问题。如何面对代表故国文化价值的父辈和急于融入美国主流社会的子女之间的冲突是格外引人注目的话题。在这方面，早期的华裔美国作家黄玉雪（Jade Snow Wong）的《华女阿五》、刘裔昌（Pardee Lowe）的《虎父虎子》（*Father and the Glorious Son*）、中间代作家汤亭亭和谭恩美的小说，以及新生代华裔女作家马仪敏（M. Elaine Mar）的《契纸女儿》（*Paper Daughter*）等都是典型的例子。

第五，以他人的身份寻求自我：在华裔美国文学中还有一种独特的现象，那就是"契纸家庭"现象。美国政府长达几十年的排华政策造成了美国许多所谓的"契纸家庭"。年老的华裔单身汉利用 1906 年旧金山档案馆着火所有档案材料被毁的机会，从中国认领了很多冒充亲生儿子的"契纸儿子"，组成了"契纸家庭"，之后衍生出来了"契纸妻子""契纸女儿"等任何美国其他族裔都不曾有过的家庭关系。在这样的家庭中成长的年轻人如何带着两代人的秘密成长生活在种族主义的美国，这是很多华裔美国作家都探讨的问题。伍慧明的两本小说《骨》和《望岩》（*Steer Toward Rock*）对这个现象都有深刻的再现。

第六，以独特的叙事方式寻求自我：一些叙事方法作为特别的艺术形式也是美国少数族裔成长小说的一个重要特色，如张岚（Lan Samantha Chang）的小说《饥饿》（*Hunger*）中的幽灵叙事、《契纸女儿》中的独特的时空叙事都令人印象深刻。再比如《十七个音节》中日裔美国作家山本久枝（Hisaya Yamamoto）十分含蓄、隐忍的女性内心的低调、缠绵、细腻的叙述，还有日裔美国作家劳森·稻田（Lawson Fusao Inada）用日本俳句和美国爵士乐的风格相结合创作的诗歌是更为另类的自我言说方式。这些都是生活在夹缝中的人寻求自我身份、艰难成长的方式。

第七，男主人公通过与不同女性之间的关系来寻求自己的身份：达到成长的目的。在一个充满种族主义意识形态的国度里，少数族裔男性的成长有着白人无法想象的艰难，而寻求这种成长的历程也既艰难又独特。男性有时是通过和不同女性之间的关系来寻求自我。典型的例子莫过徐忠雄（Shawn Wong）的小说《美国今》（American Knees）。对于男性主人公来说，寻求自我身份的唯一方法是与不同族裔身份背景的女性确立婚姻、恋爱关系，这种成长模式在方式上和年龄上都超越了原有成长小说的界限。这不能不说是少数族裔美国小说对传统成长小说的拓展。

第八，通过男女之间的性关系来寻求自我：传统成长小说中人物的成长年龄在青少年阶段，但由于移民或移民家庭的特殊情况，华裔青年的成长年龄相对较晚，有的直到结婚成家之后还在继续求索。雷廷昭（Louis Chu）60 年代的小说《吃碗茶》（Eat a Bowl of Tea）中的男主人公就是这样的例子。长期的单身汉生活使得书中的男主人公只能在召妓的时候才能保持性能力正常。当他终于获得机会从中国娶一位年轻美貌的妻子回美国之后，他反而失去了夫妻生活的能力。最后在两人离开纽约唐人街，离开年老的父亲和家长制的唐人街宗族之后，两人的夫妻生活才得以正常化，当然，这里面暗含着与传统成长小说"出走"模式的呼应，这也归功于书名中所提到的"吃碗茶"中的茶汤，也就是象征着中国文化这剂良药的中药。在《吃碗茶》中，成人礼是一直等到夫妻性关系正常化之后才实现的。这在传统的成长小说中是根本不可想象的。

以上的各种另类成长方式和叙述方式在少数族裔的美国文学中还有很多，篇幅所限笔者就不一一列举了。总之，这些文本以成长小说的主题为经，以少数族裔的独特生活经验和成长经历为纬，作家们编织了一块色彩缤纷的美国少数族裔成长的织锦缎。这些年轻的或者已经不太年轻的少数族裔的成长经历和叙述方式虽各有千秋，但所有人的成长目的是一样的，那就是将个人置于社会秩序之内，寻找到既定社会秩序中个人生存、发展的合适角色和位置。

基于上述的思考和教学实践，笔者所带的 20 多位研究生里已经有 6 位选择了少数族裔美国文学作为成长小说进行研究，在该领域内完成了毕业论文。还有两名学生正在进行这方面的毕业论文撰写。笔者相信，

这样的一种教学、研究相结合的研究生培养模式至少具有以下几个意义:

- 教师和学生的研究领域和研究兴趣相结合可以使研究生在研究对象、方法和水平上有层次上的提高,了解该领域国际学术前沿的研究现状,这有利于我校研究生人才培养整体水平的提高。
- 它可使师生教学相长,师生一起做出成系列的研究成果。
- 同时,它也可使在该领域的研究产生辐射——我们培养的学生考入国外其他学校学习时,他们的研究兴趣有时会伴随他们进入更高层次的学习阶段;他们在其他高校就职后,在北语所受到的培养和训练也还有可能继续深层地影响他们,使该领域的研究继续推进。
- 最低程度上,这种人才培养模式能在一定程度上减少学生毕业论文中的抄袭现象,养成他们独立思考、横向纵向相结合、合作研究的好习惯。

从以上分析来看,本文作者认为"师生互动"是研究生论文写作和研究生人才培养中一个非常值得继续研究、思考和实践的方式,这种人才培养模式或许可以在更大范围内推广、应用。但应该承认,其中"命题作文"的毕业论文写作方式是在目前研究生问题意识不强、自己难以确定选题情况下的权宜之计。随着将来学生学术、研究水平的提高,我们还是应该鼓励学生自主选题、独立写作,达到青出于蓝但必定要胜于蓝的人才培养目的。

参考文献

冯品佳:《华美成长小说》,《幼狮文艺》1996 年第 510 期。

侯金萍:《成长小说:一种解读华裔美国文学的新视角》,《世界华文文学论坛》2009 年第 4 期。

Chu, Patricia, *Unsettling the Bildungsroman: Reading Contemporary Ethnic American Women's Fiction*, Amsterdam-New York: Rodopi B. V., 2011.

Feng, Pin-chia, *The Female Bildungsroman by Toni Morrison and Maxine Hong Kingston*, New York: Peter Lang, 2000.

Moretti, Franco, *The Way of the World: The Bildungsroman in the European World*, London: Verso, 1987.

Ty, Eleanor, *The Politics of the Visible in Asian North American Literature Narrative*, 2004.

Zhou, Xiaojing and Samina Najmi., *Form and Transformation in Asian American Literature*, University of Washington Press, 2005

任务教学法在经贸西班牙语课程中的运用

苏 婧

一 理论来源

任务教学法，也叫任务型教学法，是美国教育家杜威以实用主义作为教育理论基础而提出的"学生中心，从做中学"的教学模式。他主张教育的中心应从教师和教科书转到学生，教学应引导学生在各种活动中学习。课堂教学中始终围绕既定的教学任务展开，使每节课目的明确、内容实在、效果最佳。这种课堂教学模式，被概括为任务教学模式。

任务教学法是从20世纪80年代逐渐发展起来，广为应用语言学家和外语教学实践者认可和接受的一种外语教学方法。任务型教学法以任务组织教学，在任务的履行过程中，以参与、体验、互动、交流、合作的学习方式，充分发挥学习者自身的认知能力，调动他们已有的目的语资源，在实践中感知、认识、应用目的语，在"干"中学、"用"中学，体现了较为先进的教学理念，是一种值得推广的有效的外语教学方法。

有专家将任务定义为"一组涉及学习者的认知和交际过程，以集体的形式对已知和新信息进行探究，在社会语境中完成某一预期或临时目标的可区别的、相互关联的问题指向型活动"，这一定义反映了任务的本质特点，但似乎又太学术化。外语课堂上任务这一概念可概括为：学习者应用目的语所进行的促进语言学习的，涉及信息理解、加工，或解决问题、决策问题的一组相互关联的具有目标指向的课堂交际或互动活动。

在教师和学生角色这个方面，任务并非都要明确教师和学生在任务履行中的角色，但任务都会暗含或反映教师和学生的角色特点。教师既可以是任务的参与者，也可以是任务的监控者和指导者。在任务设计中，设计者也可考虑为教师和学生进行明确的角色定位，促进任务更顺利有效地进行。

任务型教学法非常强调情景。情景要素指任务所产生和执行的环境或背景条件，包括语言交际的语境，同时也涉及课堂任务的组织形式。在任务设计中，应尽量使情景接近于真实，以提高学生对语言和语境之间关系的意识。

任务本身只是一种方法、一种手段、一种形式，它本身不是内容，不是目的，但通过它，可以促进学生的互动，促进学生的人际交往，促进学生思维、决策，为他们提供在真实或接近于真实的环境中进行交际和用目的语解决问题的机会，从而使语言学习摆脱单纯的语言项目练习，而成为有语境的、有意义的、有交际目的的语言实践。

任务教学法是一种建立在"建构主义"（constructivism）理论基础上的教学法。这种理论认为，学生知识的获得主要不是靠教师传授，而是学习者在一定的情境（即社会文化背景）下，借助他人（包括教师和学习伙伴）的帮助，利用必要的学习资料，通过意义建构方式获得。建构既是对新知识意义的建构，同时又包含对原有经验的改造和重组。其原则是：学生的学习活动与任务或问题相结合，以探索问题来引导和维持学习者的学习兴趣和动机；创建真实的教学环境，让学生带着真实的任务去学习，在这个过程中，学生拥有学习的主动权，教师能动地引导和激励，使学生真正掌握所学内容，并通过任务举一反三。任务型教学是指根据现实生活的交际需要确定语言学习任务，由学生围绕这一任务制订计划并通过自己的努力去实现计划、完成任务，而且在这一过程中不断评估自己的学习效果①。具体地讲，它以学生为中心，以任务为动力、手段和目标，学生在实践中运用已有的知识、技能，获得新知识和提高技能。

任务型教学把语言教学真实化和课堂社会化，其主要目的是让学生不仅在运用中学，而且为了运用而学，直接通过课堂教学让学生去用外语完成各种情景中真实的生活、学习、工作等任务，从而培养学生综合应用外语的能力。"任务型教学充分体现了学生的主体性，是有效改变以

---

① Ellis, 1999.

往以教师讲授为主的教学现状的最佳途径之一。"①

二　理论与教学实践的结合

(一) 教学目的和意义

将"任务教学法"引入经贸西班牙语的课堂，采取"以学生为中心"的教学模式，可以使学生成为学习的主体，让学生通过"具体实践"来"发现"语言使用原则并能够应用到商务西班牙语实际交流中。经贸西班牙语课程本身具有很强的实用性，所以在课堂上可以进行商务谈判中的情景模拟。通过模拟了解贸易环节的具体操作。但是经贸西语对于外语专业的学生来说又是一个不太熟悉的领域，所以教师需要通过设定任务来对学生的学习进行总体的指导。因此课堂上通过对经贸知识的基础内容的讲授和梳理让学生能够对对外贸易实务的环节、具体流程和操作、专业术语以及需要注意的问题有基本的了解。通过对话、讨论的形式来提高学生的外语技能综合运用能力。

传统的经贸西语课程的讲授方式是以讲经贸应用文为主，重点讲授专业术语的西汉互译和相关句子、段落的翻译。学生只是被动的知识接受者。而采取"任务教学法"后，学生将变成主动的学习者，如根据教师的任务指导课下查找相关主题的背景资料，讨论经贸应用文写作的特点和固定模式，评论时事经济热点。而且大四的学生在经过前三年的学习，已经具备了比较不错的语言运用能力，所需要的是进一步提高。所以在课堂上的情景演练、讨论等方式也是为了提高他们的语言技能。另外，通过以学生为中心的模式也更有利于培养学生自主学习能力、逻辑思维能力和解决问题的能力。

(二) 课堂操作

在具体的教学过程中将本课程的内容主要分为三部分：基础经贸知识、经贸西语应用文写作、西班牙语经贸文章选读。

针对第一部分的基础经贸知识，教师划分主题布置学生根据主题课下查找相关的资料。课堂上教师讲解重点和难点，把专题的重要内容设计成若干问题，让学生在回答问题的过程中加深对知识点的理解，同时也是对在课下查找的资料的再加工。另外经贸知识中实用性较强的专题，

---

①　Nunan, 1989.

如交货方式、支付方式和运输方式在课堂上将会进行情景模拟，由学生模仿交易双方进行商务谈判。

针对第二部分经贸西语应用文写作，教师也将应用文分为若干专题，教师讲解格式规范和常用表达结构，然后学生练习写作应用文。课上采取学生分组互相点评作业，教师总结学生作业的优点和存在的问题。

针对第三部分经贸文章选读，将学生分成几个小组，每一小组课下查找挑选与实事相关的经贸西语文章。课上由小组代表概述讲解文章的背景和主要内容，并尽量利用多媒体手段。其他学生就该文章主题进行评论性发言。最后由教师对学生选取的文章给出自己的见解。

（三）要解决的问题

采用"任务教学法"在课堂上以学生为中心，需要教师充分调动学生的积极性来参与教师布置和分配的任务。教师要了解学生的心理和需求，在每一专题的问题设计环节需要做到针对性强，让学生回答时有话可讲，有自己发挥的余地。情景模拟环节要做到集趣味性和实用性于一体，尽量让情景模拟贴合真实商务谈判的实际。在学生选取经贸文章时，教师可以给予必要的大方向的指导。

教师虽然是一个指导性的角色，但是对教师的备课量要求很高，教师不仅要准备自己的东西，还要了解关于每个主题的尽可能广泛的相关内容。

大部分学生由于没有相关的经贸知识的储备，在接触该门课程初期，可能会觉得比较难，学起来稍显吃力。一方面要鼓励学生，增强他们的自信心；另一方面，让学生课下可以查阅中文的相关的贸易实务方面的书，来增加知识储备。教师授课时也应注意由易到难。

三　教学成效

采用了"任务教学法"的模式后，在课堂上的确实现了从以教师为中心到以学生为中心的转变。在经贸基础知识部分，教师做了内容丰富的PPT，其中还包含了很多图片，让学生在课上对重点知识点有一个直观和形象的了解。学生也按照教师的要求根据教师给出的主题积极在课下查找相关的西语和中文背景资料。在课上大部分同学都能经过准备比较流畅的用西语表达相关的主题背景知识。而在情景模拟中学生扮演国际贸易中的进口方和出口方两方，有时还设计了翻译这个角色。学生感觉在学习知识的同时还具有一定的趣味性。课堂气氛也比传统的教学模式要活跃。

在经贸应用文写作部分，学生们也掌握了西语书写商业信函的格式和惯用句型；并且通过互评发现其他同学作业的优点和缺点，以此来学习好的表达，避免其他同学的错误表达。

在经贸文章选读部分，学生都选取了本年度经济时事热点，不仅通过概述锻炼了自己的表达能力，而且通过评论也锻炼了自己的思考能力。因此通过这些环节真正让学生掌握经贸方面的基础知识，进一步提高西语的听、说、读、写、译的技能和综合运用能力。

文体学教学刍议

王秋生

虽然笔者来北京语言大学任教仅六年的光景，但是文体学课却已经教过十多轮，究其原因是因为每年除了给英语专业大二本科生讲授文体学课（2009年还因为选的学生数量多而开了两个班），还要给英语辅修专业的学生开设此课。因此也应该算是积累了一定的教学经验，但不足的是，相关的科研论文著述尚远远不够，只是在2009年的时候撰写了一篇实践性论文《奥巴马竞选获胜演讲的修辞分析》[①]，然而却一直未曾抽出时间来写一篇关于教学体会的文章，沐浴外国语学院年度教学科研研讨会之春风，笔者决定写一篇关于文体学教学的文章，谈谈自己多年来讲授此课的一些心得和体会。

一 文体学课并非语言学方向教师的专利

在绝大多数英语界业内人士看来，文体学应该是语言学方向的教师才能胜任的课程，笔者以前也一直是这么认为的，因为至少自己所认识的文体学教师都是学语言学出身的。业内的基本共识是文体学是语言学的一个分支，譬如英国语言学家G. W. 特纳在《文体学》一书中对文体学下的定义便是"文体学是语言学的一部分，主要关注的是语言使用的变化"[②]。但是这并不能说明讲授文体学的教师只能是语言学专业的教师，文学和翻译方向的教师也是可以胜任的。但是最初接手这门课时，笔者的想法却截然不同，甚至以该门课程是语言学方向教师的专利来试图拒

---

① 郭瑞、王秋生：《奥巴马竞选获胜演讲的修辞分析》，《文教资料》2009年第11期。

② Turner. G. W. , *Stylistics*, Harmondsworth：Penguin Books Ltd, 1973, p. 7.

绝教这门课，但是主管教学的系主任做了动员工作，说不管哪个方向的教师在本科阶段都修过文体学课，况且这门课不像语义学、句法学等纯语言学课程难度那么大，而且文学专业的老师可以更多地偏重于文学文体学。但是出于识大体、顾大局的考虑，就硬着头皮接下了这门课，没想到一教就是六载，而且得到了选课学生的一致认可，这增加了笔者的信心，也就此改变了笔者只有语言学方向教师才能教授或教好文体学课的偏见。

　　授课期间笔者一方面广泛阅读各种文体学教材和相关学术著作，另一方面向专于此术的老教师学习经验，譬如拜访了自己本科阶段的文体学老师，身为中国文体学研究会副会长、《新编文体学教程》① 一书著作者的董启明教授，向他求教文体学的授课方法和经验。功夫不负有心人，勤能补拙，经过自己认真细致地备课、深入浅出地授课，笔者的课得到了学生的好评，教学评估历年平均成绩在 95 分以上，本科评估最高分达到 98.89 分，辅修评估最高成绩达到 99.28 分，在学院的教师评估排名中名列前茅；此外笔者的授课还得到了学校教学督导组老师的认可，赞曰：讲课脉络清楚，知识点全，并有幽默和热情，这很难得。与此同时，选课的学生数量也是稳中有增，有的时候某一个班百分之八九十，甚至百分之百的学生都会慕名选择文体学课，选修课俨然成了必修课，2011 年的选课学生数量达到了创纪录的 120 余人。可喜的是，笔者还于 2011 年凭借该门课程获得了北京语言大学优秀教学奖二等奖的优异成绩。师生的认可给了笔者更大的动力，使笔者不辜负他们的厚爱，争取把这门课上成一门校级乃至市级精品课。

二　大课也需要互动

　　英语教学的另一个误区是选修大课可以不用师生互动，尤其是专业知识性的课程，老师讲课，学生听讲和记笔记就行了，其实不然。听说课等技能性较强的课程固然需要更多的互动，但是不能说文学史、语言学、文体学、词汇学等知识性的课程就可以完全地忽略互动，而只是一味地采用传统的填鸭式教学，从头到尾教师滔滔不绝地讲授，学生马不停蹄地做笔记，这不符合现代教育理念和课堂要求。因此笔者在课上就

---

① 董启明：《新编文体学教程》，外语教学与研究出版社 2008 年版。

会设置一些问题供学生思考回答，找一些有趣的例子让学生做现场分析。这样一来一方面可以调动学生的积极性，不至于使课程显得太过枯燥，另一方面避免了满堂灌的授课方式和睡倒一片的听课方式。笔者认为，选修课学生的出勤保障不是靠点名，而是靠课程的吸引力。

三 平时作业的必要性

大课也是需要给学生布置作业的，而且应该大作业和小作业结合，不能因为学生数量多，批改作业量大就免去了这个程序。因为课外作业是课内外衔接的一个重要手段，使学生能把课内学到的知识运用到课外作业中去，达到理论与实践相结合。这样也能发挥学生的主观能动性，激发他们的学习兴趣，变被动学习为主动学习，有的作业还可以充分发挥学生的想象力和创造力。作业可以大小结合，小的比如说可以让学生找一个例子，关于英语禁忌的，或关于语言变异的，或根据所学文体知识设计一则广告，或创作一首小诗等，大的作业可以让学生分析整篇的演讲词抑或小说的段落或章节。学生的作业中不乏惊人之作，比如有些广告词的设计和创意非常独树一帜，完全可以给企业拿去直接使用，从而产生实际的价值和效用。这样的练习对于提高他们的分析和写作能力有很大的裨益，也有助于他们将来的毕业论文写作。但是，有时也会出现一些棘手的问题，需要任课教师想出适当的解决办法。仅举两例：

出现问题1：收集若干条广告的作业。同学们都是从网上搜来差不多一样的广告，几乎千篇一律。

解决办法：给出商品或场景让学生自己设计广告词，可以参考已有的知名广告，但是不能照搬，要结合所学的文体学知识，设计出有创意的广告。

出现问题2：演讲稿的文体学分析因为全部学生使用同一篇演讲稿，容易出现答案雷同的情况。

解决办法：给学生若干篇演讲稿的文本，有老的经典演讲，也有新的演讲，让他们自己选择分析哪一篇，这样可以在一定程度上减少雷同作业的情况。

四 教学内容不能一成不变

笔者所讲授的文体学课没有固定的教材：一是因为市面上的文体学

教材林林总总、良莠不齐，很难选出一本特别合适的教材；二是因为教材一旦固定下来，很容易造成教师照本宣科或学生注意力不集中的局面，另外例子也会有跟不上时代步伐的问题。因此笔者选取了中国文体学会会长徐有志的《英语文体学教程》作为蓝本①，又参照了其他多种教材，加进了大量鲜活的例子，这样博采众家之长，集各教材优点于一身，做成了脉络清晰、图文并茂的教学课件。最主要的是，笔者的课件并不是年复一年的老黄历，每年都会有不同程度的更新，尤其是在例子方面，会紧跟时代的步伐，随时调整教案，比如新闻和广告的文体分析，笔者会尽量选取比较新的文本。而且笔者的课件不是秘密，我会提前把所有课件发到公共邮箱里，这样免去了学生课上只顾抄笔记的烦恼，能有更多的时间来思考、消化理解，以及参与互动。笔者明确告诉学生，不是拥有了课件考试就万事大吉了，就可以不来上课了，一定要听老师的讲解，理解才能深刻，否则只能是一知半解，后患无穷。

对英语专业的学生来说，文体学课是一门很重要的专业选修课，校教学督导组的老师甚至建议将这门课设为必修课。北京语言大学向英国曼彻斯特大学输送的二加二交流项目的学生所必修的四门专业课程之一就是文体学，可见文体学在中外学科体系中的重要性。刘世生先生在《文体学的跨学科特点》一文中说："文体学是语言学与文学批评的交叉学科，它既重视语言学的描写，又重视文学批评的阐释。"② 因此学好文体学，对语言学、文学和翻译的学习都会有一定的助益。

真正地学好英语不是说语音足够标准就够了，也不是说掌握大量的词汇就够了，更不是说语法掌握得如何娴熟就够了，当然这些是基础，也就是说学语言除了语感之外，还要培养一种"文体感"，即知道在什么场合、什么时间、对什么人，用什么样的语言，只有达到了对语言娴熟地、游刃有余地运用，才能说真正掌握了这门语言。这也许就是为什么英国小说家乔纳森·斯威夫特对文体的定义是"合适的地方用合适的词语，这才是真正的文体定义"③。因此笔者建议，选课也好，自学也罢，每一个英语专业的学生都有必要学一学文体学。

①　徐有志：《英语文体学教程》，高等教育出版社 2005 年版。

②　刘世生：《文体学的跨学科特点》，《外国语言文学研究》2003 年第 2 期。

③　Swift, Jonathan, *The Works of Jonathan Swift*, London：H. G. Bohn, 1841, p. 201.

口译教学中笔记的作用与训练方法

张 威

一 口译笔记的作用

根据释意派翻译理论的观点，在口译中，译员听到源语的语音符号后，通过分析、综合、推理和联系对源语信息进行分辨。同时，他们还要通过分析、综合和推理利用主题相关知识和其他认知知识的帮助，对听到的信息进行理解。最后，他们用目标语完整准确地将信息重新表述出来。因为人类的记忆力是有限的，成功地完成口译任务在很大程度上就取决于口译笔记。甚至可以说，没有了笔记，没有人能够完成所有的口译任务。因此，在大学口译教学过程中，我们应当给予口译笔记训练足够的重视。归纳起来，口译笔记有三方面的作用。

（一）减轻译员的记忆负担

人脑的短时记忆能力是很有限的，这种记忆只能保持一分钟左右。而人类的平均讲话速度是 150 字/分。如果存储的源语信息没有立即进行处理表达，所有信息就会马上丢失。在实际口译过程中，讲话人往往要连续讲话几分钟，甚至十几分钟（词数可达上千）才会停顿，如此大量而且复杂的信息——特别是数字、地名、人名、技术术语等，会对译员的记忆造成很大的负担，也是对译员记忆力极限的严峻挑战。基于此种情况，他们就需要记录下一些关键词及细节以协助下一步要进行的目标语表达，也可以由此把更多精力分配给口译过程的其他环节。

（二）减轻译员的心理负担

译员所在的工作环境大多是严肃紧张的正式场合，这很容易造成译员因过度紧张而发挥失常的局面。有时即使原来掌握的知识，现场也未必能够及时反应过来。但如果有了笔记的帮助，即使在很大的心理压力下，译员也可以存储一部分源语信息，以便更好地控制自己的情绪，成为口译现场双方沟通的平稳桥梁。由此，笔记也是译员在压力下仍能够成功发挥的有力保障。

（三）重新组织源语信息的过程

一名合格的译员，应该从语气、口吻、立场等各方面如实传达讲话者的信息（既包含语言码信息，也包括非语言码信息）。在听与记的同时，译员则可以借助笔记快速认清信息的框架与逻辑关系，并迅速组织思路，准备开始口译表达。

二　口译笔记的原则

虽然笔记在译员完成口译的过程中起到了不可或缺的作用，我们却应当时刻谨记笔记存在的目的永远是为了辅助脑记。如果学生在学习口译之初就接受了过多的笔记训练，他们在以后的口译过程中就可能倾向于花过多的精力于笔记上或在记忆过程中过分依赖笔记。因此，口译课上，学生所接受的脑记训练应当先于笔记；这样他们才会养成在口译过程中养成将精力集中于脑记而非笔记的习惯，并牢记笔记并不是源语信息的完整重现，只是提醒译员关键信息的工具。实战口译专家林超伦先生提出的口译笔记原则是："少横多竖，少写多划，少字多意，少线多指，快速书写，明确结束。"可以具体做如下细解：

少横多竖。即口译笔记的记录格式采取自上而下的记录方式，以意群为单位记作一列，区别于我们平时书写的横排整行方式。一般公认的口译笔记纸宽度仅为一页 A4 纸的 1/3 或 1/4 宽，也是为了适合这种纵向记录的方式。

少写多划。即在口译笔记中要多用线条，少写汉字或字母。因为字词的书写速度一定低于符号书写速度，要书写任何汉字或单词都将影响译者的听入与译出的总体速度，所以提倡尽量多用简洁易懂、译员已十分习惯的符号来记录。这样既节省了时间，又能在更大程度上保证信息的完整性。

少字多意。即在听入的过程中能够准确地反应出需要记录的关键词，以简洁的方式记录。比如用汉字的简体字或英文单词的前几个字母：比如，"中国"最多写个"中"，"北京"最多写个"北"。英文词也同理处理，"politics"最多写"poli"，"government"最多写"gov"等。通过少量的字迹加上前面所说的表逻辑关系的线条，就能基本还原听入的信息。

少线多指。即除了一些必要的名词、数字和符号外，在笔记中还应当用不同方向、不同形状的线条来表明上下文的逻辑关系，如"平稳进行"（——）、"如上所述"（∠）等。

快速书写。即快速起笔与快速记录。快速起笔是指讲话内容一旦开始就要开始起笔记录。快速记录是指在记录过程中要连续不断地进行，除非讲话人停顿，否则不能有停顿、思索的空隙，不然很可能会造成信息的丢失。

明确结束。即在每一段的口译结束后，在相应的笔记段落后画一个固定的标志（如 o 或#）以示结束。因为讲话人动辄连续讲话几分钟或十几分钟，译员在记录过程中往往需要翻页记录；有了这样的结束标记，译员就可以确定开始翻译的笔记处，而不会发生找不到本段笔记开头处或看错笔记段落的致命错误。

三　口译笔记的特点

口译笔记的格式应当是"框架＋关键词"，因为在口译过程中能够分配给笔记的时间是相当有限的，译员或口译初学者从学习口译之初便不能依赖笔记来帮助他们记录全部信息。笔记应当尽量简洁，这样才能为表达的环节节省尽量充足的时间。笔记中应当记录的信息包括主题、逻辑关系以及包括数字、专有名词在内的关键信息。口译笔记作为长时记忆与短时记忆的辅助手段，主要有以下几个特点：

（一）临时性

口译笔记不同于课堂笔记或是任何一种速记。课堂笔记是记录课堂上的重要知识点，用作日后的查阅、复习等；而速记是一项以简化了的符号等快速完整地记录源语的技能，需要专门的训练与学习。我们所需要的口译笔记却只是在口译进行的同时对人脑记忆补充的一个工具。译员或口译学习者无须在日后重读笔记，或可能根本无法看懂记过的笔记，当然，也无须看懂。只要一段口译任务结束，相应的口译笔记便失去了作用，译员又需要重新记录笔记来完成新的口译任务。从这个意义上讲，口译笔记的使用期限是现场的，也就是临时的。

（二）逻辑性和结构性

译员或口译学习者的笔记最理想的状态应当是"字数少，行数多"。只用一些简单的符号和线条，源语信息的逻辑及结构就可以跃然纸上了。如果没有表示逻辑关系的线条连接，再多的字词、符号都将没有任何意义，所以这些横直线、竖直线、折角线甚至波浪线在不同的上下文可以蕴含成百上千种逻辑关系与结构可能性。如果说字词是笔记的血肉，这些简单易读的线条则是笔记的骨架，支撑起笔记作为辅助存在的意义。

（三）个人性

口译笔记具有极强的个人性，只需要做笔记的译员自己能够读懂就实现了笔记存在的意义，无须被其他人理解。因此，至今，还没有一个被公认的优秀的笔记系统或笔记模式。有人喜欢用源语进行笔记，这样可以提高笔记速度，为后面的口译节省更多时间；有人则喜欢用源语与目标语混合笔记，这样在记录的同时能完成一部分语言码的转换；但很多译员更习惯用符号、缩略语、线条、字符等进行综合式笔记。总而言之，只要笔记能够起到提醒和补充的作用，我们都可以说这是有效的笔记。尽管没有统一的笔记标准，学生们还是可以通过研究科学的笔记方法和学习优秀口译员的笔记经验来快速有效地完善自己的笔记系统。

四　口译笔记的系统训练方法

（一）意念导入

口译老师应当反复强调笔记的辅助作用，并引导学生将更多的注意力分配给脑记而不是笔记。由于汉字的组成和书写特点，要在口译笔记中记录下完整的汉字会占用大量的时间和精力，要记录下完整的英语单词同样也是不可能的。因此，在口译课之初，老师就应当引导学生多使用简化的符号和表示逻辑关系的线条；这样可以为解码所听到的信息和编码将表达的信息节省更多宝贵的时间。通过这样的初步练习，学生可以在学习口译之初便形成使用简化符号的良好习惯。

（二）符号灌输

对于初学口译的学习者或译员，要把自己习惯的完整记录方式在短期内转换成一系列的符号与线条并非易事。所以在学习与练习初期，老师可以系统地向学生推荐一系列通用且常用的笔记符号。因为这些符号是各种笔记风格的译员大多通用并且比较科学的符号，所以不会与学生笔记系统的个人性冲突。这些常用的笔记符号通常包含以下几类：

1. 缩略词

英语当中缩略词使用的频率很高，如 IMP（important）、ASAP（as soon as possible）。如果能熟练掌握缩略词，会对记笔记大有裨益。

2. 字母、图像

P 表示政治：politics、political。

Q 表示"通货膨胀"：inflation，因为这个符号酷似一个上升的气球。

A 表示农业：agriculture、agricultural 经常用到，所以用首字母代替。

3. 数学符号

+ 表示"多"：many、lots of、a great deal of、a good many of 等；

＋＋（＋2）表示"多"的比较级：more；

+3 表示"多"的最高级：most；

－表示"少"：little、few、lack、in short of、be in shortage of 等。

4. 标点等

：表示各种各样"说"的动词：say、speak、talk、marks、announce、declare 等；

？表示"问题"：question、issue，例如：台湾问题：tw；

☆表示"重要的"状态：important、exemplary（模范的）、best、outstanding、brilliant 等。

5. 较长单词的处理办法

－ism 简写为"m"例如：socialism——Sm；

－tion 简写为"n"例如：standardization（标准化）。

（三）双语记录

在记录中应当使用源语还是目标语始终是许多口译专家们讨论的话题。两者的优劣都显而易见：源语记录可以节省时间提高速度，但是在口译时要花费更多的时间去反应和表达；目标语记录则似乎更受推崇，因为用目标语记录可以为接下来的表达节省大量的思考时间，对口译任务的完成提供了更大的保障。但是这种推崇更适用于为属于同一语系的语言（比如英语和法语）进行口译，当涉及特点迥然不同的两种语言时（如汉语和英语），更应提倡的做法是双语记录。因为汉语是表意文字，往往一个汉字或词组可以表达丰富的信息，尤其对于以汉语为母语的译员来讲，会更方便使用；但是汉字笔画复杂，在笔记记录中耗时过多，所以还要考虑使用更简洁的英文缩写（如"联合国"记为 UN）、符号（如"美元"记为＄）或易识别的单词（如"网络"记为 .com）。总之，对于穿梭于英汉两种语言间的口译员来讲，最理想的方式仍然是双语结合记录，达到适合自己的最佳平衡。这一方式也应当在笔记学习最初就向学生说明。

（四）三步反复

在课堂实践中，可以采用一种"三步练习法"。第一步，不间断地放磁带给学生听，让学生根据自己的习惯记笔记，然后尽力较完整、较流利地完成口译任务。第二步，以句为单位重听磁带，重点句子和学生一起分析笔记并帮助学生改进。最后一步，再听一次口译内容，让学生重新记笔记并做一次完整的口译。经过对同样内容不同笔记的分析、比较与重复练习，学生对于所练习的内容能够留有深刻的印象，并能在其他的上下文中对类似主题的口译内容做到快速反应。这一方法也适用于学习初级阶段学生还会无意识地在笔记中使用过多汉字或单词的时候，通过对同一内容或相似内容的重复练习，学生可对反复使用或常用的符号、逻辑线条等达到即时反应的程度，有助于他们更快形成自己的笔记系统和笔记风格。

（五）熟能生巧

笔记练习应当在每天的固定的时间进行，比如可以每天从 17：00 练习到 17：30。高质高效的笔记不可能是一蹴而就的。教师应当强调长期定时练习的重要性，并可以提示学生每隔一个月对比自己的笔记程度。如果能够坚持每天练习，三个月左右可以基本形成自己的笔记系统，六个月以后就可以达到笔记娴熟、自成一体的程度。只有经过了这种初级阶段的量的积累，学生们的口译笔记才可能完成质的飞跃。

（六）比较研究

教师还可以将学生的笔记与一些优秀的笔记范本（比如林超伦《实战口译》中的笔记）进行对比研究。通过对比，学生可以改进他们识别关键词或词组的能力，他们也能够分辨出哪些是笔记中需要的和必需的信息，从而学会逐步略去不必要又占据了脑记或笔记时间的信息。这种专项的笔记比较可以每半月或每月进行一次，这样他们既可以看到自己笔记与样板笔记之间的差距，也能够看到自己的进步。

（七）难点突破

口译是一项脑力与体力的极端综合劳动，但它更是一项技能，或者说是一项可以通过无数次的磨炼才能获得的高端技能。对于个人不同的难点，突破的宗旨也无外乎"千锤百炼"。在这里举两个例子。

第一个难点是专有名词记录，其方法就是笔记与脑记结合。在笔记上体现出可以是一些关键音节或能起到提醒作用的首字母或首字母缩写词。如 David Johnson 可以记成"Dav Jo sn"，Bulgaria 可以记成"Bul g r"等。

另一个难点是数字记录，通常的做法是按源语段位记录，结合几个段位的缩写（千位为 th 或 k，百万位为 m，十亿位为 b）。在记录结束与开始口译的瞬间或口译的同时，在上方按目标语的段位做标记以助译出。如 9123456789 在英译汉时记录为 9b123m456k789，口译时做出另外一种标记 9b1'23m45'6k789，就可以按照上标的段位读出汉语"九十一亿两千三百四十五万六千七百八十九"。当然，口译技能的提高重点在于大量地反复地练习，要突破难点则更是如此。

（八）气氛挑战

尽管笔记的进步很大程度上取决于学生的个人努力程度，却有一点是需要在教室内才能够完成的——这就是由教室模拟形成的现场压力气氛。这种现场的气氛对于学生的双语知识和心理承受能力都是严肃的挑战。教师可以引导学生设置出如同记者招待会或学术论坛的场景，帮助学生感受现场气氛的压力和挑战。在这种模拟的环境中，学生的水平可能不如他们正常的发挥；但这种环境可以帮助他们更好地为将来的实际口译工作做好心理准备。学生们也可以借助这种环境对自身在实战口译中的表现进行评估。从这种意义上讲，这种模拟练习可以视作对学生口译水平的课堂终极挑战。

五　结论

毫无疑问，笔记在口译过程中起到了举足轻重的作用。尽管我们一直强调口译笔记训练的重要性，但一定不要忽略笔记在整个口译过程中起到的永远是辅助的作用。笔记技能并非莫可名状，也非遥不可及，学生对于口译笔记应当保持一种客观的态度。尽管没有固定的笔记模式或笔记标准，但经过系统的学习和坚持训练，大多数学生都可以掌握基本的笔记技巧，形成自己的笔记系统，也可以在整体口译能力和口译效果上得到很大的提高。

参考文献

梅德明：《高级口译教程》，上海外语教育出版社 2000 年版。

刘和平：《口译理论和教学》，中国对外翻译出版公司 2005 年版。

吴钟明：《英语口译笔记法实战指导》，武汉大学出版社 2005 年版。

林超伦：《实战口译》，外语教学与研究出版社 2004 年版。

乔霞：《口译思维与交替传译中的笔记训练》，硕士学位论文，南京师范大学，2007 年。

钱铭：《浅谈口译教学中的笔记训练》，《云南财贸大学学报》（社会科学版）2006 年第 2 期。

Jones, Roderick, *Conference Interpreting Explained*, St. Jerome Publishing, 1997.

M. Lederer, *Simultaneous Interpretation*, Lettres Modernes Minard, 1981.

以"任务驱动型"教学模式推进英美文学课教学改革①

朱荣杰

一 英美文学课教学改革势在必行

随着经济全球化时代的到来，对实用技能型外语人才的需求不断上升，传统外语教学面临着前所未有的机遇和挑战。以英语专业为例，一方面，专业英语正在与其他专业进行复合，在各大院校产生了诸如外贸英语、旅游英语、商务英语、法律英语、军事英语等复合专业；另一方面，以语言训练的熟练程度为主要衡量指标的传统专业英语教学，必须顺应时代发展的主流，进行教学模式的探索和改革。②

英语专业学生在走进校门之前，大多经历了应试教育的严峻考验。受应试教育的影响，大多数学生已经适应了"以教师为中心"的单向灌输式教学。这种教育模式严重地禁锢了学生的想象力与自主发挥能力，也产生了不少问题。因此，摆脱标准答案式的思维模式成为专业英语素质教育的一个重要任务和能力指针。如果高校英语专业的课程设置依然围绕着"听""说""读""写""译"各种单项能力的培养与强化展开，这虽然是基础阶段学习所需要的，但在发展学生综合素质上的弊端却不容忽视。在传统的语言教学中，往往由于强调模仿记忆而忽略了学生思维能力、分析问题能力、独立提出见解的能力

———————

① 此论文受中央高校专项科研经费资助。

② 参见《高等学校英语专业英语教学大纲》，外语教学与研究出版社、上海外语教育出版社 2012 年版，第 1 页。新大纲规定，高等院校英语专业培养的人才应该是"具有扎实的英语语言基础和广博的文化知识并能熟练地运用英语在外事、教育、经贸文化、科技、军事等部门从事翻译、教学、管理、研究等工作的复合型英语人才"。

的培养。即使到了高年级阶段，开设了更多的知识性课程，如语言学导论、句法学、词汇学、英美文学史、文学选读等，学生创新能力的培养依然是我国高校多年来教学工作中的薄弱环节。① 笔者根据多年的教学实践的体会和对学生抽样问卷调查结果的分析，发现我们可以对一些经典课程，如英美文学课进行教学模式的改革与优化，可以打造出既增加知识又培养技能的综合性课程，使英语专业学生的整体素质得到普遍的提高。

诚然，传统的英美文学课授课在英语专业人才培养中曾经发挥了重要的作用。但是随着时代的进步，各种信息的迅猛发展，文学课教学业已出现很多令人难堪的问题。笔者在 2012—2013 学年对本科三年级英语专业学生做过一系列不记名随堂问卷调查，统计结果表明，在现实文学教学中存在的最大问题是学生花在阅读文学作品上的时间越来越少。在选修文学课之前就阅读过 1—2 本英文原著的学生占 4%，大多数只是听说过书名或故事情节，或看过改编的电影、动画片等。然而在文学课即将结束之时再次进行问卷调查，阅读完 1—2 本英文原著的学生只上升到20%。大多数学生还是处于未完成状态。原因大致如下：没时间、没兴趣、考研、考托福雅思等。情况不容乐观。但这也不可能完全是学生单方面的原因。早在 2001 年，由何其莘教授主持的高等院校专业外语教学指导委员会英语组为编写专业教学大纲时所做的调研就显示，英语专业毕业生对文学课的满意率仅为 48%，远低于精读（75%）、写作（63%）、翻译（65%）、视听（66%）等课程的满意率。② 一方面这说明学生对技能性课程的需求比较强；另一方面也说明在贯彻素质教育的过程中，大部分高校的英语专业教学中还存在一些问题。教师对学生的引导是否有效？作为文学课的教师，我们首先要反省自身，反省文学课目前的教学模式是否跟得上时代的步伐，是否真的能够满足当代学子对知识和能力的渴求。

当今素质教育的三大特征表现为知识的宽泛性、能力的综合性、对不确定因素的快速适应性。而我们传统的文学课堂仍然以教师为中心，

---

① 姚乃强：《提高文化素养，培养创新能力——谈新〈大刚〉三、四、五、六部分》，《外语界》2001 年第 1 期。

② 何其莘：《培养 21 世纪的外语专业人才——新〈大纲〉的修订过程及主要特点》，《外语界》2001 年第 1 期。

强调文学知识的积累和对文本的理解，因而忽视了对学生素质的培养。教师课前充分准备，在课堂滔滔不绝、侃侃而谈，但充其量还是充当信息的输入者，学生还是被动的接受者与知识记忆者。且不说这样课堂还容易使学生感觉无趣因而产生倦怠情绪，这样的文学课教学模式缺乏教师与学生之间的互动。作为认知主体的学生在整个教学过程中始终处于比较被动的地位，他们主动探索的欲望没有被激发出来，不利于培养学生独立思考的能力和积极进取的创新精神。毋庸置疑，英美文学课程的教学改革势在必行。在课堂教学过程中，让学生成为教学的主体是现代教学改革的必然发展趋势。更重要的是培养学生的自主学习能力。笔者认为，英美文学课凭借其得天独厚的人文学科的优势，应该成为培养学生独立思考和创造性思维能力的最佳平台。应该大力探索教学模式的改革，为推进素质教育发挥更好的平台作用。

二　建设"以学生为中心"的教材体系与数据网络平台

英美文学课的典型特征是大量的阅读。但是大量的阅读不可能在课上完成，更不能由教师代替学生完成。因此，英美文学的教材应该是"以学生为中心"的教材体系。实现由知识型课程到综合型课程的转变，首先要求我们更新观念。文学的功能有二：一是教化，二是愉悦。阅读外语文学作品可以达到两个目的："一是给人们带来外语知识、文化知识和思想，二是给人们快乐"，阅读"可扩大我们的视野，丰富我们的知识和语言经验"[1]。的确，在缺乏语言环境的英语教学中，文学作品等于虚拟了一个语言环境，在这里，学习者可以接触到各种各样的语言与文体。鲜活生动的语言，既有街头巷尾的俚语、老百姓的口头禅，也有诗意盎然、激情澎湃的文字。文学作品本身就是多种语体的集大成。学生还可以接触到各种各样的文学体裁，同时又感觉比较容易接受。读诗歌、读散文不仅可以增强对英语语言节奏感、韵律的认识，还可以对语言文字本身有更深的理解，它不仅具有我们日常生活中所谓的固定的意义，还会有歧义，有广泛的外延，因而它才能表达丰富的情感。

英美文学课的改革，首先就要更新教材建设的思路，要变以往的"以教师为中心"为"以学生为中心"。在网络、传媒信息非常发达的今

---

① 　贾冠杰：《外语教育心理学》，广西教育出版社 1996 年版，第 117 页。

天，文学阅读往往要和其他形式的阅读争抢时间。因为能够提供"知识"和"愉悦"的媒介和载体越来越丰富多彩。大众传媒对课堂教学的冲击是每个教育工作者有目共睹的。现在课堂上经常看到学生手中一直拿着智能手机，面前摆着平板电脑来辅助课堂学习。大学课堂不可能一声令下，完全禁止电子产品，这样做得不偿失，因为电子传媒的时代已经势不可当地到来了。传统的一本教科书涵盖一门课程的时代基本结束了。所以文学阅读的范围不能为传统的教科书所束缚，教师应该与时俱进，为学生提供全方位思考的素材，包括电子和网络等不受时间、空间约束的立体资源。而且教师在这方面的参与能够保障其所提供数据的可靠性、典型性和有效性。

英美文学的课程的教材和数据体系至少应该包括以下五个方面的内容：一是以时间发展顺序为线索、以流派更迭为章节的文学史教材；二是以作家作品为线索的文学选读教材；三是经典名著的电子版本与电影改编；四是运用各种批评方法对名篇名著进行赏析和评价的经典文本和历届学生所做的文学批评论文（电子版）；五是互联网上英美文学的著名网站、包括作家研究的网站以及可下载或阅读的文本资源。传统的英美文学课一般只注重前两项纸版教材的选用。但是现今电子传媒与网络信息如此发达的时代，大学课堂如果忽视后三项文学资源的积累，将落后于时代的步伐，也难怪不受年轻人的青睐。所以，文学教师应打破传统思维模式，组建教学团队，加强各种文学资料的收集和整理工作。这样资料体系是以学生为中心的，不仅因为是学生要充分利用这些数据进行自主学习和研究，而且教师在强大的数据支撑下，实际教学中也可以做到心中有数、游刃有余。只有拥有完善的资料建设制度，文学课程的教学才会形成良性循环机制，并且形成相互分享、相互合作的教学团队，教师的个人授课风格和偏好将不会对整体教学效果产生太大的影响，学生的收获将会更加有保障。

三　发挥"任务驱动型"教学模式的巨大潜力

如果学生在教学过程中始终一言不发，处于被动地位，就不会主动参与文学作品的讨论，或运用所学知识分析实际问题，创新能力的培养便无从谈起。因此，如何在文学课上培养学生的实践能力和创新能力是亟待解决的问题。笔者认为，英美文学课改革的第二个关键就是改进教学模式，大胆地吸收和尝试已经取得丰硕成果的新的教学方法，不能一概地用"文学课就是知识型课程的理由"来拒绝变化和改革。因为，如果不改革，文学课就会越来越被边缘化，最后无法避免遭到冷落甚至淘汰的命运。

英美文学课不应再是单纯的信息输入课，而应转化为以提高学生的人文素质为宗旨，以培养学生的认知能力、创新能力和实践能力为重点的教学活动。要发挥英美文学阅读的最大作用，必须实现文学课教学模式的革新。如果文学老师还是延续传统的"一言堂"填鸭式＋"死记硬背"闭卷考试的教学模式，学生很难产生积极参与阅读和讨论的动力。好多学生抱着了解一下的心态学文学，为了获得一些将来充门面的"谈资"。而真正的阅读是要花费大量业余时间的，好多人望而却步。要改变这种状况，首先要改变传统的"以教师为中心"的教学模式，确立"以学生为中心"的教学模式。在充分发挥教师的引导作用的前提下，以学生为中心，实现学生能力的提高。传统的做法经常是"老师介绍作家作品—布置作业—教师解读—考试检查"的教学模式，不能真正调动学生的主观能动性，容易形成被动接受的学习习惯。我们应该尝试"任务驱动型"教学模式，充分调动学生的主观能动性，改变学生被动接受的学习习惯。

"任务驱动型"教学模式借鉴于技能型课程，但又具有文学课自己的独特之处。笔者在教学实践中不断摸索和尝试，以任务引导学生自主学习，发现确实可以促进学生的积极性。从具体步骤上讲，大致可以概括为总体设计、提纲挈领、案例示范、分派任务、自主研究、课堂汇报、点评归纳七个环节。

在第一个环节中，教师的投入是巨大的，承担的是总设计师的工作。这个任务最好由教学团队集体完成。课程设计包括一学期或一学年的教学目标，对教学数据进行分类、整理和加工，最重要的是：一是整理出英美文学发展的脉络与流派的更迭、创作思潮的变化等大纲式的讲义；二是根据文学体裁和主题分别整理出各时期、各流派具有影响的主题、创作技巧和意识形态，并且据此设计出一系列的"探究性任务"——具有高度指向性的问题和研究课题；三是选出一个代表性问题并设计出可供学生参照的研究思路、方法、步骤以及最终的成果呈现过程。

在下面的环节中，提纲挈领和案例示范环节由教师具体实施，这在

"任务驱动型"的教学模式中起到关键的引领作用。在学期之初的前几次课堂中，教师要率先垂范，为学生勾勒英美文学发展的概貌，介绍文学研究的基本方法与思路，为学生勾画出整学期文学课所要研究的任务或课题的蓝图。然后，选取一个学习单元的任务做示范，仿真分派给四至五个学习互助组；接下来，教师演示如何在小组内分工协作，阅读文本、收集资料，讨论并落实提纲，做多媒体课件汇报研究结果，分头执笔写书面研究报告、合成并通稿。最后如何在课堂上以最有效的方式展示集体的研究成果，并应对老师和其他小组提出的问题。

　　在课堂上做出几次研究全过程的演示之后，就可以让学生真刀真枪地演练了，把"自主研究和课堂汇报"两个环节完全交给学生。老师在上一堂课结束时提前讲解下周任务，把任务课件拷贝给大家，务必明确地把下周的阅读和研究的任务落实到各个小组，由每个小组负责解决一个相关的问题。下一节课在老师30分钟提纲挈领的讲授之后就开始课堂分组汇报，之后老师点评并计分，其他各组都要提问或提出自己的见解。这听起来似乎有些冒险，但是一切课题、任务都是提前设计的，针对某一作家（或流派）的某一特征为老师提纲挈领的讲授提供有力的支撑或补充。而这些"任务"或"课题"也会因为学生的发挥而得到完善和补充。

　　教师的讲授变得高度浓缩，主要发挥提纲挈领、引领和示范的作用，一般控制在30分钟以内。接下来，有关阅读内容的概括、分析、评价都交给学生。一开始，学生可能会感到巨大的压力。因为如果没有课下认真的阅读和研讨，负责汇报的小组在大家面前就会"现眼"。如果其他的学生没有阅读和思考，也当然无法提出有质量的问题参与谈论。所以这样的课堂需要"人人参与"，谁也无法滥竽充数。但是在压力之下，学生会迅速成长，而且这样的课堂氛围也会充分调动学生的积极性。在这种"任务驱动"的模式下，学生的潜力是巨大的，关键在于教师能不能转变角色，从演员（演说家）变成导演，从音乐家变成指挥家。如果宏观的设计合理而周密，教师引导有方、评价和鼓励机制健全，学生的探究性学习一定是有的放矢、有章可循的探究，教学任务完全可以在老师的指挥下顺利完成甚至超额完成。而且课堂气氛会由过去的死气沉沉变得生动活泼。

　　在这个新型的教学模式下，师生的关系会变得越来越融洽，课堂会

变得越来越有趣，原因是学生从被动的客体成为了学习的主体。师生间
形成一个有机的互动整体，有助于促使学生积极思维。一方面，对于学
生来说，以往的预习和阅读是全凭自觉，现在是带着问题、任务去阅读、
理解、欣赏作品，而且还要分工合作，完成演示报告，这种训练要求的
提升跟以前相比不可同日而语。在新的教学模式下，学生每堂课都有上
台演示成果的机会，得到了他们既渴望又害怕的表现空间，这实际上不
仅是研究能力、思辨能力的培养，更是一种交际能力的培养。通过适当
的互相提问、争论甚至是反驳，学生们临场发挥和面对不确定因素的快
速反应能力也得到了锻炼和提升。另一方面，教师作为学生的合作者也
得到了锻炼。老师要善于启发、关怀、帮助学生，消除学生分析名著时
不敢发表自己的见解、怕观点有悖于专家学者的心理，鼓励学生各抒己
见。即使学生的见解有偏颇，也不轻易否定他们的观点，而是正确引导。
让学生逐步学会多角度的分析作品，并用较准确的语言发表感想、进行
评论，进而提高对英文原著的理解、欣赏能力和个人的人文素养。

　　最后应该着重指出的是，老师的引导和测评手段改革是这个新型教
学模式的重要保障。在任务设置、安排讨论、适度归纳总结、评价学生
表现等各个关节环节，老师的引导是非常重要的，老师点评和归纳总结
能促进学生更加全面和深入地研究作品的文学魅力和社会文化价值。对
学期论文的指导和评分也是文学课的重要组成部分。给各组甚至各位参
与讲述的同学打分能给学生一个正向的回馈和回报，使他们更加积极地
参与到新的任务当中。如果平时成绩在汇总时能够占到学期总成绩的
80%，文学课"任务驱动型"教学模式的有效实施将会得到重要的保证。
这样，期末的考试只占 20%。这样就能彻底打破"死记硬背"式的陈旧
的考评机制，真正的鼓励学生在课下大量阅读，课堂上积极参与、主动
表现。

四　结语

　　布鲁姆说，"文学不是要教会我们如何向别人说话，而是要教会我们
如何向自己说话"①，其内在含义不可谓不深远。文学"不仅会使人的认

---

① "We Have Lost the War"，*Newsweek*，Nov. 7，1994，p. 62. 转引自盛宁《对"理论热"
消退后美国文学研究的思考》，《文艺研究》2002 年第 6 期。

知更加丰富，品位得到提升，而且它会在人们心中融合、凝聚成某种信念，使人在情感、道德和精神上得到某种历练和升华，从而使他的人格更加高尚"①。在当今世界上，英语已成为一种使用广泛的国际语言，通过文学课的学习，学生的跨文化交际能力能够得到有效提高，这主要表现在学生对民族、国家间的文化差异会变得较为敏感和宽容。文化同语言一样，没有优劣之分。过去那种认为发达国家文化先进、落后国家愚昧无知的观念已随着殖民统治的消亡遭到历史的唾弃。② 因此，借助英美文学课程培养学生的批评性思维方法就显得尤为重要。

我们在"任务驱动型"教学模式下，不仅要求学生阅读和讨论国外文学界公认的经典著作，还要选一些非经典、非英美主流文化的属于"少数话语"的作品，比如黑人女性作品、华裔美国文学作品。这样，如果教师引导学生把这些非主流作品与代表白人男性文化的主流作品进行对比分析，那么，对文化差异，对种族、性别和意识形态等问题的思考便顺理成章地被推向前台。假如我们引导学生认真阅读和分析，就会发现这些作品所反映社会现实和所表现的意识形态。尽管作者的态度也会有一定的偏颇或激进之处，但其中亦不乏令人深思的真知灼见。这也是大学生们应该多加关注、更应该多加运用的批判性思维方法。我们阅读这些讽刺文学作品不是为找到所谓"放之四海而皆准"的真理或为人处世之妙药良方，而是要借以观察和认识人类社会，深刻地理解现代文明的复杂性，在以后的成长道路上能够立稳一个人文知识分子的脚跟。在今天这样一个全球化脚步不断加快，消费主义与新殖民主义无孔不入的时代，如何正确对待无所不在的文化冲突，是每一位老师应该思考的重大课题。英语专业学生如果具备批判的眼光和扬弃的态度去看待扑面而来的西方文化，才能成为能够为自己祖国做贡献的高素质外语人才。

---

① 盛宁：《对"理论热"消退后美国文学研究的思考》，《文艺研究》2002 年第 6 期。

② 姚乃强：《提高文化素养，培养创新能力——谈新〈大刚〉三、四、五、六部分》，《外语界》2001 年第 1 期。